科技战略与创新政策文集

（2017~2018）

——基于山东的视角

郭益灵　周　勇◎主编

经济管理出版社

ECONOMY & MANAGEMENT PUBLISHING HOUSE

图书在版编目（CIP）数据

科技战略与创新政策文集（2017~2018）：基于山东的视角／郭益灵，周勇主编
. —北京：经济管理出版社，2017. 12

ISBN 978-7-5096-5531-3

Ⅰ. ①科⋯　Ⅱ. ①郭⋯②周⋯　Ⅲ. ①科学技术—发展战略—山东—文集②科技
政策—研究—山东—文集　Ⅳ. ①G322.752-53

中国版本图书馆 CIP 数据核字（2017）第 297621 号

组稿编辑：杨雪
责任编辑：张巧梅
责任印制：黄章平
责任校对：陈颖

出版发行：经济管理出版社
　　　　　（北京市海淀区北蜂窝 8 号中雅大厦 A 座 11 层　　100038）
网　　址：www. E-mp. com. cn
电　　话：（010）51915602
印　　刷：北京玺诚印务有限公司
经　　销：新华书店
开　　本：720mm×1000mm/16
印　　张：20.5
字　　数：303 千字
版　　次：2018 年 4 月第 1 版　　2018 年 4 月第 1 次印刷
书　　号：ISBN 978-7-5096-5531-3
定　　价：69. 00 元

编 委 会

序　言

从全球范围看，科学技术越来越成为推动经济社会发展的主要力量，创新驱动是大势所趋。实施创新驱动发展战略，是根据国内外大势、立足我国发展全局做出的重大战略抉择，是我们应对新科技革命和全球产业深刻变化，适应和引领经济发展新常态的客观要求。依靠科技创新打造先发优势、从要素驱动转向创新驱动、提高发展质量和效益、加快新旧动能转换，是我国发展的重大系统性变革，是我们的必然选择。

本书所收集的论文来自"科技战略与创新政策研讨会"参会者的论文整理编辑而成。该论坛由山东省社会科学联合会主办，山东省科学院、山东省科技发展战略研究所承办。

本书共分为三个部分，分别为科技创新、资源环境、产业经济三个研究领域的内容。科技创新部分主要包括区域创新能力评价、创新人才、工业企业创新政策、科技投入等方面；资源环境部分主要包括物质流分析、循环经济、能源利用与对策等方面；产业经济部分主要包括制造业、高新技术、服务业、经济新动能、产业关联测量等方面。以上研究成果和对策建议，部分以呈阅件的形式提交省委、省政府决策参考，得到了各级领导的高度认可，体现了山东省科学院智库建设的初步成果。由于时间和撰写水平的限制，里面还有很多不足的地方，恳请广大读者批评指正！

目　录

第一部分　科技创新

一、山东省工业企业创新与粤、苏、浙差距远超预期

　　——基于 2015 年全国企业创新调查数据 ………… 周　勇　李晓力（3）

二、山东省工业企业创新政策落实情况及与粤、苏、浙对比研究

　　………………………………………………… 周　勇　李晓力（15）

三、山东省在企业研发费用税前加计扣除政策落实方面差距

　　过大 ………………………………………………………… 周　勇（22）

四、知易行难，还是知难行易？

　　——山东省企业家创新发展"知行不一"现象

　　解析 ……………………………………………… 白全民　李晓力（27）

五、从科技投入视角看山东省与苏、浙、粤省份创新能力的

　　差距 ………………………… 贾永飞　亓　琳　宋艳敬　张雪婷（36）

六、山东省区域科技创新能力评价 ………………… 潘云文　王金颖（49）

七、山东省科技人才现状及问题分析 ………………………… 宋艳敬（76）

八、俄罗斯科技创新发展实践及其对我国的启示 …… 亓　琳　贾永飞（87）

九、创新驱动：山东发展新动力 ……………………………… 武红智（103）

十、山东省软科学绩效指标体系构建及实证研究 …… 陈　娜　李海波（110）

十一、因素分配法在科技计划项目管理中的应用 ……………… 李庆军（122）

十二、基于投入产出的山东省软科学发展策略

　　研究 …………………………………………… 陈　娜　李海波（127）

1

十三、浅论智库建设中的科研单位党建

    工作 ………………………… 丁　华　荀玥婷　陈　建（136）

第二部分　资源环境

一、基于物质流分析的山东省资源利用压力动态

    评价 ………………………… 季小妹　周艾文　范　琳（143）

二、山东省循环经济示范县建设的问题

    研究 ………………………… 季小妹　周学霞　周艾文（154）

三、物质流成本会计（MFCA）法对循环经济发

    展的促进作用 ………… 刘　倩　石　峰　付丽丽　周艾文（161）

四、山东省煤控压力与破解路径研究 ………………… 邵　波（168）

五、云南省旅游经济发展时空差异分析 …………… 孙灵文（177）

六、创新生态系统的理论与构建 …………………… 王金颖（185）

七、中国火电行业碳排放核算及驱动因素

    分析 ……………… 杨　东　周艾文　季小妹　石　峰（197）

八、标准化推进农村生活污水处理设施建设 ……… 张　青（214）

九、云南省森林碳储量动态及碳汇潜力分析 ……… 周金杰（219）

第三部分　产业经济

一、中国房地产业发展分析 ………………………… 徐立平（231）

二、山东省第三产业发展区域差异分析 …………… 赵南哲（240）

三、山东省制造业创新分析和思考 ………… 李晓力　白全民（255）

四、甘肃省高新技术发展的现状及问题 …………… 高　婷（266）

五、传统产业地区如何创新驱动发展的体制机制研究
　　——以滨州市打造区域创新中心

　　　　为例……………… 李海波　汝绪伟　李　钊　陈　娜　高　婷（273）

六、山东省高新技术产业发展研究：现状、问题及

　　对策…………………………… 汝绪伟　李海波　李　钊（281）

七、构建中国经济新动能的基本分析………………… 崔英英（290）

八、区域产业关联测量、结构分析及产业选择………… 尹　翀（297）

第一部分　科技创新

一、山东省工业企业创新与粤、苏、浙差距远超预期

——基于 2015 年全国企业创新调查数据

周　勇　李晓力

摘要： 对山东、广东、江苏和浙江四省规模以上工业企业普查所得到的创新活动数据进行对比研究，结果显示：山东省工业企业在创新产出方面与其他三省的差距远远超出预期，其中拥有发明专利数山东仅相当于广东的 1/5 左右，江苏的 1/3 左右；代表创新市场化效益的新产品收入总额居四省末位且差距较大，尤其是代表高端竞争能力的国际新产品销售收入仅相当于广东省的 1/3 和江苏省的 1/2 左右，与传统印象里山东省作为制造业大省、创新资源大省的地位是不相符的。造成这种结果的原因是多方面的，既有山东工业企业创新投入强度不高、总量不足的原因，也与工业企业开展创新活动的比重偏低、企业创新成本高、信息和人才缺乏以及小型工业企业创新"短板"突出、高校和科研院所资源少且缺乏顶层设计等因素有关。山东省亟须采取有力措施扭转工业企业创新的不利局面，遏制住差距拉大的趋势。由此，我们建议：整合省属科研院所加强公共研发平台和公益性创新服务，缓解众多中小型工业企业创新缺资金、缺信息、创新成本高等问题；吸引省外名校和科研机构共建研发机构和研究生培养机构，解决企业人才和信息方面的部分"短板"；发挥京津沪宁高铁优势，吸引沿线高校院所来山东省创新创业；加大各类创新政策落实力度，提高广大中小型工业企业的创新积极性。

关键词： 创新；工业企业；山东省

为全面了解我国企业创新进展情况，国家统计局于 2015 年对全国企业（工业企业、建造业、服务业）创新情况进行了调查。调查采用重点调查与抽样调查相结合的方法，工业企业创新是企业创新的核心部分，对规模以上工业企业实施的是全数调查，调查结果的借鉴价值很大。本次调查结果显示，规模以上工业企业数山东省 40756 个，江苏省 48708 个，广东省 41133 个，浙江省 40841 个，四个省份差距不大。从主营业务收入来看，山东省 143140.3 亿元，江苏省 141956.0 亿元，差距不大；广东省 115451.1 亿元，浙江省最低，为 64371.5 亿元，不到山东省的一半。

（一）山东省创新产出差距明显

1. 知识产权拥有量差距甚大，拥有品牌比例位居四省末位

采取知识产权保护的企业占比较高，但关键指标不占优势。山东省工业企业采取了知识产权保护或相关措施的企业占全部企业的比重为 55.3%，在四省中居第二位，乍看还行，但具体分析却不容乐观：专利申请是山东省企业明显的"短板"，山东省申请发明专利的企业比重为 6.8%，全国平均水平为 10.3%，江苏省是山东省的 2.7 倍，浙江省是山东省的 1.9 倍；而申请了实用新型或外观设计专利的工业企业所占比重为 6.5%，全国平均水平为 11%，山东省也以较大差距低于其他三省。另有四项指标虽居第二位，但与首位相比差距较大，而与位居其后的省份却未拉开距离，且均低于全国平均水平，见图 1。

山东省工业企业拥有发明专利 26122 件，居四省末位，且差距明显。发明专利是最能体现专利创新含量的专利类型，拥有发明专利数则指的是企业愿意花钱进行维护的发明专利，往往是企业认为有价值和保护意义的发明专利。广东省 126936 件，是山东省的 4.9 倍；江苏省 73252 件，是山东省的 2.8 倍；浙江省是山东省的 1.1 倍。

山东省工业企业对最主要的主营产品拥有品牌所有权的工业企业占比和该品牌由本企业开发的工业企业占比分别为 28.0% 和 23.9%，均居四省末位，江苏省分别为 33.9% 和 29.6%，浙江省分别为 32.8% 和 30.5%，广东省略高于山东省。对于一个企业来说，品牌与其市场地位、销路、认可度、产品定

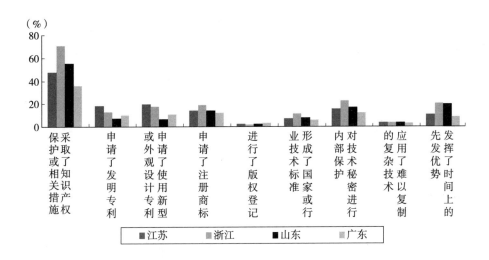

图1　四省采取了知识产权或相关措施的企业占比情况

价等息息相关，同时，品牌的长久生命力也与其创新活动的开展情况密切相关。山东省工业企业的品牌拥有率和自主开发情况并不乐观。

2. 高水平新产品比重大大低于粤、苏、浙地区，甚至低于全国平均水平

山东省有国际市场新产品的工业企业占全部企业的比重仅为17.3%，居四省末位，且低于全国21.7%的平均水平。广东省这一比重为35.1%，山东省这一比重不到广东省的一半。江苏和浙江两省的这一比重较为接近，分别为25.5%和23.7%，山东省的差距十分明显。

山东省有国内市场新产品的工业企业占比为59.3%，广东和江苏两省分别为69.4%和65.6%，与广东和江苏两省相比差距较大。山东省这一比重也低于全国62.2%的平均水平，略高于浙江省。由此说明，山东省工业企业具备高水平创新能力的企业群体比例偏低。

山东省工业企业实现的新产品销售收入居四省末位。山东省工业企业实现新产品销售收入14555.8亿元。江苏和广东两省领先优势十分明显，前者为23540.9亿元，后者为20313.3亿元，山东省分别仅相当于两者的61.8%和71.7%。浙江省为16507.9亿元，也高于山东省。

山东省工业企业新产品销售收入占主营业务收入的比重为 10.2%，居四省末位。山东省这一比重仅相当于浙江省这一比重的四成不到，广东和江苏两省这一比重比山东省这一比重高 6 个百分点左右。

山东省工业企业国际市场新产品销售收入及其占主营业务收入的比重是尤为突出的"短板"。山东省国际新产品销售收入为 1427.0 亿元，仅相当于广东的 32.5%，江苏的 50.3%。山东国际新产品销售收入占主营业务的比重仅相当于广东的 26.2%，浙江的 38.5%，江苏的 50%。这说明在高层次的新产品竞争方面山东省的差距更大。

仅从国内市场新产品的销售收入占主营业务收入比重来看，山东省居末位；浙江省居首位，是山东省的 2 倍以上；与广东和江苏两省相比看，山东省也有一定差距。

仅从本企业新产品销售收入占主营业务收入比重看，山东省仍居末位，浙江省领先优势明显，山东省这一比重相当于浙江省的 1/3 左右。

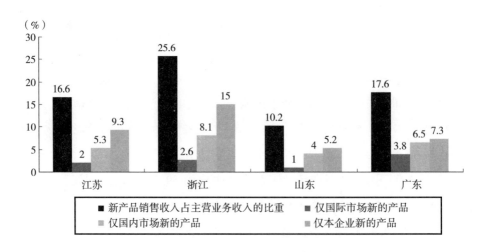

图 2　四省不同层次新产品销售收入占主营业务收入比重

从创新产出看，无论是以知识产权为代表的直接技术产出，还是以新产品销售为代表的创新市场化收益，山东省与其他三省相比差距都很显著，山东省各界应该警醒和深思。

（二）山东省工业企业创新差距较大的原因分析

1. 山东省工业企业开展创新活动的比重较低，居四省末位，与江苏和浙江两省差距甚大

山东省工业企业开展创新和实现创新的企业占全部企业的比重分别为37.5%和35.7%，这两个数据均比江苏省低23个百分点以上，比浙江省低16个百分点以上。即使是与全国平均水平相比，山东省也存在相当大的差距。

产品创新和工艺创新是对工业企业影响最大的创新，山东省实现产品创新的企业所占比重偏低，为18.8%，仅相当于浙江省的一半左右，比江苏省低12个百分点。山东省实现工艺创新的工业企业占比为19.6%，与浙江省和江苏省差距较大。显然，不开展产品创新并实现产品创新，就不会取得更多的新产品销售收入。

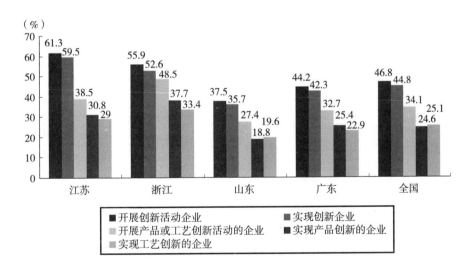

图3　四省和全国开展和实现创新的企业占全部企业比重对比

2. 小型工业企业的创新活力和动力不足

山东省中小型工业企业多为传统型企业，本身技术水平不高，企业生存周期较短，开展创新的动力和实力均不足。这与硅谷、中关村、深圳等创新密集区域中小企业创新活力很强截然不同。

山东省 40756 家规模以上工业企业中，小型企业有 35380 家，其中有创新活动的企业 12082 家。小型企业从业人员数、主营业务收入和利润额占总量的四成以上，资产占总量的三成左右。12082 家小型工业企业的研发经费仅占总量的18.6%。从创新产出看，小型企业实现新产品销售收入仅占总量的 6.92%。小型企业创新不足是造成山东省与其他三省差距的重要原因之一。

3. 山东省工业企业研发经费投入强度偏低，并且是四省中唯一一个低于全国平均水平的省

工业企业内部研发经费山东省支出 1175 亿元，在四省中居第三位，江苏和广东两省均为 1370 亿元以上，山东省差距尚不算大。但是从内部研发经费及其占主营业务收入的比重看，山东省工业企业仅为 0.82%，不仅居四省末位，且与浙江和广东两省差距十分明显，即使是与居第三位的江苏省相比，差距也不小。值得注意的是，山东省的这一比例居然低于全国 0.836% 的平均水平。

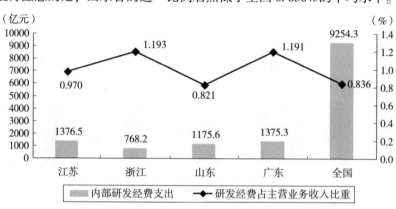

图 4　四省研发经费及其占主营业务收入的比重

4. 山东省工业企业在人才、银行贷款、风险投资、技术信息等方面与其他三省相比问题更为突出

创新人才是创新活动中最活跃、最核心的因素。山东省工业企业选择缺乏人才或人才流失是创新主要阻碍因素的企业占比为 38.6%，比江苏和广东

两省这一比例高出不少，两省均为30%左右。

山东省工业企业选择创新成本过高的占比为28.1%，也高于广东和江苏两省的26.4%和24.8%。

山东省工业企业创新活动缺乏银行贷款的问题与其他三省相比更为突出，选择缺乏银行贷款的占比为22.7%，其他三省这一比重为10.6%~11.8%，山东省比其他三省高出近1倍。贷款不应该是进行研发和创新活动的重要资金来源，山东省企业选择这个原因的比重较高，说明企业对创新的认识尚有一定差距。

缺乏风险投资是创新主要障碍因素的企业为10.6%，广东和江苏两省这一比重为6.0%~6.3%，这说明适合创新的金融形式对企业创新活动的支撑较差。

山东省工业企业选择缺乏内部资金的占比也居四省之首，占比为13.5%，高于全国12.1%的平均水平，其他三省均在10%以下。企业内部资金应该是创新资金的主要来源，山东选择这个原因的企业较多，说明山东省企业的创新投入能力较低，进而造成创新产出较低。

此外，山东省工业企业缺乏技术信息的问题也较为突出，选择缺乏技术信息的企业占比为26.8%，广东和江苏两省这一比重分别为18.1%和20.6%，浙江省最高为30.6%。这一问题与山东省对行业研发和创新服务不够具有一致性。随着山东省一些省属主导行业骨干科研院所转为企业，这一问题会更为严重。

5. 高校和科研院所实力较弱，影响山东省的创新效率

与其他三省相比，山东省国家级高水平的高校和科研院所布局数量少，但省属科研院所力量较强。对省属科研院所作用的发挥，山东省长期重视不够，缺乏顶层设计和系统设计，客观上造成了企业缺乏公共研发平台，缺乏公益型创新服务机构，缺乏能够帮助企业留住人才的外部环境，从而使企业的创新成本较高、信息不畅、人才留不住。

通过普惠性政策返还给企业的研发投入支持严重不足。

6. 山东省工业企业研发经费加计扣除减免税数额相对太少，与其他经济指标严重不匹配，说明山东省通过普惠性政策返还给企业的研发投入支持严重不足

税收优惠是政府激励企业创新最重要的普惠性措施。2014 年山东省规模以上工业企业研发经费内部支出为 1175.55 亿元，略低于江苏省和广东省的 1376.54 亿元和 1375.29 亿元，高于浙江省的 768.15 亿元。但是，规模以上工业企业加计扣除减免税，山东省只有区区 18.5 亿元，而广东省为 62 亿元，江苏省为 49.3 亿元，浙江省为 42.8 亿元。按照享受这一政策的研发经费占总研发经费比重计算，山东省比重仅略高于全国的 1/3。这说明山东省在税收方面对企业创新活动的支持力度很低。这既有山东省税务部门执行政策方面的宽严程度把握与其他三省差距太大的原因，也有各级政府落实工业企业研发经费加计扣除政策方面督察不够或者有不希望税收减少的原因，值得深刻反思。

（三）对策建议

山东省工业企业创新与江苏、浙江和广东三省相比，无论是创新产出，还是创新投入方面的差距，均远远超出过去"有差距，但不会很大"的印象。如不采取更有力的创新驱动发展政策，或者是政策力度远不如其他三省，山东省工业企业的创新不仅不会迎头赶上，还有可能越拉越远，并对未来经济发展产生不良影响。为此，提出以下对策建议：

1. 整合省属科研院所科技力量，加强公共研发平台和公益性创新服务，解决中小型工业企业创新缺人才、资金、信息和创新成本高等问题

山东省有规模以上工业企业 40756 家，政府有限的公共财政资源和企业创新巨大的资金需求间存在供需矛盾、公平性矛盾。台湾工研院的建立是解决这一矛盾较为成功的案例。通过政府集中对科研仪器设备和科研设施的投入，台湾地区的企业可以借助工研院的公共仪器设备、高水平科研人员、国际水准的信息沟通渠道，开展各自企业的技术研发。由于历史原因，山东省

保留了实力比较雄厚的省属科研院所，包括一些行业研究所，这是部分省不具备的优势。在山东省工业企业创新人才、资金、信息尤其缺乏，创新成本高的情况下，更应该根据产业发展需要，整合省属科研院所，建立有山东特色的公共研发平台、公益性创新服务机构，帮助企业共享高水平的研发中心，吸引人才，共享科研设施和信息，降低企业的创新成本。

建议省委、省政府根据山东省经济社会发展和创新驱动发展的迫切需要，对省属科研院所进行梳理和规划，把有科研能力的原省属行业科研院所与现有的公益性科研院所整合，对其不具备创新能力但有服务能力的部分进行分离并集中管理，形成新的较为完整的创新链条，服务山东省主导产业转型升级和创新驱动发展。

2. 吸引省外名校和科研机构来山东省建立研发机构和研究生联合培养机构，补充企业人才和信息方面的"短板"

山东省的产业结构有一定的独特性，气候和地理位置也有一定的特点，省外和国外的名校、科研机构有一些专业方向的科技研发和科技成果适合在山东省布局。山东省可学习深圳的经验，采用教育和研发设施集中共享的形式，吸引这些高校院所在山东省建立研发机构和研究生培养机构，有利于提高山东省创新驱动发展的能力。通过省外高校院所根据山东省产业发展布局，有利于形成创新的集聚，促进企业人才和信息的交流。

3. 发挥高铁连接京津沪宁从而大大压缩到山东省旅行的时间优势，吸引沿线高校院所各类创新创业人才在德枣高铁沿线尤其是济南的聚集

山东省中小企业创新活力不足与绝大多数中小微企业属于传统产业，这类企业寿命较短有关。而创新的成功需要几年的研发才有可能，由此造成这类企业的创新活力不可能高；而从高校院所产生的小微企业，都是以创新为目标的，这部分企业应是创新的培育重点。虽然山东省国家级大院大所较少，但利用高铁的便利、独有的产业特色、地理位置特点，在生活成本、租房价格方面打造相对优势，吸引高铁沿线高校院所的专家学者和高校毕业生来山东高铁沿线高新区创新创业，实现因为产业特点、交通优势、生活成本低廉

的优势形成的双创人才的聚集，进而推动山东省中小微企业的创新。

4. 强化国家出台的各类创新政策的落实力度，促进工业企业创新积极性和主动性的发挥

长期以来，国家的工业企业研发经费加计扣除减免税政策得不到充分落实，其原因或政策落实不力，或是研发经费投入数据水分过大，或者兼而有之。在创新驱动发展的大战略下，各级政府都应该认真对待这一问题，在创新政策的制定、执行和落实上切切实实给予企业优惠。简化手续，在政策允许范围内放宽条件，特别是要充分利用现在政策条件放宽的机会，激励工业企业的创新积极性。否则，拉大与广东省、江苏省、浙江省在创新方面的差距是必然的，最后必然拉大山东省与广东省、江苏省的经济差距。强烈建议把能够享受税前加计扣除政策的研发经费比重作为各级政府创新绩效方面的考核指标，以此为突破口，扭转关键性、普惠性创新政策得不到有效落实的问题，促进山东省更好地落实各项创新政策。

5. 促进省内高校和科研院所围绕企业创新的"短板"布局自身科技力量

企业、高校和科研院所都是创新的主体，其中，企业是技术创新的主体，高校和科研院所是知识创新的主体。要加快构建以企业为主导、产学研合作的产业技术创新战略联盟，要围绕提高4万多个规模以上工业企业创新能力，充分发挥数量不足百个、有一定科研能力的高校和科研院所的优势，构建普惠型公共研发和服务平台，为所有想创新、真投入的企业提供研发设备低成本、人才和信息服务低成本、引进和留住人才低成本的创新环境。

表1 四省工业企业基本情况和创新数据①

	江苏	浙江	山东	广东
企业数（家）	48708	40841	40756	41133
年末从业人员（万人）	1144.9	713.6	933	1444.9

---

① 专利申请数据为2013~2014年数据，其他数据为2014年数据。

续表

	江苏	浙江	山东	广东
主营业务收入（亿元）	141956	64371.5	143140.3	115451.1
年末拥有有效发明专利数（件）	73252	28235	26122	126936
申请了发明专利的企业占全部企业比重（%）	18.1	12.8	6.8	9.5
申请了实用新型或外观设计专利的企业占全部企业比重（%）	19.4	17.4	6.5	10.4
内部 R&D 经费支出（亿元）	1376.5	768.2	1175.6	1375.3
R&D 经费占主营业务收入比重（%）	0.97	1.193	0.821	1.191
新产品销售收入（亿元）	23540.9	16507.9	14555.8	20313.3
新产品销售收入占主营业务收入比重（%）	16.6	25.6	10.2	17.6
国际市场新产品销售收入（亿元）	2839.1	1673.7	1431.4	4387.1
国际市场新产品销售收入占主营业务收入比重（%）	2	2.6	1	3.8

注：国际市场新产品销售收入为从国际市场新产品销售收入占主营业务收入比重推算得来，精确度与实际数据略有差异，此列数据与文中数据相比略作修正。

表2 2013~2014 年四省和全国开展产品或工艺创新的工业企业创新阻碍因素

		江苏
开展产品或工艺创新活动企业数（个）		18772
在开展产品或工艺创新活动企业中，下列各项是创新主要阻碍因素的企业占比（%）	缺乏内部资金	9.7
	缺乏风险投资	8.5
	缺乏银行贷款	11.8
	创新成本过高	24.8
	缺乏人才或人才流失	30.4
	缺乏技术信息	20.6
	缺乏市场信息	10.5
	难以找到创新合作伙伴	7.5
	市场已被占领	2.8
	不能确定市场需求	16.6
	创新成果易被低成本模仿	13.7
	没有创新的必要	5.2

注：为开展产品或工艺创新的工业企业认为某因素是创新主要阻碍因素的企业占比。

表3　2009~2014年全国和四省研究开发费用加计扣除减免税数额

单位：亿元

年份	2009	2010	2011	2012	2013	2014	2014年比2009年增加的倍数
山东	11.1	14.1	14.7	12.7	15.5	18.5	0.67
广东	12.5	17.5	38.3	36.6	44.3	62.0	3.97
江苏	13.9	18.0	30.6	34.5	41.7	49.3	2.56
浙江	15.9	20.5	31.0	37.9	42.1	42.8	1.7

参考文献

[1] 山东省统计局. 山东企业创新调查资料汇编，2015.

[2] 国家统计局社会科技和文化产业统计局.2014年全国企业创新调查资料[M].北京：中国统计出版社，2016.

二、山东省工业企业创新政策落实情况及与粤、苏、浙对比研究

周　勇　李晓力

摘要：在政府对企业创新活动的直接经费支持方面，山东低于广东、高于江苏，表现不错；但在政府通过税收政策间接支持企业创新活动方面，几者差距较大。主要表现在：工业企业研发经费投入总体数量偏少，经济效益不高，所得税很少，导致减免税无从扣除；高新技术企业数量少、规模小，高新技术产业增加值占 GDP 比重按照相同口径比，仅相当于广东、江苏的一半。如不采取特殊政策和措施，这种局面几年内很难扭转。建议山东省政府组织省属公益类科研机构，整合国内外科技资源，为山东省工业企业开展公益性创新驱动发展技术和政策问题诊断；大面积开展创新方法培训和推广应用，大幅度提高创新效率；把提高政府对企业创新的直接和间接支持作为重要考核目标，在省级政府以下摒弃研究与开发经费占 GDP 比重、科技进步贡献率、科技成果转化率等划不清责任、无法主动为之或难以定量考核的指标。

关键词：山东省；创新政策；研发投入

政府对企业技术创新活动的支持既有直接的科技资金投入，也有间接的税收优惠政策等，这些资助对企业创新的支持方向、渠道、范围和所起的作用各不相同，在当前的经济形势和创新需求下，政府对各类资助资金的侧重点有所变化，各类资金的发展趋势也有较大差别。为此，这一部分对 2010 年

以来山东省、广东省、江苏省、浙江省以及全国工业企业获得的政府科技资金、研发经费加计扣除减免税额和高新技术企业减免税额三个有代表性的指标展开分析，比较山东省政府资金对企业的支持力度与其他三省的差别以及三类政府资助资金的变化趋势，在此基础上提出提高政策支持企业创新力度的措施。

（一）山东省政府支持企业创新的直接和间接经费总额偏低

政府资金对企业研发活动的资助可大致分为直接资助和间接资助两种。直接资助包括政府通过科研项目经费等渠道直接投入到企业创新活动的资金；间接资助包括税收优惠、创新券等间接方式的资助。企业来自政府部门的科技活动资金、企业研发经费加计扣除减免税、高新技术企业减免税三类直接和间接经费资助之和，代表了政府对企业创新的整体支持力度。

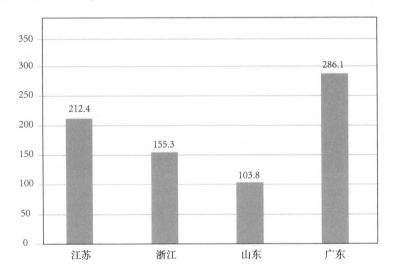

图1 2015年四省政府支持工业企业创新的三类费用合计

山东省三类费用之和仅相当于广东省的1/3，江苏省的1/2，浙江省的2/3。这从一个侧面印证了山东省高新技术产业增加值占GDP的比重，按照相同口径比，远远小于广东、江苏和浙江高新技术产业。这与山东省是重化工业大省，传统产业具有较大优势相关。这是在制定山东省的各类经济发展战略和规划时必须予以正视的问题。因此，我们需要对山东省的省情有一个清醒的认识，更加重视比重高的传统产业，加速发展高新技术产业。

表1 2015年政府支持企业创新的三类费用合计 单位：亿元

	工业企业获得的政府科技资金额	工业企业研发经费加计扣除减免额	高新技术企业减免税额	合计
江苏	31.8	59.6	121	212.4
浙江	17.5	51.5	86.3	155.3
山东	37.3	17.8	48.7	103.8
广东	46.0	108.7	131.4	286.1

注：由于2016年数据尚未公布，仅以2015年数据讨论。

（二）山东省政府对企业的直接经费支持力度较大，间接支持的同步增长尚有待实现

2012年以来各省工业企业政府科技活动资金保持稳定或窄幅波动。2015年，山东省工业企业获得政府部门科技资金37.3亿元，在四省中居第二位，低于广东省的46.0亿元，高于江苏省的31.8亿元和浙江省的17.5亿元，在四省中还是占据优势的。2010~2012年，全国和各省工业企业获得的政府科技活动资金呈现明显上升态势，其中，山东省两年间增长了0.78倍，略高于全国平均增长水平，江苏和浙江两省分别增长了1.34倍和1.05倍，广东省增速略高于山东省。但自2012年以来，各省的增长基本停滞或呈小幅波动，其中：山东省稳定在37亿元以上，呈平行态势；江苏省自2012年以来呈由小幅下降态势；广东省和浙江省则呈窄幅波动态势；全国2012~2014年缓慢增长，2015年比2014年增长得多，增长近10%。总体来说，无论是全国还是四省，工业企业从政府获得的科技资金额的增长基本处于停滞状态。

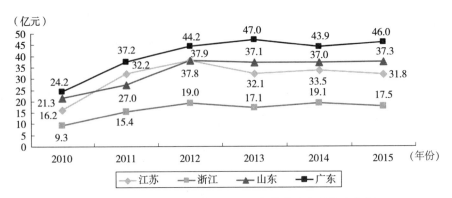

图2　2010～2015年四省工业企业获得的政府科技资金额

（三）山东省研发经费加计扣除减免税数额偏低且增长缓慢

2015年，山东省工业企业研发经费加计扣除减免税额为17.8亿元，居四省末位，且与其他三省差距较大，其中广东省高达108.7亿元，江苏省近60亿元，浙江省也在50亿元以上。2010年，山东省为14.1亿元，虽也居四省末位，但与其他三省相差尚不算大，五年间山东省仅增长了0.3倍，而同期全国平均增长了1.5倍，广东省更是增长了5.2倍，江苏和浙江两省分别增长了2.3倍和1.5倍。山东省工业企业研发经费加计扣除减免额占全国减免额的比重也从2010年的7.9%降到2015年的4.0%；相形之下，广东省占全国的比重从2010年的9.8%上升到24.2%，江苏和浙江两省占比也有不同程度的提高。

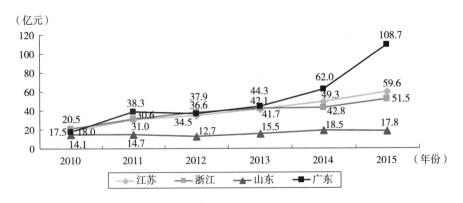

图3　2010～2015年四省工业企业研发经费加计扣除减免税额

（四）山东省高新技术企业减免税额与粤苏浙差距较大

2015 年，山东省高新技术企业减免税额为 48.7 亿元，广东和江苏两省均在百亿元以上，分别为 131.4 亿元和 121.0 亿元，浙江省为 86.3 亿元。2010 年，山东省高新技术企业获减免税为 30.2 亿元，也居四省末位，但差距尚在可接受范围内，而近 5 年来，山东省增长了 0.6 倍，而同期广东省增长了 1.3 倍，江苏和浙江省增长了 1.2 倍，全国平均水平增长了 1.0 倍，山东省与其他三省的差距进一步拉大。山东省高新技术企业减免税额偏低，可以反推出山东省高新技术企业的产值和规模与广东、江苏、浙江等省份差距较大，这才是需要我们正视的问题。

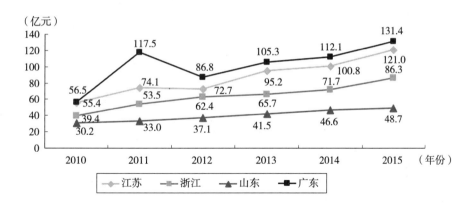

图 4　2010~2015 年四省高新技术企业减免税额

相关调查也验证了这一点。山东省高新技术企业数量偏少，与发达省份相比存在差距。中国人民大学发布的《中国企业创新能力百千万排行榜》（2017）对全国 8 万多家高新技术企业创新能力进行了分析，结果表明，从地区分布看，中国的高新技术企业主要集中于广东、北京、江苏、浙江、上海等经济发达地区，高新技术企业前 1000 强最为集中的 5 个省份（直辖市）依次为：广东（183 家）、北京（148 家）、江苏（125 家）、上海（98 家）和浙江（90 家），山东虽然排在第 6 位，但仅为 54 家。据该项研究显示，全部

80000 多家高新技术企业的地区分布与前 1000 强的地区分布高度一致。由此可以看出，山东省高新技术企业的数量与发达省市相比，差距是较为明显的。

（五） 提升政府直接和间接研发投入数额和效果的关键措施

1. 运用省属科技机构的优势，帮助企业找准创新方面存在的政策和技术问题，对症下药

建议省政府组织省属公益类科研机构，整合国内外科技资源，为山东省工业企业开展公益性创新驱动发展方面的技术和政策问题进行诊断。同时，把推动企业技术创新的公益性任务作为公益类科研院所的任务，并进行绩效考核。

推动企业技术创新是创新驱动发展的根本落脚点。政府对企业创新的直接研发投入不低，但企业研发间接税收减免较低，说明政府的直接研发投入没有起到大的推动和带动作用。山东省的企业国有比重高，民营比重低；重化工业比重高，传统产业比重高，高新技术产业比重低，与广东、江苏和浙江三省相比，情况相对特殊。为了彻底改变长期存在的这一问题，建议山东省充分发挥省属科研院所的科技优势，对重点企业开展创新政策落实的摸底调查，同时组织国内外科技资源对大中型企业进行针对性的技术创新诊断，帮助企业找到创新投入低、企业效益一般、技术水平不高的技术问题，打破长期以来企业创新效果不佳—企业效益不佳—企业所得税减免无法实现的怪圈。在为企业创新搞清技术和政策问题的同时，也为公益类科研机构找准服务企业创新的切入点。

2. 以创新方法（TRIZ）在企业和全社会的普及为抓手，提高企业创新和大众创业、万众创新的效率、质量和水平

政府直接投入企业的研发费用，应更多支持企业大面积开展创新方法培训和推广应用，大幅度提高企业创新效率，促进企业创新和知识产权战略的实施。

其中，科技部已经推广几年的创新方法培训，非常有利于提高企业研发人员的创新能力和创新效率。山东省在创新方法研究和培训师资方面在全国各省中有优势（前三位），但由于创新方法培训组织方面的原因，山东省没能走在全国前列，而这方面的投入应该是政府直接投入的重点之一，并且这种直接投入也是符合国际贸易规则的。

不论是创新还是创业，掌握创新方法是提高创新效率的关键因素。推广创新方法是培养企业创新人才的普惠性政策措施，有利于企业创新和知识产权战略的落实，是"花小钱，办大事"，推动企业创新、推动山东省创新驱动发展的关键抓手。建议省科技厅在创新方法方面，像省科技部和财政部那样，建立专项资金，并委托省科学院或建筑大学等相关科研院所推动，科技厅做好监督检查工作，而不是本部门或下属单位直接抓。

3. 把政府对企业研发的直接和间接支持作为市县政府重要考核目标

在省以下政府考核中，摒弃研发经费占 GDP 比重、科技进步贡献率、科技成果转化率等划不清责任、无法主动为之或难以定量的虚指标。过于宏观的考核指标，如研发费用占 GDP 比重，因为研发经费以企业投入为主，政府研发经费所占比重并不高，地方政府对这一经费额度不具备操控性，落实这类指标也就无从下手。科技进步贡献率的高低受外界因素影响更多，且存在数据口径、因子系数选取和计算方法不统一等问题，量化结果不确定性较高，不是地方政府仅凭努力就可以提高的。为达到考核目标，反而有可能导致地方政府在数据上做文章，不利于创新驱动发展。

考核是指挥棒。把政府对研发活动的直接和间接支持占财政收入比例作为地方政府考核依据，这个指标能够切实落实到支持企业创新发展上，且地方政府也能够把这个指标分解落实，能够通过主动作为完成考核任务，权责一致。由此推动政府的直接投入和间接投入，进而加大研发费用加计扣除政策落实和高新技术企业的发展。

参考文献

[1] 国家统计局、国家发展和改革委员会编.2011-2016 工业企业科技活动统计年鉴 [M].北京：中国统计出版社，2016.

三、山东省在企业研发费用税前加计扣除政策落实方面差距过大

周　勇

摘要：2014年山东省享受税前加计扣除政策的研发费用占规模以上工业企业总研发费用的比重仅为4.2%，不足浙江的1/3，相当于广东的1/3，不到江苏的一半，仅相当于全国平均水平的1/3多一点。全国企业研发费用加计扣除免税额2014年比2009年增加1.52倍，广东增加3.97倍，江苏增加2.56倍，浙江增加1.70倍，山东仅增加0.67倍。产生如此巨大差距的原因，主要是山东省政策执行部门相对于广东、江苏、浙江甚至全国，对政策的执行过于"从严掌握"，导致政策落实被大打折扣。建议各级政府更新观念，以促进企业创新为己任，充分利用好执行条件大大放宽这一政策并督促检查相关部门落实好，缩小与其他三省和全国在落实这一政策和其他创新政策方面的差距；把落实该政策作为考核各级政府落实创新驱动发展战略的重要绩效考核指标，而不仅仅是把难以分清责任的全社会研发费用占GDP的比重和按年度难以测算的科技进步贡献率作为考核指标。

关键词：研发费用；企业创新；政策落实

2015年底出台的《财政部国家税务总局科技部关于完善研究开发费用税前加计扣除政策的通知》、《国家税务总局关于企业研究开发费用税前加计扣除政策有关问题的公告》是对《中共中央国务院关于深化体制机制改革加快实施创新驱动发展战略的若干意见》的具体落实，是为了更好地鼓励企业开

展研究开发活动，规范并更好地执行企业研究开发费用加计扣除优惠政策。该政策是指企业开展研发活动中实际发生的研发费用，未形成无形资产计入当期损益的，在按规定据实扣除的基础上，按照本年度实际发生额的50%，从本年度应纳税所得额中扣除；形成无形资产的，按照无形资产成本的150%在税前摊销。这也是国际上促进企业创新的最重要的政策之一。

该政策实际已经执行了若干年，但各省政策执行的范围和形式差别较大，结果也大相径庭。通过山东省与江苏、广东、浙江及全国的横向比较，可以发现：一是山东省税务部门执行该项政策过于"从严掌握"；二是能够享受税前加计扣除政策的研发费用比例太低、增长速度过慢，说明山东省在普惠性创新政策的落实方面与其他三省和全国存在较大差距。

（一）山东省企业研发经费加计扣除政策存在的突出问题

2014年山东省规模以上工业企业研发费用内部支出为1175.55亿元，略低于江苏和广东的1376.54亿元和1375.29亿元，高于浙江的768.15亿元。但是，规模以上工业企业加计扣除减免税，山东省只有区区18.5亿元，广东为62亿元，江苏为49.3亿元，浙江为42.8亿元，分别占各自研发费用的4.2%、12.02%、9.55%和14.8%，全国平均为10.94%。山东省仅相当于浙江的28.24%、广东的34.91%、江苏的43.94%，相当于全国的38.35%，即仅相当于全国平均水平的1/3多一点。

2009年山东、广东、江苏和浙江企业研发费用加计扣除免税额差距并不大，都在11亿~16亿元的范围内；到了2014年，山东与其他三省差距拉大，甚至不到广东的1/3。全国水平2014年比2009年增加1.52倍，广东省增加3.97倍，江苏省增加2.56倍，浙江省增加1.70倍，山东仅增加0.67倍。

研发费用税前加计扣除政策是各国政府鼓励企业创新的主要政策，也是我国政府鼓励企业创新的主要普惠性政策。其他创新政策多是竞争性政策，最终真正能享受到的企业都是极少数，如政府的研究计划课题数量很少，经费也不多，只能落实到少数几个企业。唯有这条政策，应该是只要达到标准、符合要求就应该享受。但是，山东省只有4.2%的研发经费能够享受到税前加计扣除政策，这一比例仅相当于全国平均水平的 1/3 略强，山东省需要认真分析原因。

（二）主要原因：对该政策的执行，山东省税务部门把关过严或者过于"从严掌握"

工业企业研发费用税前加计扣除这一政策执行的若干年中，山东省落实这一政策的比例一直处于很低的水平，增长速度极其缓慢。原因主要有两方面：一是山东省税务部门对该税收减免政策的落实把关严；二是在"从严把握"的指导思想下，基层税务部门觉得落实这一政策过于麻烦，成本太高，不愿意单独考虑如何落实这一政策，从而造成享受这一政策的工业企业比例过低，历年减免税数额增长过慢。

另外，根据对同时在山东、浙江两省做生意的企业家的调研，做同样的生意，在税收方面山东省把握的尺度比浙江省要严得多。在税费征缴方面山东省比江苏、浙江、广东更严格，是公认的事实。山东省与其他三省和全国相比，虽然眼前的税收似乎增加了，但在这方面对企业的支持长期滞后，影响山东省对创新政策的落实，影响企业的创新积极性，从而影响了未来税源的增长，得不偿失。

（三）政策建议：把研发费用税前加计扣除占全部研发费用的比例作为城市创新驱动发展绩效考核的重要指标

为了更好地落实中共中央、国务院《关于深化体制机制改革加快实施创新驱动发展战略的若干意见》精神，财政部和国家税务总局 2015 年底对该政策进行了五方面调整：一是放宽享受税收优惠政策的研发活动范围；二是扩大享受加计扣除税收优惠政策的费用范围；三是简化对研发费用的归集和核算管理；四是明确企业符合条件的研发费用可以追溯享受政策；五是减少审核程序。目前，广东、江苏、浙江乃至全国都在积极地落实这一政策，以加快实现创新驱动发展的目标。

面对落实创新驱动发展的这一普惠性政策的巨大差距，山东省各级政府应该反思出现这种差距的深层次原因，以便充分利用好现在中央和税务部门大大放宽条件并正在全力落实的相关文件，让广大企业感受到各级政府落实创新驱动发展战略的决心，并投入更多的经费用于创新。否则，更不利于调动企业创新的积极性，山东省与其他三省的差距会拉得更大。

为此，我们建议各级政府更新观念，以促进企业创新为己任，充分落实好大大放宽条件的研发费用加计扣除政策，缩小和江、浙、粤三省及全国的差距；建议省委、省政府把落实该政策作为考核各级政府落实创新驱动发展战略和政策的重要绩效指标，而不仅仅是把难以划分清楚责任的全社会研发费用占 GDP 的比重和按照年度难以测算的科技进步贡献率等作为绩效考核指标。

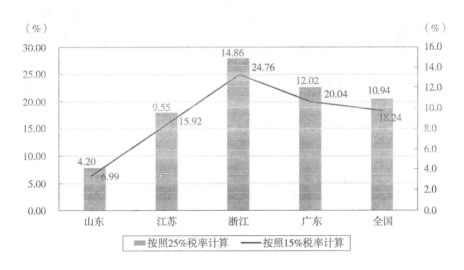

图 1　2014 年四省及全国享受税前加计扣除政策的
研发费用占规模以上工业企业研发费用的比重

表 1　2009~2014 年全国和四省研究开发费用加计扣除减免税数额

单位：万元

年份	2009	2010	2011	2012	2013	2014	增加倍数
全国	1504400	1781927	2523999	2984792	3336954	3797619	1.52
山东	110853	141482	147034	126675	155040	185008	0.67
广东	124854	175280	383209	365658	443497	620446	3.97

续表

年份	2009	2010	2011	2012	2013	2014	增加倍数
江苏	138533	180064	305600	345302	416901	493010	2.56
浙江	158531	205304	309800	379463	421148	428429	1.70

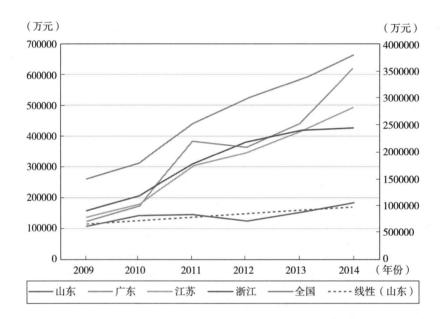

图2　2009～2014年四省及全国研发费用增长趋势

注：右侧坐标对应全国数据。

参考文献

[1] 国家统计局、国家发展和改革委员会编.2010-2015工业企业科技活动统计年鉴 [M].北京：中国统计出版社，2015.

[2] 国家统计局社会科技和文化产业统计局.2014年全国企业创新调查统计资料 [M].北京：中国统计出版社，2016.

四、知易行难，还是知难行易？

——山东省企业家创新发展"知行不一"现象解析

白全民　李晓力

摘要： 通过实地调研、查阅国家及省统计资料发现，山东省企业家对创新活动存在知行不一的现象，即高度认可创新在企业发展中的作用，但现实创新成效却不尽如人意。本部分通过深入分析山东省产业结构及企业家素质，发现山东省企业家创新活动的真实情况是"行难，知也不易"，且现有政策体系缺乏本土化、系统化设计，也难以缓解这一问题。最后我们得出分析结论，有针对性地提出了缓解山东省企业家创新知行不一问题的对策建议。

关键词： 企业家；创新发展；知行合一

创新这一概念及其内在机制是在西方发展模式的基础上由熊彼特提出，并进一步将企业家（精神）视为实现这一功能的核心要素。但在我国的文化传统中，尤其是作为儒家文化发源地的山东省，企业家群体缺乏对现代语义上"创新"概念的认知，这就成为新形势下制约企业家发挥创新主导作用的关键因素。

知行合一是我国传统认识论思想的精要所在，其辩证地讨论了知与行的关系，也有效调和了知易行难和知难行易之间的争论。本部分根据国家统计局发布的《2014 年全国企业创新调查统计资料》①及其他相关统计资料，对山东省企业家对创新的知与行进行了深入分析，发现山东省企业家存在较为明显的知行不一的现象，并从"行难，知也不易"角度分析了具体原因，进而据此提出了有针对性的对策建议，以期能为有效提升山东省企业家在创新发展中的核心关键作用提供决策参考。

（一）现象：山东省企业家在创新发展中"知行不一"

1. 山东省企业家对创新有较高的认知水平

针对企业家对创新作用的认知，国家统计局根据不同作用程度，将其划分为"起了重要作用"、"起了一定作用"以及"不起作用"三个级别。

由图 1 可知，山东省不管是全部规模以上企业家还是工业企业家，均对创新在企业发展中的作用给出了较高的评价，且在四省中评价最高。其中，全部企业家中的 64.9%、工业企业家中的 63.4% 认为起了一定的作用，而认为起了重要作用的分别为 26.4% 和 28.4%，认为不起作用的仅为 8.8% 和 8.2%。由此可见，在全部企业家和工业企业家中，高达 91.3% 和 91.8% 的比例认同创新在企业生存发展中的作用，而广东、江苏、浙江的两者比重分别为 81.6% 和 84.5%、88.5% 和 90.4%、85.9% 和 90.4%，均没有山东省的水平高。

2. 山东省企业开展和实现创新的情况不容乐观

本次调查将创新分为产品创新、工艺创新、组织创新和营销创新四个方面。从图 2 可以看出，无论是开展创新活动的工业企业占比，还是实现创新的企业占比，以及同时实现四种创新的企业占比，山东省在四省中均为最低，分别仅为 37.5%、35.7% 和 9.3%，尚不及全国平均水平的 46.8%、44.8% 和 11.3%。

---

① 此次调查是国家统计局对全国企业（工业企业、建造业、服务业）创新情况的调查。由于工业企业创新是企业创新的核心部分，且对规模以上工业企业实施的是全数调查，因此调查结果的借鉴价值更大，为本文重点分析对象。

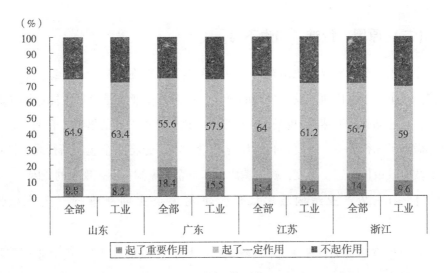

图1　四省企业家对创新在企业发展中作用的认知

资料来源:《2014年全国企业创新调查统计资料》。

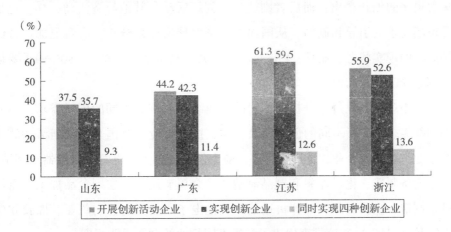

图2　四省规模以上工业企业开展和实现创新情况

资料来源:《2014年全国企业创新调查统计资料》。

　　综上所述,山东省企业家对创新的认可度比较高,但企业的实际创新成效并不理想,甚至弱于全国平均水平。由此可见,山东省企业家对创新的认知与实际的创新行为并不相符,存在比较严重的偏差,即存在"知行不一"的现象。为进一步提高山东省企业创新能力,分析造成这一现象的主要原因显得尤为必要。

（二）原因：行难，知也不易

由以上的分析容易得出山东省企业家在创新中存在知易行难的结论。但创新作为一个源于现代西方发展模式的概念，山东省企业家是否真正能做到"知其然，且能知其所以然"，也是值得商榷的。因此，面对新的事物，企业家是否真正做到了知行合一，需要进行系统化考量。本部分将从企业创新行难、知难以及政府政策体系三个维度，探讨造成山东省企业家知行不一现象的成因。

1. 山东省产业结构层次偏低，决定了企业创新难行，是基础性因素

马克思唯物主义哲学认为，"物质第一性，意识第二性"。而关于创新物质基础的理论主要有两种，一种是供给推动假说，另一种是需求拉动假说。前者认为，市场只是被看作研究开发成果的被动接受者，更多的创新投入意味着更多的创新产出；而后者则认为，创新活动与其他经济活动一样，也是受市场需求的引导和制约。从国内外经济发展实际来分析，后者更加符合经济运行的现实状态。而且，Utterback（1999）研究表明，60%~80%的重要创新都是受需求拉动而产生与扩张的。

从中观产业视角来分析，不同的产业结构应该有不同的创新需求，不同的创新需求决定了不同的创新绩效。本文按照行业对全国开展创新活动的工业企业占制造业企业比重进行排序，前十位的分别为：电气机械和器材制造、通用设备制造、化学原料和制品制造、非金属矿制品、农副食品加工、专用设备制造、金属制品、计算机通信和其他电子设备制造、纺织业、橡胶和塑料制品（见图3）。该排序代表了我国不同行业的创新活跃程度。

通过计算山东省不同行业工业企业占制造业企业数量的比重并进行排序发现（见图4），山东省工业企业的行业分布前十位虽然与全国创新活跃度前十位的名称基本一致，但内部序列结构则有着较大的差别。山东省明显呈现出传统产业占比较重、产业层次偏低的特点，尤其是木材加工和木、藤、棕、草制品业代替在全国创新活跃度排名第八位的计算机、通信和其他电子设备制造业进入山东省前十名。

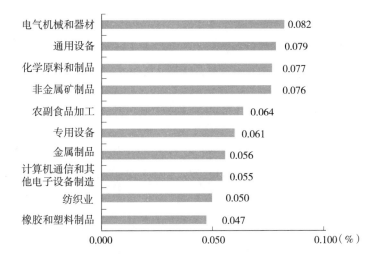

图3 全国按行业分企业开展创新企业占比

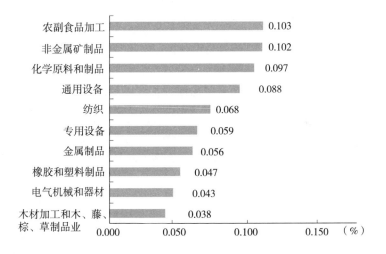

图4 山东省按行业分企业数量占比

资料来源：《2014年全国企业创新调查统计资料》、《山东统计年鉴》（2015）。

由此可见，山东省的产业结构特征导致了企业创新活跃度偏低，并连锁反应造成企业创新各项指标不尽如人意。产业结构是决定山东省企业创新绩效的基础性决定因素，也是实施创新驱动战略需要考虑的最大现实问题。

2. 企业家现代商业理念不够，难知创新内在规律，是反向消极因素

创新是现代商业文明的高级形态，而现代商业文明则来源于西方的进取型文化。冒险精神以及由此而演化出来的系列现代商业理念（比如：契约精神、知识产权、风险投资、研发管理等），则是创新型企业家应具备的核心素质。熊彼特认为，企业家要进行创新首先要进行观念更新。而面对我国传统思维方式的阻力，孙中山先生也曾指出，处于"科学昌明之世"，凡做事"必先求知"，而后才"敢从事于行"，从而提出"知难行易"的新的知行路径。

山东省作为农耕型文化的发源地之一，中正平和、缺乏冒险精神是其主要特征，也因此孕育出以中庸为核心要旨的儒家文化。而根据哈佛大学珍妮弗·潘（Jennifer Pan）等（2015）的研究，在偏保守、偏自由、中立的三种中国意识形态图谱中，山东省是典型的中立形态，而广东、江苏、浙江均为偏自由型。虽然经过多年的发展，但山东省企业家的现代商业理念仍显不足，尤其是冒险精神不够。现代商业的外在表现形式是现代企业制度的建立。我们以一省拥有私营企业户数作为其企业家现代商业理念水平高低的指标，而将个体户数及个体户数为私营企业户数的倍数作为反向指标，通过对比鲁、粤、苏、浙四省数据发现（如图5所示），山东省企业家现代商业理念水平远远低于其他三省。

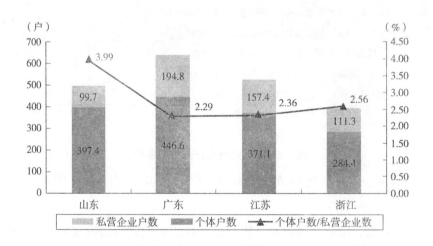

图5　四省私营企业户数、个体户数及比值

资料来源：《中国统计年鉴》（2015）。

现代商业理念的缺乏将导致难以真正认识创新的内在规律，也必将进一步导致企业创新活跃度不高。另外，通过数据进一步分析发现，山东省在开展创新活动的企业中，内部研发占比远低于粤、苏、浙三省，甚至也低于全国平均水平（如图 6 所示）。这进一步说明，山东省企业家具有明显的创新风险规避思想，即依靠外力开展创新的倾向比较明显。在基层调研过程中还发现，山东省企业即便是在购买外部技术的情况下，也存在着交易不规范、不信守商业承诺等违反现代商业理念的现象。这说明，山东省企业家在现代商业运行环境中，自身素质仍需提高，而对创新的认知也需要更加深入。

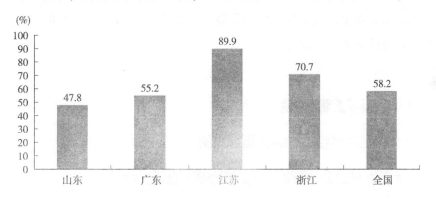

图 6　四省及全国在开展产品或工艺活动企业中内部研发企业占比
资料来源：《2014 年全国企业创新调查统计资料》。

3. 现有政策本土化和系统化不足，创新生态优势不明显，难以有效缓解知行不一现象

创新政策的作用是构建良好的创新生态环境，从而集聚创新要素，激发创新激情。区域创新活动作为一项系统工程，需要根据当地实际，进行系统化、本土化设计。近年来，围绕创新生态构建，山东省出台了一系列的政策，但也存在一些问题，比如：推进传统产业升级仍以传统手段为主，而没有将共性技术攻关、行业准入等作为新型政策工具；山东省具有明显的大企业强、中小企业弱的特征，甚至相当一部分地区一两个大企业就代表了一个产业，但政策则仍明显地向大企业倾斜，而没有围绕该现实条件进行政策创新；相关支持企业创新的优惠政策效果不好，企业将太多的精力放在了如何落实上，

而没有意识到问题的原因其实是开展创新活动的企业占比太低；人才资源缺乏，政府的政策重点过多地放在高层次人才引进上，而没有将人才环境的改进作为政策着力的重点；更重要的是山东省创新定位不清，像北京、上海、广东、江苏，甚至安徽等地区，都已将打造全球或者全国科创中心作为其发展定位，但目前山东省尚未明确自身的战略定位；等等。

人才是创新活动中的核心要素，其流向最能反映区域创新生态环境的水平，而且在对创新主要阻碍因素的评价中，四省企业家均将人才作为最主要因素。如图 7 所示，与其他三省相比，山东省 R&D 人员数量过少，而且大多分布在大型企业中，这充分说明山东省创新生态环境与其他三省相比不具有优势，需要政策进一步改善。

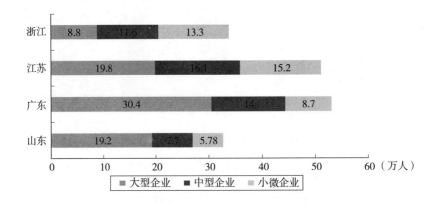

图 7　2013 年四省不同规模企业 R&D 人员数量

资料来源：《工业企业科技活动统计年鉴》（2014）。

（三）对策建议

1. 试行企业首次创新扶持计划，减轻企业家创新压力

针对山东省企业家创新风险规避心态较重的情况，建议试行企业首次创新扶持计划，从财政资金、创新管理、创新资源获取、创新知识辅导等方面，对有研发潜力但尚未开展创新活动的企业进行全方位扶持，从而减轻企业家

创新的心理压力和现实困难。

2. 加强共性关键技术攻关，严格行业准入，加快传统行业转型升级

对传统行业的转型升级，将工作重心放在制约其发展的关键共性技术攻关上，并加强产业集聚区内公共研发服务能力的建设。同时，针对落后产能及国家重点调控的行业，要严格行业准入制度，建立重点行业的预警清单，引导企业，避免盲目投资。

3. 推进现代企业家素质培养，提升其创新素养

将企业家创新素养培育作为创新驱动战略的重要任务之一。针对山东省企业家在创新中存在的普遍性问题，通过组织外出考察、专项培训等方式，逐渐提升其解决创新问题的能力。另外，建议引导建立协会性质的全省或区域性企业家创新联盟，促进企业家群体加强内部沟通。

4. 围绕山东省发展特征，加强本土化政策创新，打造区域性创新生态优势

围绕山东省传统产业比重过大、大企业过强、创新资源集聚能力较弱、创新定位不清等自身特征，在充分调查研究的基础上，加强部门协作，大胆开展制度创新，打造符合山东省实际的本土化政策体系，从而进一步优化山东省创新生态环境。

参考文献

［1］孙军．需求因素、技术创新与产业结构演变［J］.南开经济研究，2008（5）．

［2］孙中山．建国方略［M］.北京：中国长安出版社，2011.

五、从科技投入视角看山东省与苏、浙、粤省份创新能力的差距

贾永飞　亓　琳　宋艳敬　张雪婷

摘要：实施创新驱动发展战略，进一步加大科技投入，对山东省提高经济增长的质量和效益、加快转变经济发展方式具有现实意义。本文比较了鲁、苏、浙、粤四省的科技投入情况，从科技投入总量上、科技投入增速上、科技投入结构上分析了四省不同的投入特征，分析了鲁、苏、浙、粤四省之间差距，从规模以上企业从事研发活动的数量、工业企业研发投入占主营业务的比重、高技术产业 R&D 经费投入比重、企业研发经费在不同规模工业企业的分布等方面，探讨山东省科技投入存在的主要问题；最后，从构建良好生态创新系统、建立多元化的科技投入机制、优化投入结构、加大高新技术企业的科技投入等方面提出了意见与建议，为山东省科技投入体系的优化策略提供参考。

关键词：科技创新；R&D 经费投入；企业技术创新；创新能力

根据中共十八大和十八届二中、三中、四中全会的精神，加快实施创新驱动发展战略，强化企业创新主体地位，按照深化科技体制改革、财税体制改革的总体要求和《中共中央国务院关于深化科技体制改革加快国家创新体系建设的意见》（中发〔2012〕6号文），进一步发挥财政资金引导作用、撬动社会资源支持科技创新的总体思路，研究建立符合市场规律的多元化科技投入运作新机制，实现财政投入效益最大化。在这一背景下，增加财政科技

投入、创新投入方式，充分发挥财政资金对企业技术创新的引导和激励作用，推动企业真正成为技术创新的主体，是当前深化科技体制改革、建设国家创新体系中的一项重要任务。刘凤朝（2007）通过对 Agosin 和 Mayer（2000）投资模型的修正，建立科技投入模型，分析政府科技投入对其他科技投入的挤入挤出效应；在深化模型的基础上，重点分析中央和地方政府的科技投入对其他科技投入的效应。胡振华（2009）基于阿尔蒙法的滞后期模型，采用 DEA 分析中的 BCC 模型分析我国科技投入促进经济增长的效率，从投入产出效率、科技投入规模以及规模报酬三个角度对我国 30 个省市的科研投入促进经济增长的绩效进行比较分析。李兵（2009）采用 1990~2005 年的数据估计全国和部分省市生产函数，并通过所估计的生产函数确定各投入要素对产出的贡献率。张治河（2014）以专利申请数量和新产品销售收入为国家创新能力的指标要素，采用系统动力学的方法建立了科技投入对国家创新能力提升机制的仿真模型。范柏乃（2013）在传统的柯布—道格拉斯生产函数基础上，加入科技投入要素，利用中国 31 个省级行政区（不包括香港、澳门、台湾）2001~2011 年的面板数据，运用变系数模型，实证考察科技投入对经济发展影响的区域差异。通过近几年的有关文献综述，较少学者从鲁、苏、浙、粤四省的科技投入总量上、科技投入增速上、科技投入结构上、规模以上工业企业投入等方面进行研究，因此，本文对四省科技投入比较做了分析研究，为山东省优化科技投入、完善科技投入政策提供科学参考。

（一）山东省科技投入与苏、浙、粤比较分析

1. 山东省科技投入总量上与苏、浙、粤差距呈扩大趋势

从投入总量来看，山东省 R&D 经费投入总量不断增长，2014 年 R&D 经费投入总额为 1304.1 亿元，比 2013 年增长了 10.9%，占全国总量的 10.02%，居全国第四位。江苏和广东省仍居全国前两位，分别为 1652.8 亿元、1605.4 亿元，浙江 R&D 经费投入总额为 907.85 亿元，居全国第 5 位，四省经费投入总量均比去年有所增长。从增长速度来看，江苏、浙江、广东 R&D 经费投入比去年分别增长了 11.15%、11.25%、11.12%，均高于山东；

山东省 R&D 经费增长速度明显偏低，仅为 10.9%，导致其 R&D 经费总额与三者之间的差距进一步加大。

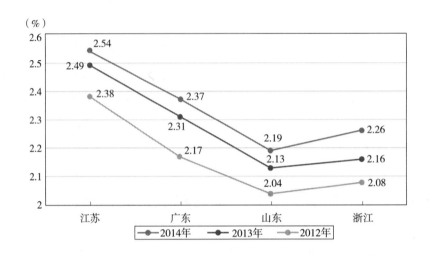

图 1　2012 年、2013 年、2014 年四省 R&D 经费占 GDP 的比重

2. 山东省科技投入增速上与苏、浙、粤相比明显偏慢

山东省 R&D 经费占 GDP 的比重为 2.19%，比 2013 年增长了 0.06 个百分点，但是增速有所减缓，比 2013 年的 R&D 经费投入增速少了 0.03 个百分点。从 R&D 经费投入强度来看，2014 年四个省的投入强度都不断增加，江苏省始终保持领先。2014 年江苏省 R&D 经费占 GDP 的比重为 2.54%，广东省为 2.37%，分别比山东省高出 0.45 个、0.18 个百分点，2013 年山东省与江苏省、广东省之间的差距分别为 0.36 个、0.18 个百分点，2012 年山东省与江苏省、广东省之间的差距分别为 0.34 个和 0.13 个百分点，可以看出连续两年，山东与江苏省、广东省的差距呈持续扩大态势。2014 年浙江省 R&D 经费占 GDP 的比重为 2.26%，比山东省高出 0.07 个百分点，与 2013 年高出 0.03 个百分点相比，与山东省的差距拉大。由于山东 R&D 经费投入增长速度明显偏低，导致其经费投入强度与三省的差距进一步加大。

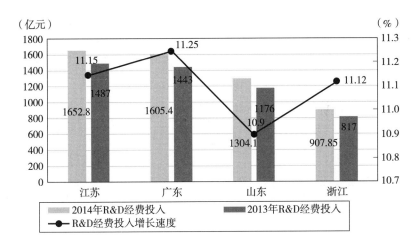

图2 四省 R&D 经费投入及 R&D 经费投入增长速度

3. 山东省与苏、浙、粤相比经费来源比较单一

从资金来源看，鲁、苏、浙、粤四省 R&D 经费投入结构不合理，四省都形成了以企业投入为主体、政府资金为引导、国外资金等其他资金为补充的经费筹措格局，但是山东省的企业 R&D 经费投入所占的比例最高，为 90.44%，江苏企业所占的比例最低，为 86.32%，而江苏政府资金和国外资金等其他资金占的比例在四省中最高。可见，江苏的资金来源更为多元化，而山东省经费来源比较单一，尤其在争取外国经费方面与其他省份差距比较大。

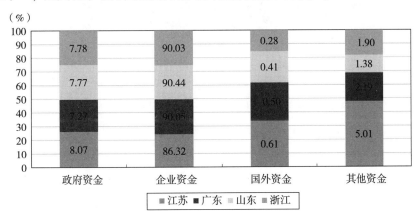

图3 2014 年四省 R&D 经费内部支出按来源分类情况

4. 从 R&D 经费活动类型来看，山东省基础研究经费投入最少

研发经费主要投入到试验发展领域。研发活动一般被分为基础研究、应用研究和试验发展，其中基础研究和应用研究合称为科学研究。山东省基础研究和应用研究比重偏低，以试验发展为主。浙江的试验发展经费支出比例最高，为 93.05%，其次是山东、江苏、广东，而山东的基础研究经费投入仅有 1.87%，比江苏、广东、浙江分别低 0.9 个、0.77 个和 0.55 个百分点，可见，山东省的基础研究经费投入偏低。

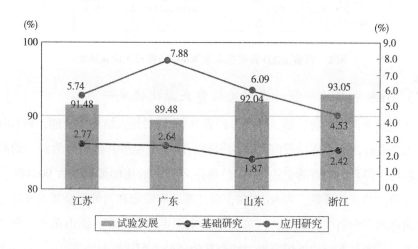

图 4　2014 年四省 R&D 经费内部支出按活动类型分类情况

5. 江苏省高等院校 R&D 经费投入是山东省的 2.6 倍

2014 年，山东省共投入 33.1 亿元，其中理、工、农医类的高等院校投入了 29.1 亿元，占主体地位；江苏高等院校投入的 R&D 经费最高，为 88.4 亿元，是山东省的 2.67 倍，其次是广东与浙江，分别为 49.8 亿元、49.7 亿元，可见山东省高等院校投入的 R&D 经费最低。各省高等院校 R&D 经费中的基础研究明显高于研发机构，广东的基础研究甚至高于应用研究，为 47.59%，其他三省都是应用研究的比例最高，其次是江苏，为 41.52%，可见与研发机构相比，高等院校是江苏基础研究的主体；山东省高等院校的基础研究的比例最低，仅有 36.25%，且与试验发展的比例差距最大。

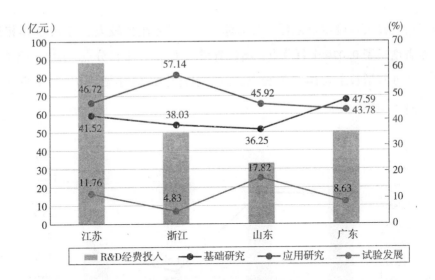

图5 2014年四省高等院校R&D经费投入及内部支出按活动类型分类情况

(二) 山东省规模以上企业与苏、浙、粤比较分析

1. 山东省规模以上企业数量少，且从事R&D活动占比偏低

2014年，全国R&D活动的规模以上工业企业有63676个，占规模以上企业总数的16.9%，山东省规模以上工业企业有R&D活动的企业数只有4611个，在四省中总量最低，苏、浙、粤分别是山东省的3.07倍、2.63倍、1.42倍；山东省规模以上工业企业有R&D活动的企业占比仅为11.31%，比全国平均水平低5.6个百分点，可看出企业开展R&D活动的比例明显偏低。

2. 山东省规模以上工业企业R&D经费投入占主营业务的比重最少

2014年全国规模以上工业企业R&D经费投入了92543亿元，江苏省的R&D经费投入最高，为1376.5亿元，其次是广东，为1375.3亿元，山东省居第三，为1175.5亿元。从R&D投入强度来看，山东省规模以上工业企业R&D经费投入占主营业务的比重仅仅为0.82%，在四省中最低，比全国平均水平低0.02个百分点，可见山东省规模以上企业R&D经费投入虽有所加大，但是研发投入强度明显偏低，且与苏、浙、粤差距比较大。与 2013 年相比，广东省增长了 0.026 个百分点；浙江省增长了 0.07 个百分点，四省中增幅最大；江苏省增长了 0.04 个百分点。而山东省比 2013 年增长 0.023 个百分点，在四省中增幅最小。

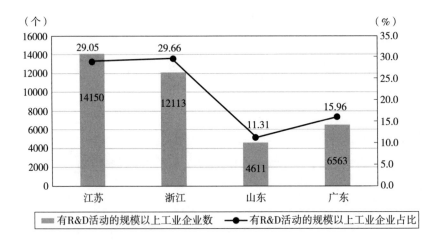

图 6　2014 年四省规模以上工业企业开展 R&D 活动的情况

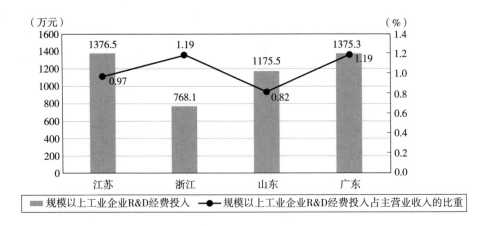

图 7　2014 年四省规模以上工业企业 R&D 经费投入的情况

3. 山东省高新技术产业 R&D 经费投入比重严重偏低

2014 年，山东省高新技术产业 R&D 经费投入 176.0 亿元，是 2010 年的 2.87 倍，占规模以上工业的 15.0%，低于全国 24.6% 的平均水平，且与周边省份差距较大，广东比例最高，为 52.76%，是山东的 3.5 倍，其次是江苏（22.4%）、浙江（20.02%），可见山东省高新技术产业经费 R&D 投入比重严重偏低。

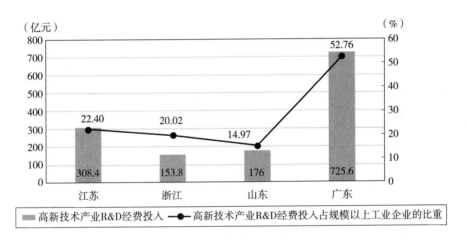

图8 2014 年四省高新技术产业 R&D 经费投入情况

4. 山东省中小型企业研发投入经费较少

根据企业的主营业务收入，将规模以上企业分为大型企业、中型企业、小微型企业。山东省企业研发经费投入中，大型企业研发投入占比 63.2%，中型企业投入占比 18.1%，小微型企业研发投入占比 18.7%；江苏省分别占比 41.27%、29%、29.6%；浙江省分别占比 30.9%、32.3%、36.9%。与其他三省相对均衡的分布相比，山东省研发经费主要集中在大型企业，中小型企业研发投入经费较少。中小微型企业数量众多，已经成为解决就业，促进民生，关乎社会稳定的重要力量。因此，如何激发小微型企业的研发投入积极性，增加自身竞争力是相关部门应该考虑的。

（三）山东省科技投入面临的主要问题

1. 科技经费投入增长速度过慢，区域差别较大

从以上分析中可以看出，进入"十二五"以来，山东省科技经费投入总量虽稳步增长，但是增长速度与周边省份相比过于缓慢，导致科技创新经费支出占比也明显低于其他三省。山东省科技投入强度不足，且与周边省份的差距进一步拉大。山东省研发投入区域之间差距比较大，2014年，R&D投入最多的四市分别为青岛（244.3亿元）、烟台（169.1亿元）、济南（120.5亿元）、潍坊（119.7亿元），四市研发投入之和占全省研发投入总量的50.1%，而枣庄、日照、莱芜和菏泽，四市研发投入之和占全省研发投入比重仅为6.7%。

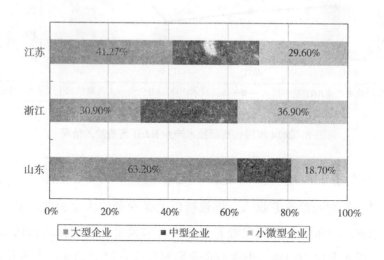

图9　企业研发经费在不同规模工业企业的分布

2. 科技经费投入结构不合理，基础研究经费投入偏低

从经费来源来看，山东省科技发展对企业资金的依赖程度最高，资金来源渠道相对单一，且政府引导性资金投入偏低，带动力不足，创新活力不强，难以充分发挥其在科技活动中的引导作用；从科技经费活动类型构成上看，

山东省科技经费主要集中于试验发展活动，基础研究经费投入偏低，与周边省份差距较大，应用研究经费也低于江苏、广东两省；且无论是研发机构还是高等院校，经费投入比例不够平衡，基础研究投入总量都偏低，绝大部分研发经费投入到应用研究及试验研发阶段，表明山东省原始创新能力不足，难以发挥其在建设创新型省份过程中的动力源泉作用。

3. 工业企业科技投入强度偏低，产业结构有待优化

企业的研发投入强度反映了一个企业研发投入的意愿，山东省企业研发投入强度低于1%，有的产业不足0.6%，在四省中居于末位，而美国、日本等创新型国家的研发投入强度均在3%以上。山东省经济结构以第二产业为主，重工业所占比重较大，但是工业企业的科技投入强度仍然较低，开展R&D活动的规模以上工业企业的比例明显低于周边省份，规模以上企业R&D经费投入虽有所加大，但是经费投入强度明显偏低，且与苏、浙、粤差距较大；山东省高新技术产业的科技投入也严重偏低，产业结构需进一步优化，与苏、浙、粤相比，山东省在新兴产业和技术密集度高的行业并没有形成竞争优势，对山东省的产业结构调整和升级形成较大制约。

4. 企业研发经费投入不均衡

山东省研发经费主要集中在大型企业，其中小企业R&D投入占比较少。山东省规模以上工业企业当中，中小型企业个数所占比例达到97.6%，但是仍然不及占比为3%的大型企业，调查发现，对于中小企业来说，融资困难是他们经营发展所面临的普遍性问题，如何吸引及留住高技术人才也是中小企业发展所面临的关键考验。与广东等省份相比，山东省中小企业创新活力较低，因此，政府需要进一步完善适合中小企业创新发展的政策环境、人才环境，发挥财政资金的杠杆撬动作用，加大社会资金及风险资金的投入，形成研发经费投入多元化体系，并进一步提高企业家的素质与创新意识。

（四）优化山东省科技投入的策略与建议

1. 强化组织协调，完善科技创新的硬环境、软环境，构建良好创新生态系统

加强科技投入首先要优化科技环境，提高对科技的重视。首先要加强区域之间的合作，山东省应成立区域科技创新体系建设领导小组，负责统筹实施和推进区域科技创新工作，加强山东省内、山东与周边省份区域之间政府及科技部门的交流与合作，同时加强高校、科研机构、工业园区、金融、服务等机构之间的协作，在区域发展中扬长避短，拓宽国内国际科技合作与交流领域，并提高合作的质量和水平。其次要完善科技创新环境。硬环境方面，努力提高公共配套设施标准，加快园区配套建设，加大工业基础设施投入，加快市政设施的改造和建设，全方位完善水、电、路、气、网的建设。软环境方面，要加大知识产权保护的宣传和执法监督力度，充分保证创新收益，提高其创新积极性。营造优质高效的创新环境，简化审批手续，提高办事效率，改进服务方式。营造严明规范的法制环境，加强社会治安综合治理，规范行政执法行为，创造规范有序的法制环境。

2. 加大政府的引导力度，建立多元化的科技投入机制

提高科技投入的水平首先要充分发挥地方财政的潜力，若地方财政在科技投入方面的潜力发挥出来，山东省科技经费投入在总量上将会得到极大的改善。政府应大力提高科研支出增长的比例与幅度，使之高于经济增长与财政收入增长的速度，以保证科研开发能力的稳定性与持续性。其次应建立多层次、多渠道的科技投入机制，优化财政资金占比结构，政府通过财政直接投入、税收优惠等多种财政投入方式，引导和带动更多的社会资本投入到科技创新中来，同时通过广泛吸引民间资金、金融、外资参与风险投资，加快资本与科技的融合。最后要完善相关金融政策，政府应加强引导和给予必要扶持，建立服务科技企业的信用保证机构，为科技企业融资提供相应的信用保证，使企业比较容易获得风险资本与银行信贷资金的支持，满足企业科技创新的资金需求。

3. 优化科技经费投入结构，大力开展原始创新

首先，要加大对科研机构和高等院校的投入力度，促进政府、企业和高校的产学研对接和提高企业科技投入的强度。应不断地加大对技术开发中心和新技术、新工艺的资金投入，加快对传统产业的改造升级，同时要对全省重点产业进行技术升级，掌握一批具有自主知识产权的产业发展核心技术。政府要提供相应条件，以各种可能的方式建设企业、学校和研究机构合作平台。这样既可以发挥企业以市场为导向进行创新的主动性，又能使高校和科研院所的创新成果为企业服务，双方在价值链上有效整合资源，互相推动，并充分发挥各自的优势。

其次，加大基础研究的投入力度，大力开展原始创新。以科研机构为主导，充分利用山东省的大学和科研机构，配合国家创新战略的实施，通过基础性科技计划的引导在具有战略意义的高技术前沿领域进行探索性研究，形成山东省自有的核心技术和优势学科技术领域；继续加大科技基础条件平台的投入与建设，为原始创新活动提供必要支撑；充分发挥政府在基础研究方面的主导性作用，加大公共财政对基础性研究和公共研究的支持力度。

4. 加大高新技术企业的科技投入力度，增强自主创新

政府应对高新技术企业研发给予激励措施，引导高新技术企业加大自主创新力度，建立独立的研发机构，开展科学研究和技术创新活动。首先，要注重高新技术开发区的运营与监管。应该加强对高新技术开发区的监管，以技术为准绳严格准入门槛，对进入技术园区的企业则实行监督以保证区域技术资源的有效利用。其次，制定优惠政策激励企业自主创新。应该根据区域经济环境和发展阶段，制定合理的高新技术产业发展规划和细则，鼓励风险投资公司、金融机构对拥有较好市场前景和较强技术导向作用的高新企业给予支持，并通过政策支持对企业自主创新进行激励和保护，重点提高高新区企业的自主开发和技术创新能力、对创新人才的培养和科技企业的孵化能力，提高对传统产业和区域经济的辐射带动能力和产品竞争力。最后，高新技术企业自身也应该对财务预算进行合理调整，适当增加 R&D 的投入比例。

参考文献

[1] 刘凤朝，孙玉涛.我国政府科技投入对其他科技投入的效应分析[J].研究与发展管理，2007（6）：100-107.

[2] 胡振华，刘笃池.我国区域科技投入促进经济增长绩效评价[J].中国软科学，2009（8）：85-93.

[3] 李兵，王铮等.我国科技投入对经济增长贡献的实证研究[J].科学学研究，2009（2）：196-201.

[4] 张治河，冯陈澄.科技投入对国家创新能力的提升机制研究[J].科研管理，2014（4）：149-160.

[5] 范柏乃，段忠贤.中国科技投入的经济发展效应区域差异分析[J].经济地理，2014（12）：10-15.

六、山东省区域科技创新能力评价

潘云文　王金颖

摘要：关于区域科技创新能力的评价研究一方面丰富了创新系统理论体系，另一方面为各级政府提供创新政策支持。山东省区域科技创新能力因特定的地理、区位等因素影响而具备多样性、差异性等特征，本文将分别从综合指标、一级指标角度对山东省十七地市的创新能力进行评价、分析，通过地市之间的相对排名，得出其科技创新的"短板"和薄弱环节，进而对影响创新能力的因素进行总结，以期为政府科学决策提供参考。

关键词：区域；科技；创新能力

（一）评价方法

在本文中，一个市的科技创新能力指的是该市创新能力与其他市相比而言的相对排名，不是该市创新能力的直接衡量。总的来说，各市创新能力相对 2013 年而言，都会有一定提高。

山东省区域科技创新能力评价，借鉴了国内外关于国家竞争力、国家创新指数报告、中国区域创新能力报告、创新型城市、城市科技竞争力、城市诚信指数等创新评价理论与方法。基于评价目的、评价思路和指标选择原则，从创新资源、知识创造、科技合作、企业创新、创新绩效及创新环境六个方面构建了山东省区域科技创新评价的指标体系，形成一套比较系统完整的评价思路和方法。

1. 评价思路

（1）评价目的

提高科技创新能力是实施创新驱动发展战略的关键环节。山东省区域（这里是指17市）科技创新能力的高低既关系到全省的科技创新能力，也关系到山东省创新驱动发展战略的深入实施，因此，对山东省区域科技创新能力进行评价具有重要的现实意义。通过评价，力求全面、客观、准确地反映山东省区域科技创新能力在创新链不同层面的特点，以及山东省十七市科技创新情况；通过评价可以发现全省科技创新存在的问题，找到"短板"和薄弱环节，既为全面提升山东省的科技创新能力提出有效的对策建议，也为政府科学决策提供重要参考。

（2）评价思路

考虑到创新是从创新概念提出到研发、知识产出再到商业化应用的完整过程，山东省区域科技创新能力应体现在科技知识的产生、流动和商业化应用的整个过程中。应从创新资源投入、知识创造与应用、科技合作、企业创新、创新绩效及影响创新环境的整个创新链主要环节来构建指标，评价山东省区域科技创新能力。

本文参考了中国区域创新能力评价报告、国家创新指数报告创新绩效评价的方法，采用综合指数评价方法，从创新过程选择一级指标，最终选择了创新资源、知识创造、科技合作、企业创新、创新绩效及创新环境六个一级指标；通过选择二级指标形成山东省区域科技创新能力评价指标体系；再利用综合指标体系对山东省区域科技创新能力进行综合分析、比较与判断。

（3）指标选取原则

数据来源具有权威性。基本数据必须来源于《山东省统计年鉴》、《山东省科技统计年鉴》、《中国科技统计年鉴》以及"山东省知识产权统计"等公开数据，以此确保数据的权威性、准确性、持续性和及时性。

指标具有可比性。选取含义明确、口径一致的评价指标。考虑到山东省17个市的差距较大，尽量选取相对指标，针对采用的两个绝对指标，配套增加了增长率指标，降低指标对各市规模的敏感程度，以此增强指标的可比性。

目标导向原则。评价的目的不是单纯评出名次及优劣的程度，更重要的是引导和鼓励各市向提高科技创新能力的方向和目标发展，进而推动山东省创新驱动发展战略的深入实施。

指标具有可扩展性。每一指标都有独特的宏观表征意义，其定义相对宽泛，非对于唯一狭义数据，便于指标体系的扩展和调整。

系统性原则。

2. 指标体系

按照上述原则，我们构建的山东省区域科技创新能力指标体系，由创新资源、知识创造、科技合作、企业创新、创新绩效及创新环境 6 个一级指标和 26 个二级指标组成。

创新资源：反映一个市对创新活动的资源投入力度、创新人才资源供给能力以及创新所依赖的基础设施投入水平。包括 5 个二级指标，其中 3 项为经费投入，2 项为人力投入。

知识创造：反映一个市的科研产出能力和知识传播能力。包括 4 个二级指标。

科技合作：反映一个市引进、消化和改造技术，委托或与外单位合作研发而进行的投入情况。包括 2 个二级指标。

企业创新：主要用来反映企业创新活动的强度、效率和产业技术水平。包括 4 个二级指标。

创新绩效：反映一个市开展创新活动所产生的效果和影响。包括 6 个二级指标。

表 1 山东省区域科技创新能力评价指标体系

山东省区域科技创新能力	一级指标	二级指标	
	创新资源	R&D 经费内部支出合计	1
		R&D 经费增长率	2
		R&D 经费内部支出与 GDP 的比值	3
		R&D 人员中较高层次人才指数所占比例	4
		每万人 R&D 全时人数	5

续表

一级指标		二级指标	
山东省区域科技创新能力	知识创造	每十万人发明专利申请数	6
		每十万人发明专利授权数	7
		每名 R&D 人员产出的有效发明专利	8
		每名 R&D 人员产出的科技论文和著作指数	9
	科技合作	R&D 经费外部支出与 GDP 的比值	10
		规模以上工业企业 R&D 经费外部支出占规模以上工业企业销售产值的比值	11
	企业创新	规模以上工业企业新产品销售收入占规模以上工业企业销售产值的比值	12
		规模以上工业企业新产品出口占各市出口总值的比值	13
		规模以上工业企业 R&D 经费内部支出占规模以上工业企业销售产值的比值	14
		规模以上工业企业全时 R&D 人员占职工总人数的比值	15
	创新绩效	高新技术产业产值	16
		高新技术产业产值增长率	17
		高新技术产业产值占规模以上工业产值的比值	18
		每吨标准煤产出 GDP	19
		每十万人授权实用新型专利	20
		每十万人授权外观设计专利	21
	创新环境	政府科技支出占政府财政总支出的比值	22
		规模以上工业企业减免税总额占规模以上工业企业销售产值的比值	23
		信息传输、软件和信息技术服务业，科学研究和技术服务业工资合计占全行业工资总额的比值	24
		人均 GDP	25
		获得国家科技型中小企业创新基金总额与当地 GDP 的比值	26

创新环境：主要用来反映一个市创新活动所依赖的外部软硬件环境。包括 5 个二级指标。

3. 计算方法

山东省区域科技创新能力评价方法采用的是等权重综合评价法，二级指标经无量纲标准化处理后，用二级指标直接计算得出每个市创新能力的综合效用值，即综合得分，给出排序结果。

（1）二级指标数据处理

无量纲化是为了消除多指标综合评价中，计量单位上的差异和指标数值的数量级、相对数形式的差别，以此解决指标的可综合性问题。

对二级指标采用直线型无量纲处理即：

$$y_{ij} = (x_{ij} - \min x_{ij}) / (\max x_{ij} - \min x_{ij}) \times 100$$

式中，$i = 1 \sim 17$，$j = 1 \sim 26$。

这样处理的二级指标，其效用值的区域是 $[0, 100]$，即该指标的效用值最优值是 100，而最差值是 0。

（2）综合得分

通过二级指标的效用值直接计算得出各市的综合得分，并给出 17 市的排序。

$$S_i = \sum_{j=1}^{26} y_{ij} / 26$$

式中，$i = 1 \sim 17$。

（3）一级指标计算

$$F_{ik} = \sum_{j=1}^{mk} y_i (j + mk0 - 1)$$

式中，$i = 1 \sim 17$，$k = 1 \sim 6$，mk 为一级指标包含的二级指标个数，$mk0$ 为一级指标对应的二级指标首项序列数字。

（二）结果分析

1. 综合指标排名

2014 年山东省十七市区域创新能力综合排名如图 1 所示，从图中看，山东省科技创新能力排名靠前的是青岛和济南，作为山东省的两个创新中心，综合得分在 70 分以上，远高于其他市。排在第二阵营的是烟台、东营、威海，综合得分在 40 分以上，紧随其后的是潍坊和淄博。

区域创新能力综合排名比较靠后的有枣庄、日照、德州、菏泽等。山东省区域创新能力呈现的总体特点是：分布不均，各市差距较大，排名第一的市和排名最后的市之间差距将近 60 分。

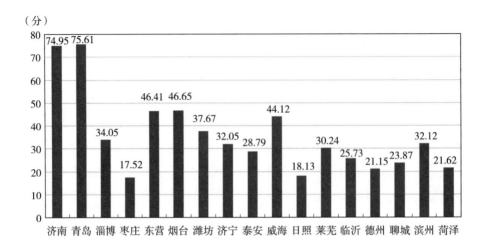

（分）

图1　2014年山东省区域科技创新能力评价结果

得分排名说明：创新能力强的市，其创新优势是多元的，创新能力的各个一级指标排名均比较靠前。创新能力不强的市，其各个一级指标得分基本都很靠后。从地理位置上来看，创新能力较强的是东部沿海，这也是山东省的国家自主创新示范区，其西部隆起带创新能力相对较弱。

在各具特色、多样发展的同时，这些创新能力领先的市普遍具有相对落后的市所不具备的创新要素；经济和科技的基础较好，教育资源丰富且高等教育发达；市场经济相对成熟；对外开放程度较高，吸引外资较多；企业创新动力足，研发投入较高；创新基础设施完善；产学研合作水平较高。这些要素通过适合当地特点的学习和创新机制，相互促进和加强，共同造就了这些市较强的创新能力。在创新能力的构成要素中，青岛、济南全面领先，烟台、东营、威海各具特点。青岛凭借卓越的商业氛围、开放的地理环境和政策支持、发达的高等教育水平和丰富资源等，在创新资源、知识创造、科技合作、创新绩效方面稳居第一位。济南占据省会城市的先天优势，凭借得天独厚的政策支持，丰富的教育资源和高层次人才资源，高新技术企业集聚，宽松的创新创业环境等优势，不仅创新资源、知识创造、科技合作方面排第二位，而且企业创新和创新环境两项指标位列第一。烟台的创新资源和企业创新指标排名靠前，得益于 R&D 经费支出占 GDP 的比重以及占规模以上工业企业销售产值的比重较高。东营的创新绩效指标在全省排名第二，得益于东营市的产业结构和规模以上工业企业的创新绩效，其中每十万人授权实用新型专利数和每吨标准煤产出 GDP 值均居全省首位，反映了东营技术创新带来的减少资源消耗的效果是非常显著的。威海的创新优势则得益于其全省第二名的人均 GDP 收入，决定了其有优越的创新环境，在资金投入上占据优势，并且威海也有高水平的高等教育资源，地理位置优越，对外开放程度比较高。

枣庄、日照、德州、菏泽的创新能力综合指标在山东省十七市中排名靠后。其中，枣庄在创新环境和企业创新方面远远落后于排在前列的市，均为倒数第二。日照在创新绩效和科技合作方面排名落后，分别为全省最后和倒数第二。枣庄和日照在 26 项二级指标中均表现不佳，反映了这两个市的创新活动整体上的活力和能力均欠缺，科技创新带动经济社会发展的空间需要大幅度提升。德州有 4 个一级指标，全省倒数在前三名，其中科技合作指标全省排名最后，德州市规模以上工业企业 R&D 经费外部支出占规模以上工业企业销售产值的比重、规模以上工业企业 R&D 经费内部支出占规模以上工业企业销售产值比重 2 个二级指标均排在全省最末位，说明德州规模以上工业企业的创新投入强度不足。菏泽 3 个一级指标排名全省倒数第一，分别为创新资源、知识创造、企业创新，但其在科技合作方面排在全省前列，反映了菏泽认识到自身创新能力不足，但能够利用外部科技资源为其服务，这种创新意识是应该大力倡导的。

2. 一级指标排名

本文中，我们采用创新资源、知识创造、科技合作、企业创新、创新绩效和创新环境 6 个一级指标以及 26 个二级指标来对山东省十七市的创新能力情况进行分析。

（1）创新资源指标排名

创新资源是区域持续开展创新活动的基本保障，反映了社会对创新的投入力度、创新人才资源的储备状况以及创新资源配置结构。本文采用 5 个二级指标对山东省十七市创新资源进行评价，其中3项为经费投入，2项为人力投入。

创新资源指标排在前两位的是青岛和济南，得分都高于340分，明显高于其他市，体现了青岛和济南在创新资源方面具有领先优势，无论是资金还是人力投入方面都具有其他市不具备的条件。排在第三位、第四位的是烟台和东营，二者差距不太明显，但与前两者之间差距比较大，也远高于其他市。潍坊、泰安、威海排在第5~7位。

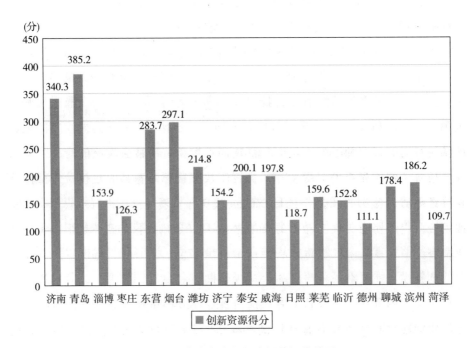

图2　山东省各市创新资源的评价结果

菏泽、德州和日照在创新资源指标方面位属后列。其中，日照虽然R&D经费增长率全省最高，但其内部支出总数在全省倒数第二，R&D经费内部支出与GDP的比值则全省倒数第一，说明日照R&D经费投入情况总体不容乐观，其规模和强度都远远落后于其他市。德州在R&D经费投入总数和占GDP比重方面比日照略高，但增长率远低于日照。菏泽的"短板"则主要在每万人R&D全时人数，反映了其科技人力投入强度不足。值得注意的是，潍坊的 R&D 经费内部支出合计占据全省第四位，而淄博 R&D 经费增长率出现了负增长。

表2　山东省十七市创新资源的二级指标情况

指标 市	R&D 经费内部 支出合计（万元）	R&D 经费 增长率（%）	R&D 经费内部 支出与 GDP 的 比值（%）	每万人 R&D 全时人数	R&D 人员中较 高层次人才指数 所占比例
	投入（经费）	投入（经费）	投入（经费）	投入（人力）	投入（人力）
济南	1205442	8.45	2.09	66.37	1.11
青岛	2442873	11.68	2.81	51.04	0.87
淄博	772746	−3.59	1.92	44.12	0.56
枣庄	277531	18.70	1.40	14.98	0.59
东营	868679	9.18	2.53	58.61	0.74
烟台	1690525	8.47	2.82	42.82	0.67
潍坊	1197119	12.74	2.50	26.61	0.48
济宁	585767	15.82	1.54	16.55	0.67
泰安	669768	11.84	2.23	29.12	0.63
威海	564386	15.60	2.02	45.98	0.46
日照	174797	29.13	1.08	13.21	0.50
莱芜	171051	7.90	2.49	32.81	0.45
临沂	639475	15.35	1.79	12.90	0.61
德州	345298	15.74	1.33	16.13	0.55
聊城	504988	11.75	2.01	12.55	0.81
滨州	584574	8.45	2.57	31.21	0.48
菏泽	256296	18.20	1.15	6.95	0.68

表3　山东省十七市创新资源的二级指标得分

指标 市	R&D 经费内部 支出合计	R&D 经费 增长率	R&D 经费内部 支出与 GDP 的 比值	每万人 R&D 全时人数	R&D 人员中较高 层次人才指数 所占比例
	创新资源（经费）	创新资源（经费）	创新资源（经费）	创新资源（人力）	创新资源（人力）
济南	45.53	36.79	57.99	100.00	100.00
青岛	100.00	46.68	99.65	74.20	64.69

续表

指标 市	R&D 经费内部 支出合计	R&D 经费 增长率	R&D 经费内部 支出与 GDP 的 比值	每万人 R&D 全时人数	R&D 人员中较高 层次人才指数 所占比例
	创新资源（经费）	创新资源（经费）	创新资源（经费）	创新资源（人力）	创新资源（人力）
淄博	26.49	0.00	48.10	62.56	16.74
枣庄	4.69	68.13	18.31	13.52	21.65
东营	30.71	39.01	83.58	86.94	43.41
烟台	66.88	36.86	100.00	60.36	32.98
潍坊	45.16	49.90	81.78	33.09	4.85
济宁	18.25	59.32	26.38	16.16	34.08
泰安	21.95	47.14	66.19	37.31	27.53
威海	17.31	58.64	54.16	65.69	1.95
日照	0.16	100.00	0.00	10.54	8.02
莱芜	0.00	35.11	81.01	43.52	0.00
临沂	20.62	57.87	40.81	10.01	23.47
德州	7.67	59.08	14.18	15.45	14.68
聊城	14.70	46.89	53.25	9.42	54.16
滨州	18.20	36.79	85.63	40.82	4.80
菏泽	3.75	66.58	3.98	0.00	35.35

（2）知识创造指标排名

知识创造水平是区域创新能力的直接体现，反映了各市的科研产出能力和科技整体实力。本文采用 4 个二级指标对山东省区域知识创造能力进行评价。

知识创造指标的排名，除青岛和济南得分很高外，其他市的得分都很低，这主要是因为青岛和济南的大学和省属以上科研机构较多，二者的得分是第三位淄博得分的 2.4 倍以上。该指标的各项二级指标中，青岛和济南依然远远领先于其他市，尤其是每十万人发明专利申请数指标仅青岛就占全省的 1/3 以上，反映了青岛创新活动的活跃程度和自主创新能力在全省的领先地位。在发明专利的申请数和授权数上，威海和淄博也表现不俗，成为其知识创造指标排名靠前的主要原因。

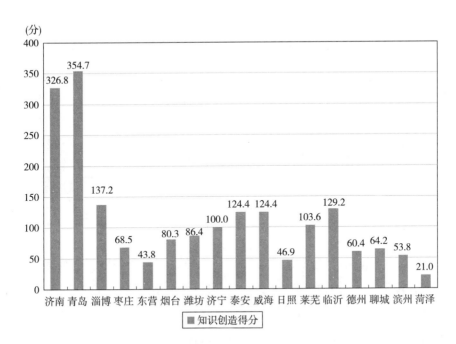

图3 山东省各市知识创造的评价结果

表4 山东省十七市知识创造的二级指标情况

指标 市	每十万人发明 专利申请数 知识创造	每十万人发明 专利授权数 知识创造	每名 R&D 人员产出的 有效发明专利 知识创造	每名 R&D 人员产出的 科技论文和著作指数 知识创造
济南	177.20	36.91	0.16	0.76
青岛	442.12	31.65	0.17	0.62
淄博	83.73	14.67	0.15	0.16
枣庄	20.78	3.81	0.08	0.37
东营	38.21	7.72	0.05	0.25
烟台	54.95	9.64	0.09	0.24
潍坊	40.78	8.41	0.11	0.23
济宁	18.81	3.85	0.11	0.42
泰安	25.10	4.12	0.12	0.52
威海	102.02	18.90	0.12	0.12
日照	13.76	5.82	0.08	0.19
莱芜	32.56	13.01	0.11	0.27

续表

市＼指标	每十万人发明 专利申请数 知识创造	每十万人发明 专利授权数 知识创造	每名 R&D 人员产出的 有效发明专利 知识创造	每名 R&D 人员产出的 科技论文和著作指数 知识创造
临沂	15.24	4.74	0.18	0.24
德州	12.62	2.73	0.08	0.32
聊城	14.17	3.50	0.08	0.33
滨州	23.21	6.67	0.07	0.26
菏泽	12.30	1.23	0.07	0.16

菏泽在知识创造指标中依然排名靠后，是因为其在各项二级指标中都表现落后，每十万人发明专利申请数仅为 12.3 项，授权数仅为 1.23 项，远低于排名前列的市。东营在知识创造指标排名倒数第二的最主要原因在于其每名 R&D 人员产出的有效发明专利数全省排名最后，在一定程度上反映了科技人力投入的产出效率不高。与之相反，临沂的每名 R&D 人员产出的有效发明专利数全省排名最高，所以尽管临沂在知识创造指标中的其他二级指标中表现平平，排名仍然占据第四位。

表 5　山东省十七市知识创造的二级指标得分

市＼指标	每十万人发明 专利申请数 知识创造	每十万人发明 专利授权数 知识创造	每名 R&D 人员产出的 有效发明专利 知识创造	每名 R&D 人员产出的 科技论文和著作指数 知识创造
济南	38.36	100.00	88.42	100.00
青岛	100.00	85.24	91.66	77.77
淄博	16.62	37.66	77.68	5.28
枣庄	1.97	7.23	20.45	38.88
东营	6.03	18.18	0.00	19.61
烟台	9.92	23.56	29.21	17.63
潍坊	6.63	20.13	43.14	16.46

指标 市	每十万人发明 专利申请数 知识创造	每十万人发明 专利授权数 知识创造	每名 R&D 人员产出的 有效发明专利 知识创造	每名 R&D 人员产出的 科技论文和著作指数 知识创造
济宁	1.51	7.33	44.77	46.44
泰安	2.98	8.10	51.84	61.50
威海	20.87	49.52	54.02	0.00
日照	0.34	12.85	23.03	10.69
莱芜	4.71	33.00	42.59	23.32
临沂	0.68	9.82	100.00	18.72
德州	0.07	4.21	26.01	30.08
聊城	0.43	6.37	24.40	33.02
滨州	2.54	15.23	14.46	21.61
菏泽	0.00	0.00	15.34	5.71

（3）科技合作指标排名

科技合作指标主要通过 2 个二级指标来衡量，分别是 R&D 经费外部支出与 GDP 的比值和规模以上工业企业 R&D 经费外部支出占规模以上工业企业销售产值的比重。除青岛和济南依然保持领先外，在前两项指标中均位列倒数第一的菏泽排名第三，其中 R&D 经费外部支出与 GDP 的比值仅次于青岛，位列第二，这体现了菏泽在对外科技合作方面的主动性和积极性。除此之外，滨州在科技合作指标排第四名，R&D 经费外部支出与 GDP 的比值全省排名第三。

德州和日照在科技合作指标排名靠后，其中日照 R&D 经费外部支出与 GDP 的比值在全省排名倒数第一，德州规模以上工业企业 R&D 经费外部支出占规模以上工业企业销售产值的比重全省倒数第一。德州和日照在对外科技合作方面还有很大的提升空间。

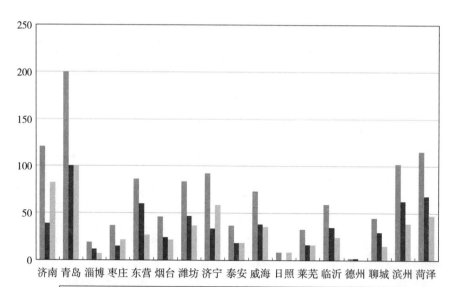

图 4   山东省各市科技合作的评价结果

表 6   山东省十七市科技合作的二级指标情况

指标\市	R&D 经费外部支出与 GDP 的比值（元/万元）	规模以上工业企业 R&D 经费外部支出占规模以上工业企业销售产值的比值（‰）
	科技合作	科技合作（企业）
济南	10.05	0.88
青岛	21.40	1.05
淄博	5.09	0.17
枣庄	5.71	0.30
东营	13.95	0.35
烟台	7.39	0.31
潍坊	11.54	0.45
济宁	9.16	0.66
泰安	6.28	0.27
威海	9.96	0.43
日照	2.91	0.18

指标　市	R&D 经费外部支出与 GDP 的比值（元/万元）	规模以上工业企业 R&D 经费外部支出占规模以上工业企业销售产值的比值（‰）
	科技合作	科技合作（企业）
莱芜	5.94	0.26
临沂	9.34	0.33
德州	3.28	0.10
聊城	8.35	0.24
滨州	14.54	0.47
菏泽	15.53	0.55

表7　山东省十七市科技合作的二级指标得分

指标　市	R&D 经费外部支出与 GDP 的比值	规模以上工业企业 R&D 经费外部支出占规模以上工业企业销售产值的比值
	科技合作	科技合作（企业）
济南	38.62	82.20
青岛	100.00	100.00
淄博	11.79	7.50
枣庄	15.17	21.47
东营	59.74	26.77
烟台	24.22	21.80
潍坊	46.68	37.13
济宁	33.83	58.57
泰安	18.24	18.55
威海	38.16	35.38
日照	0.00	8.71
莱芜	16.37	16.82
临沂	34.77	24.66
德州	1.98	0.00
聊城	29.43	15.22
滨州	62.89	39.15
菏泽	68.26	47.43

（4）企业创新指标排名

企业是创新活动的主体，企业创新的规模和质量在很大程度上代表了区域创新能力和水平。企业创新指标排名有较大变动，第一至第四名分别是济南、滨州、烟台、青岛。其中，济南在4个二级指标中有3个名列第一，仅在规模以上工业企业新产品销售收入占规模以上工业企业销售产值的比重一项中低于滨州，居第二名。滨州排名靠前也主要因为该项二级指标的排名最高，新产品的销售收入占比体现了科技创新产出的直接收益，是企业创新成果的体现。

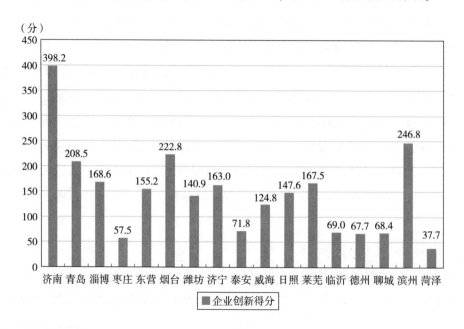

图5　山东省各市企业创新的评价结果

菏泽、枣庄、德州分别排名倒数前三名。其中枣庄在规模以上工业企业全时R&D人员占职工总人数比例和规模以上工业企业新产品销售收入占规模以上工业企业销售产值的比重两项指标中排名均倒数第一。德州在规模以上工业企业R&D经费内部支出占规模以上工业企业销售产值比重指标排名最后。值得注意的是，莱芜在规模以上工业企业新产品出口占各市出口总值的比例一项中位列倒数第一，泰安仅比之多出0.05个百分点，反映了两个市新产品在国际市场上的竞争力不高。

表8　山东省十七市企业创新的二级指标情况

指标 市	规模以上工业企业R&D 经费内部支出占规模以上工业企业销售产值比值（%）	规模以上工业企业全时 R&D 人员占职工总人数比例（%）	规模以上工业企业新产品销售收入占规模以上工业企业销售产值的比值（%）	规模以上工业企业新产品出口占各市出口总值的比例（%）
	企业创新	企业创新	企业创新	企业创新
济南	1.78	6.43	24.36	28.81
青岛	1.25	3.20	16.24	16.65
淄博	0.64	2.86	6.95	28.36
枣庄	0.76	1.07	2.75	13.24
东营	0.63	2.68	7.81	25.48
烟台	1.13	2.93	13.03	26.03
潍坊	0.95	2.62	11.24	13.77
济宁	1.06	1.63	10.82	21.52
泰安	0.97	2.36	4.03	6.43
威海	0.86	2.27	9.00	15.33
日照	0.68	2.13	9.26	23.65
莱芜	1.07	3.02	20.72	6.38
临沂	0.63	1.54	5.28	13.47
德州	0.39	1.65	3.37	18.54
聊城	0.57	1.44	8.50	11.42
滨州	0.81	2.72	24.75	25.66
菏泽	0.40	1.26	7.00	9.53

表9　山东省十七市企业创新的二级指标得分

指标 市	规模以上工业企业R&D 经费内部支出占规模以上工业企业销售产值的比重	规模以上工业企业全时 R&D 人员占职工总人数比例	规模以上工业企业新产品销售收入占规模以上工业企业销售产值的比值	规模以上工业企业新产品出口占各市出口总值的比例
	企业创新	企业创新	企业创新	企业创新
济南	100.00	100.00	98.24	100.00
青岛	61.69	39.73	61.33	45.77
淄博	18.24	33.32	19.09	98.00
枣庄	26.91	0.00	0.00	30.56

续表

指标 市	规模以上工业企业 R&D 经费内部支出占 规模以上工业企业销 售产值的比重	规模以上工业企业 全时 R&D 人员占 职工总人数比例	规模以上工业企业 新产品销售收入占 规模以上工业企业 销售产值的比值	规模以上工业企业 新产品出口占各市 出口总值的比例
	企业创新	企业创新	企业创新	企业创新
东营	17.07	29.98	23.00	85.17
烟台	53.69	34.75	46.71	87.62
潍坊	40.42	28.96	38.59	32.94
济宁	48.46	10.41	36.66	67.51
泰安	41.81	23.98	5.82	0.22
威海	34.11	22.40	28.39	39.90
日照	21.19	19.81	29.60	77.00
莱芜	49.38	36.43	81.69	0.00
临沂	17.28	8.63	11.53	31.60
德州	0.00	10.69	2.82	54.22
聊城	12.92	6.90	26.13	22.45
滨州	30.06	30.76	100.00	85.98
菏泽	0.93	3.43	19.32	14.02

（5）创新绩效指标排名

创新绩效是区域开展创新活动所产生的成果和影响的集中表现，本文采用 6 个二级指标对创新绩效进行评价。就全省十七市的排名而言，青岛、东营、济南和威海依次排名前四，日照、枣庄、莱芜分别为倒数前三名。其中，东营两项二级指标排名首位，即每十万人授权实用新型专利和每吨标准煤产出 GDP（万元/吨标准煤）。值得注意的是，聊城的高新技术产业产值增长率排名全省第一，反映了聊城在高新技术应用上取得的极大进步，高新技术对提高劳动生产率、经济结构调整和制造业结构升级方面发挥了重要作用。

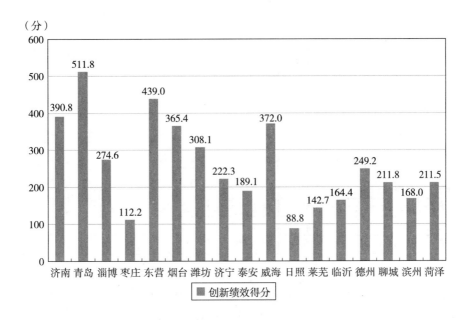

图6 山东省各市创新绩效评价结果

表10 山东省十七市创新绩效的二级指标情况

市 \ 指标	高新技术产业产值（万元）	高新技术产业产值增长率（%）	高新技术产业产值占规模以上工业企业比重（%）	每十万人授权实用新型专利	每十万人授权外观设计专利	每吨标准煤产出GDP（万元/吨标准煤）
	创新绩效	创新绩效	创新绩效	创新绩效	创新绩效	创新绩效
济南	21929736	13.62	41.58	116.94	12.21	1.21
青岛	66189519	13.56	40.73	105.92	19.14	1.52
淄博	35320322	4.89	30.71	71.46	15.95	0.75
枣庄	6581147	9.07	18.81	31.92	7.73	0.75
东营	46989784	18.72	34.59	129.87	8.10	1.59
烟台	60913310	7.85	40.7	47.18	6.95	1.59
潍坊	38479531	9.49	30.62	69.88	12.92	1.12
济宁	15005453	21.67	27.67	47.55	4.21	0.91
泰安	17426972	15.18	25.6	39.51	3.42	1.04
威海	25102150	8.55	37.73	62.47	19.44	1.46
日照	5372264	11.74	18.98	43.34	3.59	0.50

指标 市	高新技术 产业产值 （万元）	高新技术 产业产值 增长率（%）	高新技术产业 产值占规模 以上工业企 业比重（%）	每十万人 授权实用 新型专利	每十万人 授权外观 设计专利	每吨标准煤 产出 GDP （万元/ 吨标准煤）
	创新绩效	创新绩效	创新绩效	创新绩效	创新绩效	创新绩效
莱芜	3189205	17.08	18.7	112.39	1.86	0.34
临沂	21623497	2.78	26.03	14.81	9.04	1.12
德州	23716480	22.32	26.77	31.50	8.03	1.00
聊城	21455342	27.47	24.94	22.54	3.12	0.86
滨州	17053633	7.06	25.88	51.54	4.27	0.99
菏泽	19314589	20.58	31.09	16.98	3.60	0.94

莱芜在 6 个二级指标中有四项倒数第一，但每十万人授权实用新型专利指标排名全省第三。临沂有 2 项二级指标倒数第一。日照 6 项指标得分都比较低，均为 40 分以下，30 分以下指标 5 项，创新绩效一级指标得分是全省唯一低于 100 分的市，反映了日照创新活动所产生的成果和影响不高，科技转化为生产力、转变经济发展方式和实现可持续发展方面仍需提高。

表 11　山东省十七市创新绩效的二级指标得分

指标 市	高新技术 产业产值	高新技术 产业产值 增长率	高新技术产业 产值占规模以 上工业企业比重	每十万人授权 实用新型专利	每十万人授权 外观设计专利	每吨标准煤 产出 GDP
	创新绩效	创新绩效	创新绩效	创新绩效	创新绩效	创新绩效
济南	29.75	43.87	100.00	88.76	58.89	69.57
青岛	100.00	43.65	96.28	79.19	98.29	94.42
淄博	51.00	8.52	52.49	49.24	80.16	33.16
枣庄	5.38	25.46	0.48	14.87	33.38	32.57
东营	69.52	64.53	69.45	100.00	35.50	100.00
烟台	91.63	20.52	96.15	28.14	28.99	99.96
潍坊	56.02	27.15	52.10	47.86	62.95	62.07
济宁	18.76	76.51	39.20	28.45	13.39	45.95
泰安	22.60	50.23	30.16	21.46	8.90	55.71
威海	34.78	23.37	83.17	41.43	100.00	89.23

续表

指标 市	高新技术 产业产值	高新技术 产业产值 增长率	高新技术产业 产值占规模以 上工业企业比重	每十万人授权 实用新型专利	每十万人授权 外观设计专利	每吨标准 煤产出 GDP
	创新绩效	创新绩效	创新绩效	创新绩效	创新绩效	创新绩效
日照	3.47	36.29	1.22	24.79	9.84	13.17
莱芜	0.00	57.90	0.00	84.81	0.00	0.00
临沂	29.26	0.00	32.04	0.00	40.86	62.22
德州	32.58	79.13	35.27	14.50	35.10	52.62
聊城	28.99	100.00	27.27	6.72	7.16	41.63
滨州	22.01	17.31	31.38	31.92	13.73	51.62
菏泽	25.60	72.07	54.15	1.89	9.92	47.86

（6）创新环境指标排名

创新环境包括创新过程中的外部硬件环境和软件环境，是提升区域创新能力的重要基础和保障。本文选取 5 个二级指标对山东省十七市创新环境进行评价。从总体排名上看，排名前四的城市分别是济南、青岛、威海、烟台，聊城、枣庄、德州、日照排名靠后，并且和排名前列的城市差距明显。

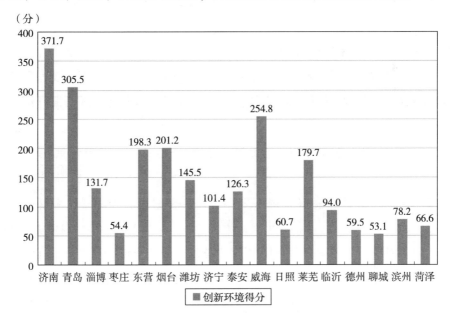

图 7 山东省各市创新环境评价结果

济南在 5 个二级指标中 3 项排在首位，分别是规模以上工业企业减免税总额占规模以上工业企业销售产值的比重、信息传输、软件和信息技术服务业、科学研究和技术服务业工资额合计占全部行业工资总额的比值，获得国家科技型中小企业创新基金总额与当地 GDP 的比值体现了济南创新活动在政府支持力度上的领先优势，以及发展科技服务业，营造有利于创新的技术服务环境的良好成果。威海在政府科技支出占政府财政总支出的比例指标项中排名全省第一，反映了威海政府在创新投入上的力度。东营人均 GDP 值居全省首位，规模以上工业企业减免税总额占规模以上工业企业销售产值的比重在全省却排名倒数第一，反映了东营创新活动的资金环境还是比较优越的，政府的政策支持力度还有待提升。

聊城、枣庄、德州、日照排名靠后，其中，枣庄和菏泽各项指标表现均较差，枣庄政府科技支出占政府财政总支出的比例全省最低，菏泽人均 GDP 全省倒数第一。另外，莱芜信息传输、软件和信息技术服务业、科学研究和技术服务业工资额合计占全部行业工资总额的比值全省最低，这反映了其钢铁占比过高、信息产业占比过低的产业结构特点，这一指标与其他市相比差距较大。

表12 山东省十七市创新环境的二级指标情况

指标 市	政府科技支出占政府财政总支出的比值（%）	规模以上工业企业减免税总额占规模以上工业企业销售产值的比值（‰）	信息传输、软件和信息技术服务业，科学研究和技术服务业工资额合计占全部行业工资总额的比值（%）	人均 GDP（元/人）	获得国家科技型中小企业创新基金总额与当地 GDP 的比值（元/万元）
	创新环境	创新环境	创新环境	创新环境	创新环境
济南	1.68	1.74	10.58	82052	1.15
青岛	2.51	1.26	3.83	96524	1.04
淄博	2.41	0.31	1.36	87531	0.17
枣庄	0.87	0.14	1.72	51890	0.33
东营	2.19	0.07	3.05	163982	0.35
烟台	2.89	0.41	3.72	85795	0.41

续表

指标 市	政府科技支出占政府财政总支出的比值（％）	规模以上工业企业减免税总额占规模以上工业企业销售产值的比值（‰）	信息传输、软件和信息技术服务业，科学研究和技术服务业工资额合计占全部行业工资总额的比值（％）	人均GDP（元/人）	获得国家科技型中小企业创新基金总额与当地GDP的比值（元/万元）
	创新环境	创新环境	创新环境	创新环境	创新环境
潍坊	2.54	0.59	2.51	51826	0.24
济宁	1.73	0.31	1.56	46213	0.43
泰安	1.38	0.61	2.63	53853	0.47
威海	3.45	0.58	3.56	99392	0.55
日照	1.20	0.26	1.46	56348	0.19
莱芜	2.79	0.11	0.88	51352	0.99
临沂	1.01	0.38	2.81	35032	0.56
德州	1.53	0.10	2.48	45641	0.10
聊城	1.28	0.18	1.71	42482	0.20
滨州	1.99	0.13	1.56	59557	0.09
菏泽	1.17	0.29	2.62	26446	0.34

表13　山东省十七市创新环境的二级指标得分

指标 市	政府科技支出占政府财政总支出的比例（％）	规模以上工业企业减免税总额占规模以上工业企业销售产值的比值（％）	信息传输、软件和信息技术服务业，科学研究和技术服务业合计占总额的比例（％）	人均GDP（％）	获得国家科技型中小企业创新基金总额与当地GDP的比值（％）
	创新环境	创新环境	创新环境	创新环境	创新环境
济南	31.32	100.00	100.00	40.43	100.00
青岛	63.71	71.19	30.41	50.95	89.26
淄博	59.73	14.48	4.97	44.41	8.06
枣庄	0.00	4.10	8.70	18.50	23.05
东营	51.18	0.00	22.43	100.00	24.71
烟台	78.52	20.19	29.27	43.15	30.10
潍坊	64.55	31.22	16.82	18.45	14.45
济宁	33.20	14.53	7.08	14.37	32.18
泰安	19.81	32.17	18.05	19.93	36.30

续表

指标 市	政府科技支出占政府财政总支出的比例（%）	规模以上工业企业减免税总额占规模以上工业企业销售产值的比值（%）	信息传输、软件和信息技术服务业，科学研究和技术服务业合计占总额的比例（%）	人均GDP（%）	获得国家科技型中小企业创新基金总额与当地GDP的比值（%）
	创新环境	创新环境	创新环境	创新环境	创新环境
威海	100.00	30.35	27.69	53.04	43.69
日照	12.50	11.21	5.97	21.74	9.23
莱芜	74.47	2.46	0.00	18.11	84.63
临沂	5.33	18.59	19.92	6.24	43.92
德州	25.45	2.02	16.56	13.96	1.52
聊城	15.72	6.68	8.61	11.66	10.41
滨州	43.38	3.72	7.07	24.07	0.00
菏泽	11.66	13.10	17.94	0.00	23.91

3. 决定创新能力强弱的因素分析

山东省综合创新能力排名前五位的依次是青岛、济南、烟台、东营、威海。总体而言，青岛和济南在创新资源、知识创造、科技合作、企业创新、创新绩效及创新环境六个方面均表现突出，反映了这两个市创新能力均衡，创新投入和产出均体现了创新活动驱动经济社会发展的作用。烟台的创新资源和企业创新指标排名靠前，得益于 R&D 经费支出占 GDP 的比重以及占规模以上工业企业销售产值的比重较高。东营的创新绩效指标在全省排名第二，其中每十万人授权实用新型专利数和每吨标准煤产出 GDP 值均居全省首位。威海的创新优势则得益于其全省第二名的人均 GDP 收入，决定了其有优越的创新环境，在资金投入上将会占据优势，并且威海也有高水平的高等教育资源，其地理位置也比较优越，对外开放程度比较高。

从数据上看，领先市的优势主要表现在经济和科技的基础较好，教育资源丰富且高等教育发达；市场经济相对成熟；对外开放程度较高，吸引外资较多；企业创新动力足，研发投入较高；创新基础设施完善；产学研合作水平较高。

　　山东省区域创新能力分布不均衡，各市之间差距较大，影响了全省整体创新能力的提高。因而，在"十三五"期间，全省要加大创新资源投入力度，尤其要关注落后市的经费和人力投入问题。与此同时，通过政策或资金支持等手段，培养和吸收更多的科技人才投入研发和创新活动，进一步提高知识创造能力和水平。继续发挥科技的支撑引领作用，提高企业技术创新能力，发展高技术产业、战略性新兴产业和知识密集型服务业。另外，关注科技创新成果的社会、经济绩效，使科技创新转化为实际生产力，解决发展中的资源、能源与环境问题。采取一系列手段改善创新环境，在提高创新活动的硬件基础上营造有利于创新创业的自由、竞争、包容、合作的氛围，培植创新发展的肥沃土壤。科技政策和政府管理积极为山东省各市创新能力的提升、创新环境的改善做出努力。

（三）指标解释

R&D 经费内部支出合计：衡量各市研发投入的规模。

R&D 经费增长率：与去年相比的增长情况。

R&D 经费内部支出与 GDP 的比值：衡量各市研发投入的强度。

R&D 人员中较高层次人才指数所占比例：衡量研发人员的结构层次。

每万人 R&D 全时人数：每万人所占的研究与试验发展全时人数。

每十万人发明专利申请数：衡量各市创新核心成果的产出过程及数量。

每十万人发明专利授权数：衡量各市创新核心成果的产出结果。

每名 R&D 人员产出的有效发明专利：每名研发人员平均的有效发明专利量，衡量各市 R&D 人员的创新产出效率，按人均产出计算。

每名 R&D 人员产出的科技论文和著作指数：平均每位研发人员发表的科技论文和著作数，衡量科技论文和著作产出的效率。

R&D 经费外部支出与 GDP 的比值：衡量各市研发经费对外部投入的强度，用来反映各市科技创新活动时的对外合作情况。

规模以上工业企业 R&D 经费外部支出占规模以上工业企业销售产值的比重：衡量各市规模以上工业企业研发经费对外部单位投入的强度，用来反映各市企业科技创新活动时的对外合作情况。

规模以上工业企业新产品销售收入占规模以上工业企业销售产值的比重：新产品销售份额占比，衡量企业新产品开发能力。

规模以上工业企业新产品出口占各市出口总值的比例：衡量企业新产品在国际市场上的竞争力。

规模以上工业企业 R&D 经费内部支出占规模以上工业企业销售产值比重：衡量各市规模以上工业企业新产品研发投入强度。

规模以上工业企业全时 R&D 人员占职工总人数比例：规模以上工业企业中研发人员数量占企业职工总数的比例。

高新技术产业产值：衡量各市高新技术产业发展状况。

高新技术产业产值增长率：同去年相比的增长情况。

高新技术产业产值占规模以上工业比重：衡量各市产业结构和高新技术产业发展状况。

每吨标准煤产出 GDP （万元/吨标准煤）：单位能源创造的 GDP，衡量各市技术创新带来的减少资源消耗的效果。

每十万人授权实用新型专利：实用新型专利的人均产出效率，衡量各市研发实力和设计能力，按人均计算。

每十万人授权外观设计专利：外观设计专利的人均产出效率，衡量各市外挂设计能力和研发实力，按人均计算。

政府科技支出占政府财政总支出的比例：反映各市政府在科技方面资金投入的力度和强度。

规模以上工业企业减免税总额占规模以上工业企业销售产值的比重：衡量各市政府对规模以上工业企业创新支持的力度。

信息传输、软件和信息技术服务业、科学研究和技术服务业工资额合计占全部行业工资总额的比值：反映了各市从事信息和科技方面的服务行业的工资水平。

人均 GDP：衡量各市经济发展水平。

获得国家科技型中小企业创新基金总额与当地 GDP 的比值（元/万元）：

衡量各市获得中小企业创新资金支持的力度和强度。

参考文献

［1］中国科学技术发展战略研究院著．国家创新指数报告（2014）［M］．北京：科学技术出版社，2015.

［2］中国科技发展战略研究小组著．中国区域创新能力报告（2015）［M］.北京：科学技术出版社，2015.

七、山东省科技人才现状及问题分析

宋艳敬

摘要：本文对山东省科技人才开发现状进行分析，包括科技人才的总体规模、科技人才的分布特点、科技成果等方面的内容，在分析比较的基础上，发现山东省在人才总量、分布等方面存在的问题，并通过对省内差异较大的地市，以及山东省与广东、浙江等省份的分析比较，寻找现存问题的可能原因，最后针对存在的主要问题提出改进的对策建议。

关键词：科技人才；现状；问题

自美国经济学家苏尔茨和贝克尔创立了人力资本理论以来，人们越来越重视人力资源对生产的重要性。在当今知识经济时代，科学技术和科技人才更是决定一个企业、一个地区和一个国家竞争力的关键因素。近年来，山东省科技人才队伍不断扩大，但是依然存在一些问题，本文通过对山东省科技人才现状，以及山东省科技人才存在的问题进行初步分析并提出相关对策建议。自 2009 年起，中国科技统计年鉴和山东统计年鉴对科技人才的统计开始使用狭义的研究与实验发展人员即 R&D 人员，因此，本文中的科技人才指的是狭义的 R&D 人员。

(一) 山东省科技人才现状分析

1. 科技人才规模

近几年来，山东省科技人才规模不断增长，但是和苏、浙、粤相比仍有较大差距。2014 年，山东省科技人才总量为 43.24 万，比上年增长 5.6%，与过去几年相比增长幅度逐渐减小。自 2010 年以来，山东省科技人才保持较大幅度增加，其中 2011 年增长幅度最大为 18.8%，2012 年、2013 年分别比上年增长 16.7%、7.2%，直到 2014 年增长幅度降为 5.6%。在全国居于第四位，远远落后于广东省、江苏省，仅次于浙江省。

其中，女性 R&D 人员为 10.6 万，占据比例 24.6%，近几年来保持相对稳定；博士毕业人员为 1.6 万，所占比例为 3.78%；硕士毕业人员为 4.98 万，所占比例为 11.5%；本科毕业人员为 13.1 万，所占比例为 30.3%，各类 R&D 人员都在不断增加。

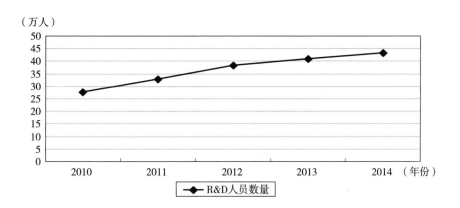

图 1　2010～2014 年山东省 R&D 人员变化趋势

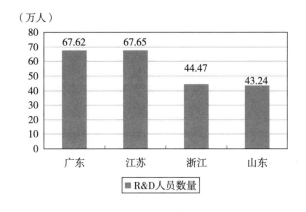

图 2　2014 年苏、浙、粤、鲁四省 R&D 人员对比

2. 科技人才按企业规模的分布情况

科技人才往往具有流动和集聚的特点。美国心理学家勒温也曾指出一个人的创造绩效不仅会受到自身能力和素质这一内部因素的影响，而且和他所处的环境也密不可分。这充分说明了外部条件如科技研发环境对科技人才的影响。从山东省 R&D 人员在企业规模上的分布来看，山东省 R&D 人员分布非常不均衡，大型企业研发人员数量占据半数以上。2014 年，山东省规模以上工业企业中大型企业 R&D 人员总量为 19.46 万人，所占比例为 56.86%，中型企业 R&D 人员所占比例为 22.34%，小微型企业 R&D 人员所占比例为 20.8%，其中大型企业 R&D 人员占据半数以上。

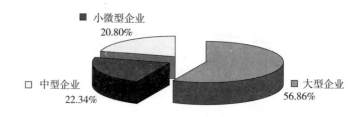

图3　山东省 R&D 人员按企业规模分布

3. 科技人才按行业分布

由于行业特点不同，因此 R&D 人员在各行业的分布会有一定的差异。从行业来看，山东省 R&D 人员在各行业的分布差距较大，制造业的 R&D 人员数量最多，远远超过其他行业人员分布。根据产业划分标准，农、林、牧、渔业为第一产业，第一产业 R&D 人员所占比重为 0.22%；采矿业、制造业、电力、燃气及水生产和供应、建筑业为第二产业，第二产业 R&D 人员所占比重为 80.9%；第三产业 R&D 人员所占比例为 18.88%。2014 年，山东省第一产业对山东省 GDP 贡献率为 15.2%，第二产业对山东省 GDP 贡献率为 49.9%，第三产业对山东省 GDP 贡献率为 34.9%。从数据可以看出，每个产业拥有的 R&D 人员与对山东省 GDP 的贡献率不相对应，例如，第二产业

R&D 人员虽然占据人员总量的80%以上，但是对 GDP 的贡献率不足50%，而对于社会经济长远发展具有重要意义的第三产业 R&D 人员数量较少。

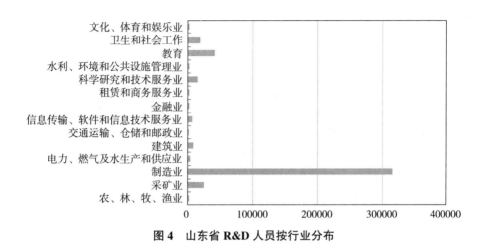

图4　山东省 R&D 人员按行业分布

4. 山东省科技成果分析

为反映山东省科技人才研究实力，用专利申请量、专利授权量作为科技成果指标。2014 年，山东省共取得省级重要科技成果 2955 件，比上年增长 26.7%。国内专利申请数量为 15.86 万个，居全国第四位，江苏第一（42.19 万个），广东第二（27.8 万个），浙江第三（26.14 万个）。2014 年，山东省国内专利授权数量为 7.28 万个，居全国第五位，江苏第一（20 万个）、浙江第二（18.85 万个）、广东第三（17.99 万个）、北京第四（7.46 万个）。

5. 山东省科技人才经费支撑情况分析

科研活动的开展离不开科研经费的支持，R&D 经费投入及强度反映了某一地区研发投入的意愿。从研发投入总量上来看，2014 年，山东省 R&D 投入总量为 1304.1 亿元，比上年增长 10.9%，占全国比重为 10%。四省中居于第三位，其中江苏第一（1652.8 亿元），广东第二（1605.4 亿元），浙江第四（907.85 亿元）。

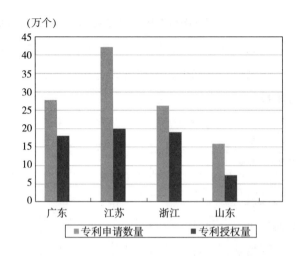

图 5　苏、浙、鲁、粤在科技成果产出上的对比

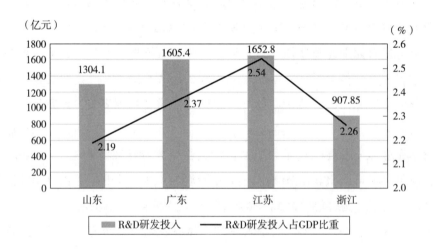

图 6　苏、浙、鲁、粤四省研发投入对比

研发投入强度是衡量自主创新水平的核心指标。在研发投入强度上，山东省 R&D 投入强度持续低于苏、浙、粤的研发投入强度。2014 年，山东省 R&D 经费占 GDP 比重为 2.19%，与 2013 年相比，提高了 0.04 个百分点，仍居全国第七位，比全国平均水平高出 0.14 个百分点。2014 年，广东、江苏、浙江的 R&D 经费投入强度分别为 2.37%、2.54%、2.26%；分别比山东高出

0.18个、0.35个、0.07个百分点。而研究表明创新型国家R&D经费强度目前大多都超过2.5%，而且有逐渐上升的趋势。因此要提高山东省自主创新能力，仍然需要有计划地提高研发经费投入。

6. 山东省科技人才分布的区域差异

山东省R&D人员分布存在较大的区域差异。主要分布在济南、青岛、烟台、潍坊，四市R&D人员所占比例超过半数，为50.72%；最少的为日照、莱芜、枣庄，三者之和仅为4.9%。从各地区GDP数量来看，青岛所占比重为14.63%，济南所占比例为9.71%，烟台市为10.10%，潍坊市为8.05%，四市一共为42.49%；R&D人员最少的日照、莱芜和枣庄同样对应最少的GDP生产总值，三者GDP占比量为7.2%。这说明了某一地区的R&D人员数量与当地经济发展有一定的关系。

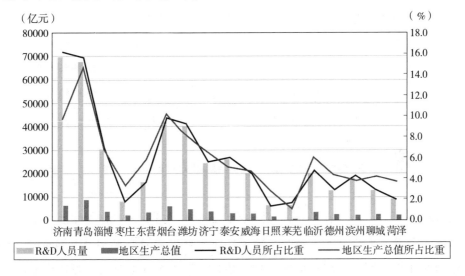

图7 山东省十七地市科技人才分布

（二）山东省科技人才存在的问题及分析

1. 山东省科技人才总量偏低

2014年，山东省R&D人员数量为43.24万人，广东省为67.52万人，山东省总量远远低于江苏省与广东省，尽管山东省研发经费远远高于浙江省，但是 R&D 人员数量却不及浙江省。科技人才具有流行性与集聚性，会受到多种因素的影响。研究表明，对科技人才流动影响较大的因素有两个：R&D 经费投入和高技术企业的净利润。其中，最主要的因素当属 R&D 经费。根据数据，无论是科技人才最多的广东省还是山东省，研发经费最大的来源都是企业，企业 R&D 经费均占到全部经费的90%以上，但是山东省企业研发经费投入中，大型企业、中型企业、小型企业的比例分别为63.2%、18.1%、18.7%。而广东省的这一比例较为均衡，接近于 1：1：1 的比值。而山东省大型企业占比不足 3%，小型企业占比为97.6%。虽然有实力的大型企业占据绝大多数经费，但是数量较少的大型企业毕竟人数有限，这便直接限制了中小型企业 R&D 人员数量。

其次，科技人才往往对科研环境有较高的要求，而高技术产业相比其他企业具有无法比拟的优势，这对科技人才具有很大的吸引力。山东省与广东、江苏在高技术产业的数量、企业净利润上都有很大差距。2014 年，山东省高技术产业具有的研发机构个数为 582 家，江苏、广东、浙江分别为3364 家、1263 家、1197 家；山东省远远落后于其他三省。四省的高技术企业个数分别为，广东第一（5874 家），江苏第二（4852 家），浙江第三（2437 家），山东第四（2114 家）。

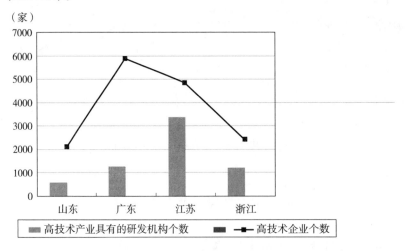

图 8 苏、浙、鲁、粤四省高技术产业对比

2. 山东省科技人才分布区域差异显著

山东省科技人才主要分布在济南、青岛、烟台、潍坊，四市 R&D 人员所占比例超过半数，为 50.72%；最少的为日照、莱芜、枣庄，三者之和仅为 4.9%。在如今市场化的条件下，人才便会越来越向创新资源较为丰富的地区流动，这便是人才流动中的"马太效应"。为了便于理解，以科技人才集聚较多的青岛和较低的聊城为例分析造成这种差异的原因。

第一，两市所具有的物质环境差异较大，在地区生产总值、研发投入水平、政府支出占总经费比重方面存在较大的差异。从地区生产总值来看，2014 年，青岛市生产总值为 8692.1 亿元，而聊城市生产总值为 2561.4 亿元，青岛市是聊城市的 3.4 倍；从研发投入水平来看，2014 年，青岛市研发投入为 244.3 亿元，聊城市的研发投入为 50.5 亿元，青岛是聊城的 4.8 倍，即青岛投入了更多的经费来支持科技活动。由于研发活动的高风险性，往往需要政府的参与来带动整个社会资本的投入，从政府支出占 R&D 经费的比例来看，青岛市和聊城市差异显著，青岛市政府支出占 R&D 经费比例为 12.5%，而聊城市的这一比重仅为 5%。

第二，两市在高校、科研院所、企业的数量和质量上存在明显差距。青岛市有研发活动单位的数量为 956 家，而聊城市为 125 家。在高等人才集中的高校和科研院所方面，二者差距显著，如青岛拥有中国海洋大学、中国石油大学、青岛理工大学、山东科技大学、青岛大学等高校，尤其是山东省的海洋领域人才集中分布在青岛，而聊城市仅有聊城大学一所高校和聊城职业技术学院一所职业院校。因此，对于科研人才的吸引力和外部环境条件要差得多。在企业方面，聊城市就业环境要差得多，青岛市拥有一批高技术企业，而聊城市要少很多。较差的就业环境使本地人在发展到一定程度之后也会选择"走出去"。

第三，研究表明某一地区完善的知识产权法规政策也会对科技人才有很大的吸引力，因为科技人才的成果主要以知识产权的形式存在。完善的知识产权法律法规有利于科技成果的保护、传播及推广，则会成为吸引科技人才的一个重要因素。一个地区的专利申请数往往是该地区对知识产权重视情况的重要指标。在专利申请受理数量来看，青岛市的专利申请受理数为55174件，聊城市为3154件，青岛是聊城的17.5倍，完全不具备可比性。

第四，地理区位因素及制度环境。青岛是山东省的一座沿海港口城市，开放程度高，交通便利，环境优美，这些优势是很多内陆城市所无法比拟的。而相对来说，处于鲁西北的聊城市在地理位置、空气环境、经济基础方面都没有优势。因此，必须进行政府干预，通过其他途径吸引科技人才的到来。在政策环境方面，青岛市在引进高层次人才政策中详细说明，针对不同层次的人才，分别采取"人才特区"政策、"青岛英才"政策、"留青计划"等，目标明确地规定针对留青人才可以提供资金、安家、住房补贴、配偶及子女问题等政策。而相对来说聊城市引进人才计划力度不大，目标不明确，并没有同时建立相关的配套设施。

（三）对策建议

1. 营造吸引科技人才的良好环境

首先，在其他条件相同的情况下，良好的自然环境对人才更有吸引力。随着经济的发展，人们的生存环境在不同地区发生明显变化，因此，人们不仅仅关注物质条件即生活水平的提高，还关注所在地的自然环境。有人对某科研单位140名研究人员的调查也发现，在影响科技人员的因素当中，良好的工作环境占到第二位，仅次于较高的薪酬和福利。因此，山东省应当继续发挥青岛、烟台、威海等地优良的地理区位优势，同时，其他地区也应当注重自身的城市规划，加强对自然环境的保护与治理。通过各种方式让市民参与进来，共建适宜人类居住的自然环境。

其次，良好的工作环境不仅仅包括自然环境，还包括社会环境。在调查中发现，山东某些地区尚未认识到科技的重要性，这可能也直接导致了创新动力不足，因此各地市可以通过各种渠道或案例让广大民众认识到科技创新的重要性，从而形成一个乐于学习、勇于创新、敢于创业的优良环境。良好的生活条件也是吸引人才的重要因素，调查中发现，山东省政策支持力度远小于广东等地区，因此应该在此方面注重加大支持力度，切实落实政策优惠，如解决住房问题、配偶子女问题，对高层次人才加大财政支持力度等。

最后，某一地区的高技术产业发展情况在吸引人才方面有非常重要的作用，高技术产业的发展在提高山东省的科技水平方面也有重要作用。因此政府应当加大对高技术产业的政策扶持力度，采用税收减免、财政补贴、产学研相结合等方式鼓励高技术企业发展，合理制定高技术产业发展规划，从而建立对科技人才有吸引力的产业环境。

2. 构建科学的人才激励机制

美国心理学家马斯洛提出的"需求层次理论"把人的需求分为生理需求、安全需求、社交需求、尊重需求和自我实现需求等，每个人都有自身的需求，而人的需求是激励人行动的主要原因和动力。因此从这个理论出发构建能够激发人动力的体制机制，能够对吸引人才、留住人才、最大限度地激发人的潜力具有重要作用。

首先，应该建立有竞争力的薪酬体系。对 147 名科研人员进行激励方式有效性的调查研究发现，较高的薪金和福利是居于第一位的因素。但是山东省多数企业的科技人员收入以工资、福利、奖金为主，风险报酬所占比重偏低，不合理的薪酬制度会制约科技人员的积极性。此外，与广东省相比，山东省高校、科研单位薪酬体系同样不具备足够的激励性、竞争性，收入较低、制度不合理等现象对人才的吸引和激励存在问题，对此，应该进一步深化科技体制改革，从而能够更加符合科技人才工作特点。

其次，还应该拓展科技人才的发展空间，根据马斯洛的需求层次理论，人都有自我实现的需要，即自我成长的需要。研究结果也显示，较多的培训机会和晋升机会也是影响人才流动、激励的重要因素。而高素质的科技人才应该比一般人更关注自我发展，因此，高技术企业及高等人才较为集中的高校、科研院所应当打破传统晋升机制，开阔科技人才的发展空间，才能够增强对人才的吸引力，以及降低流失率。同样也可以采取产学研相结合的方式，企业、高校、科研院所进行阶段性学习、不定期交流，促进人才流动，补充知识、技能，进而拓展他们的发展空间。

（本文中数据均来自《中国科技统计年鉴》、《山东统计年鉴》。）

参考文献

[1] 纪建悦，张学海. 我国科技人才流动动因的实证研究[J].中国海洋大学学报（社会科学版），2012（4）：65-69.

[2] 鲁旭，何秀云. 科技人才激励问题初探——基于马斯洛理论的实证分析和对策建议[J].中国科技信息,2011（7）：321-322.

[3] 刘瑞波，边志强. 科技人才社会生态环境，评价体系研究[J].中国人口·资源与环境，2014，24（7）：133-139.

八、俄罗斯科技创新发展
实践及其对我国的启示

亓 琳 贾永飞

摘要：近年来俄罗斯国家科技政策进一步向科学城倾斜，高教系统加强了"产、学、研"的合作，取得了显著成果，使俄罗斯的科技发展已经成为世界关注的焦点。对于处于经济转型期的中国，俄罗斯科技政策对中国创新战略的实施有重要的借鉴意义。本文在深入分析俄罗斯的科技发展趋势，重点探讨主要科技创新领域：基础研究领域、生命科学领域、海洋开发领域、医学、航空等发展现状及具体的改革措施基础上，结合我国科技创新发展现状，分析了对我国的借鉴和启示。

关键词：俄罗斯；科技创新发展；启示

叶利钦时期，俄罗斯对科技投入锐减，导致其科技潜力遭到严重损害，总体科研水平迅速下滑。普京执政后，力图通过科技领域的改革使俄罗斯重居"科技大国"地位。目前，俄罗斯基本上制止了科技领域的危机过程，使总体科技水平不再下滑。俄罗斯政府已经开始将国家的科技政策和科技改革的重点，从如何克服危机逐步转变为如何形成国家经济发展的技术基础。

普京再次上任总统后的第一年，俄罗斯开始全面启动并不轻松的创新发展之路。在2011年实施《俄罗斯到2020年创新发展国家战略》的基础上，俄罗斯开始实施《2012年至2020年国家科技发展计划》。并且，在基础研究领域制定科学基金中期发展计划，成立国家安全与发展远景研究基金；在传统优势领域，制定、实施领域发展战略，通过国家专项计划加大投入、给予重点扶植。而在科研机构方面，整合研发力量和成果，形成合力，为实现具体专项领域的"世界一流水平"积蓄力量；在科技园区方面，投入专项资金增加科技园区的数量，以此扩大规模。除了政府投入外，斯科尔克沃园区筹措到大量私营投资，这为实施总统委员会批准的优先领域项目研发提供了保障。

国家政策进一步向科学城倾斜以及高教系统加强了"产、学、研"的合作，一年来，俄罗斯经济、科技领域的政策、措施都紧紧围绕着科技创新这一主线，致力于"到2020年俄罗斯创新发展国家战略"第一阶段目标的实现，并为第二阶段的实施奠定基础。

（一）俄罗斯科技创新发展的现状

2011年俄罗斯颁布了《俄罗斯到2020年社会经济发展规划》，并针对规划的要求，2012年俄罗斯政府致力于解决以下主要社会经济问题：一是通过国家专项计划、兴建科技园区、实施创新项目等措施促进研发的发展及科技成果的应用，转换经济发展模式，为经济的持续稳定增长创造条件；二是提高各级政府的服务质量，有针对性地解决社会问题，提高公民的社会保障和生活条件。

为达到上述目标，俄罗斯政府采取了许多有力措施。为促进社会经济的发展，2012年俄罗斯实施了多达56个中长期国家专项计划，并加大财政投入，国家投入总额10615亿卢布（约合353.8亿美元），与2011年相比增长超过了15%，涉及经济、能源、教育、基础设施、国防等领域（见表1）。

表1 俄罗斯科技创新投入实践

主要领域	目标	措施
经济领域	巩固金融危机应对措施的效果，进一步恢复经济，并在此基础上创建创新型经济发展模式	2012年俄罗斯在科技创新方面的总投入为17972亿卢布（约合600亿美元），占财政总支出的12.6%，支持创新和出口导向型部门的发展，为汽车工业提供补贴，发展军工，振兴航空和船舶制造业等

续表

主要领域	目标	措施
能源领域	加强本国的能源安全，保障能源的供给，降低能耗，实施"到2030年俄罗斯能源战略"和"到2020年节能和提高能效"国家计划	到2020年投资1万亿美元用于石油公司的技术改造，扩大能源的供给；到2020年投入700亿卢布（约合23.33亿美元）用于在所有经济部门中推广节能技术，减少一次能源以及电、热等二次能源的消耗，降低温室气体的排放，力争到2020年使能耗在GDP的比重降低13.5%（与2007年相比）
教育领域	国家政策重点支持的优先领域，普及教育、提高教育质量、提升受教育程度的公平机制不应该受到公民出身、收入和居住地的影响	2012年俄罗斯教育领域的国家总投入为5599亿卢布（约合187亿美元），其中，中等教育投入和高等教育投入超过总额的70%，这部分资金用于中高级技术人员以及高技能技术工人培训，按照市场导向为创新经济培养人才
基础设施	继续实施斯科尔科沃创新园区	扩大高技术园区的数量和规模，对所开展的研发进行政策扶持，到2014年将分别在7个州建立高新技术园区和经济开发区
国防领域	《2011年至2020年新型军用装备和武器》国家专项计划，为俄罗斯军队进行新型武器和现代化装备更新	2012年俄罗斯的国防投入为18533亿卢布（约合617.8亿美元），与2011年（14335亿卢布，约合421.5亿美元）相比增长幅度超过29%，其中国防研发投入为1631亿卢布（约合54.4亿美元）

俄罗斯所采取的这一系列政策措施促进了经济发展，提升了国家的整体经济实力。与2011年相比，2012年俄罗斯GDP增长预计超过3.5%，其中财政收入为129140亿卢布（约合4305亿美元）。截止到2012年11月1日，俄罗斯外汇储备达到了5268亿美元。

（二）俄罗斯科技创新发展的具体实践

近年来，俄罗斯为促进科技创新的发展进行了一系列的科技创新规划与政策探索，主要包括科技创新的中远期规划、资金技术支持、人才激励制度三个方面，为科技创新发展创造提供了有力的政策保障，创造了良好的发展环境。

1. 科技创新的中远期规划

（1）实施"到2020年俄罗斯创新发展战略"

创新发展是俄罗斯经济发展的远景目标，也是国家政策支持的重点方向。从2011年起，俄罗斯政府开始实施"到2020年俄罗斯创新发展国家战略"，其目的是使俄罗斯在2020年走上经济发展的创新之路。该战略分为两个阶段：在2011年至2013年的第一个阶段，提升全社会对创新重要性的认识，提高经济部门对科技创新产品的需求；在2014年至2020年的第二个阶段，将进行行业部门的大规模现代化改造，大幅度地提高高新技术生产产品在GDP的比重。

战略的"一揽子"政策措施涉及社会经济的所有部门，从基础研究、高等教育直至产品的生产，其中直接措施包括：加强旨在发展创新的国家专项计划；加大对研发的国家投入，包括基础研究、民用与军用应用技术的开发；整合高等教育，授予国立莫斯科大学和圣彼得堡大学特殊地位，设立联邦大学，评定国家研究型大学，以此建立新型高教系统；加强科学基金的引导作用；完善鼓励创新的政策制度；实施经济和技术发展总统委员会批准的五大领域技术项目；支持创新基础设施的建立和完善，其中包括建立科技园区、工程中心、技术转移中心、技术应用型经济特区，通过特殊的鼓励政策支持科学城的发展。间接措施包括提高高科技医疗的救助能力；发展职业教育，提高劳动技能；发展信息技术，提高信息技术的普及应用率，以此提高政府职能都门的服务效率。

根据创新发展战略的总体规划，2012年俄罗斯政府在各个领域、部门所完成的创新发展投入如表2所示。

表2 2012年俄罗斯创新发展国家投入额度

领域、部门	数额（亿卢布）	领域、部门	数额（亿卢布）
科技	1462.8	船舶工业	223.1
教育	3937.7	电子和无线电工业	255.8
经济创新发展	1506.7	医疗器械及制药	90.8

续表

领域、部门	数额（亿卢布）	领域、部门	数额（亿卢布）
航空工业	575.3	航天工业	1481.2
核电领域	1075.1	节能和提高能效	249.9
信息领域	1315.1		

注：30 卢布≈1 美元。

（2）实施《2012 年至 2020 年国家科技发展计划》

从 2012 年起，俄罗斯开始实施《2012 年至 2020 年国家科技发展计划》。按照该计划，到 2020 年俄罗斯政府将投入 26155 亿卢布（约合 872 亿美元）用于：提升本国研发部门的作用和地位，为国家经济结构调整和可持续创新发展创造条件；改善科技工作者的生活条件和待遇，提高科技工作对青年的职业吸引力；在本国传统优势领域和技术优先发展方向形成超前的科技研发基础；在形成技术突破的科技领域建立"优势中心"网络；加快本国科技与全球创新的融合，进而确立俄罗斯世界科技强国的地位。

计划的具体指标为：提高 39 岁以下研发人员的比重，从 2011 年的 32.6% 提高到 2020 年的 35%；提高预算外资金在研发投入的权重，从 2011 年的 37% 提高到 2020 年的 55%。计划的实施分为两个阶段：在 2012 年至 2016 年的第一阶段，建立计划各组成部分的发展基础；而在 2017 年至 2020 年的第二阶段，完成计划设定的具体目标。

（3）实施《到 2020 年生物技术发展综合计划》

2011 年，时任总理的普京签署通过了《俄罗斯联邦至 2020 年生物技术发展综合计划》。该文件包括：制订计划必要性、计划的目的和任务、支持生物技术发展的主要手段、发展生物技术的重点、计划实施管理五大部分及附件。

实施计划的目的之一就是要让俄罗斯在生物技术领域成为世界佼佼者，并建立起具有全球竞争力的生物经济板块，使生物技术与纳米技术、信息技术共同成为俄罗斯经济现代化的基石。

该计划分 2012~2015 年和 2016~2020 年两个阶段实施，总投入将超过 1 万亿卢布（约合 4000 亿美元）。按照计划设想，到 2020 年俄罗斯的生物技术产品产值应达到 GDP 的 1%。

（4）制定本国材料科学发展新战略

俄罗斯全俄航空材料研究所会同本行业相关研发机构对全球材料学领域现状和未来发展进行了评估，结合新型材料主要应用企业（包括俄罗斯航天集团、联合航空集团、航空发动机集团，以及战术导弹生产集团）所制定的发展战略，制定了到 2030 年俄罗斯材料科学发展战略。

该发展战略涵盖材料学的 18 个研发方向，其中包括诸如智能材料、金属化合物、纳米材料及涂层、单晶耐热合金、含铌复合材料等，为各企业研发突破性产品提供材料保障。

俄罗斯政府将审议批准该发展战略并在此基础上制订俄罗斯材料科学国家专项计划，该计划拟于 2014 年启动。按照该专项计划，在保留经营自主权的基础上合并包括全俄航空材料研究所、黑色冶金研究所、"普罗米修斯"结构材料中央研究所，聚合物研究所在内的俄罗斯材料科学领域重点研发机构，建立俄罗斯国家材料中心，整合各研发机构的研究成果，联合研发新型材料。

2. 实施资金技术支持

（1）制订科学基金中期发展计划

俄罗斯科学基金包括基础研究基金、人文科学基金和促进科技型中小企业发展基金。由于成立之初就建立了良好、高效的运行机制，三大基金对基础研究和创新活动的支持效果得到了社会各界，特别是科技界的认可。

2011 年末，在制定和审议《2012 年至 2020 年国家科技发展计划》的同时，俄罗斯政府责成俄罗斯教科部、俄罗斯经济发展部，会同科学基金，在俄罗斯纳米股份公司的共同参与下制订基金的中期发展计划，以期进一步提高科学基金对研发和创新活动的支持力度，并使其成为该计划的有机组成部分。

该计划将科学基金对研发的支持主要集中在以下几个方面：第一，在保证基础科学领域探索性研究的基础上，支持国家科技优先领域和关键技术研发；第二，与地方政府开展合作，共同出资实施国家科技发展区域政策；第三，扩大与国际科研机构的合作，吸引国外研发投资，以此促进对外开放科技创新体系的建立和发展。

为此，计划调整了科学基金对研发支持结果评价体系的具体指标。在基础研究基金和人文科学基金的评价体系中，引入了"成果达到或超过世界先进水平的项目份额"这一重要指标，并且在基础科学基金中增设"结题课题中可建议开展应用研究的项目份额"指标；而在促进科技型中小企业发展基金的评价体系中，采用"批量生产利润率超过 30% 或具有世界先进水平研发成果产业化项目数量"作为评价指标，同时为发挥基金的"创新引擎"作用，使创新活动所有参与者形成合力，并制定项目实施的统一战略，确定共同的发展策略，特设立"基金资助后得到其他政策或计划支持的中小企业数量"这一指标。

为鼓励青年科技工作者投身科技创新，三大科学基金共同增设了"青年科学家在项目实施人员组成中的比重"这一硬性指标。

基金中期发展计划的执行期为 2012～2016 年，涵盖在《2012 年至 2020 年国家科技发展计划》第一个阶段之中。

（2）成立国家安全与发展远景研究基金

2012 年初俄罗斯政府设立了国家安全与发展远景研究基金（以下简称基金）。该基金的建立是支持和发展俄罗斯国防工业现代化计划的必要组成部分。其主要目的是保障和支持国防科研领域的基础和探索性研究项目。由于先进武器的研制离不开基础科学研究的支撑，该基金还将发挥类似俄罗斯基础研究基金的功能，为俄罗斯的基础研究提供更多的经费保障。

基金的额度为 30 亿卢布（约合 1 亿美元），以后增至每年 35 亿~40 亿卢布，计划每年支持 150 个研究项目。普通项目的资助额度在 100 万~9000 万卢布，重大项目的支持额度在 5000 万~9000 万卢布，同期最多支持 10 个重大项目。

基金管理层由 15 人组成，主席由总统根据基金监察委员会的候选人提名确定。除主席外，管理层成员 7 人来自政府，7 人由总统任命。

基金的科技委员会负责确定支持的重点领域，项目的评审及具体资助额度，并负责将研究成果推介到应用领域。

（3）建立科技人才激励机制，鼓励青年科学家脱颖而出

近年来，俄罗斯政府采取了诸多措施鼓励青年科学家投身科技，并且已出台的科技政策和计划多向青年科学家倾斜。这其中从 2011 年起对青年副博士或博士实施的科研项目给予经费支持，额度为每年 60 万~100 万卢布/人（约合 2 万~3 万美元），而在"2009 年至 2013 年俄罗斯科教师资创新国家专项计划"框架下青年科学家参与的研发项目总数超过了 6000 个。在科技人才奖励政策方面，2008 年俄罗斯专门设立了科学创新总统奖，以表彰对本国科技创新做出突出贡献的青年学者，从 2012 年起，设立总统奖学金，资助那些在国家现代化五大优先领域从事科研的年轻学者和研究生。奖学金金额为 20000 卢布（约合 700 美元）/月，2012 年的名额为 500 人，从 2013 年起名额增加到 1000 人。

在研发人员老化的"重灾区"——俄罗斯科学院，2012 年特别有针对性地推出一系列改革措施（见表 3），以鼓励青年人才脱颖而出。

表 3　俄罗斯科学院人才激励机制的改革措施

改革方式	具体改革措施
改革经费资助方向	从 2002 年起在本院实施的"青年学者支持计划"中，增设两个新项目：青年学者参加国际会议经费、年轻学者集体研发项目费用
改革资助方式	要求各研究所在项目预算编制中预留出用于培养研究生的临时性经费。把它作为补充经费，从而使整个科学院每年有能力多接纳 200~250 位预算外研究生，并使这部分研究生在接受助学金的 3 年期间内能够完成论文答辩
改革评审方式	所长委员会聘请青年学者参与科学院青年学术委员会的工作，根据项目进展、资金使用等情况，共同进行项目中期验收，并联合确定优秀项目增加资助的额度
改革管理模式	为使青年学者能够参与经费的分配和项目的评审，科学院建立研究所和青年学术委员会研发项目联合评审机制。由青年学术委员会与研究所共同确定该所每年申报的项目清单，而青年学者委员会学部代表对研发项目的立项可行使否决权

（三）科技创新领域的新突破

通过一系列科技创新政策措施的实施，俄罗斯的科技创新在基础研究领域、生命科学领域、海洋开发领域、医学、航空、航天、纳米技术、装备制造等重要领域取得了新突破。

1. 基础研究领域

全球首次利用激光合成磁性纳米粒子。俄罗斯科学院乌拉尔分院电子物理研究所研制成功激光合成氧化铁磁性纳米粒子的工艺方法，该方法是目前全球最先进的氧化铁磁性纳米粒子制备方法。氧化铁磁性纳米粒子广泛应用于环境治理、生物陶瓷和定向给药等方面，具有非常良好的应用前景，其传统制备方法分为干法和湿法两种。

兴建世界最强激光装置。俄罗斯将在下诺夫哥罗德州吉维耶夫区开始兴建世界最强的军民两用激光装置，项目建设要花 10 年时间，初步预算为 450 亿卢布（约合 15 亿美元）。该装置最高功率为 2.8 兆焦耳，用于高能物理、高热等离子物理及激光热核聚变等领域的基础研究。

在建高密度中子源。俄罗斯科学院核物理所正在建设高密度中子源，用于产生密度为 $104/cm^3$ 的超冷中子流，是当前最大中子流密度的千倍。研究者希望借助超冷中子源，获取能对解答现代物理学一些重要问题的信息，比如：为什么宇宙中的物质比反物质多，解释宇宙中的轻化学元素的比例关系等。设备投入运行后，可将电偶极矩的测量精度提高 1 倍，中子寿命测量精度提高 10 倍。

2. 生命科学领域

获得高发光突变蛋白。俄罗斯科学院西伯利亚分院生物物理研究所在研究细胞内部活动变化的过程中，通过对海洋桡足类水蚤荧光蛋白基因编码的重组、蛋白质改性以及对分子发光强度的研究，首次获得了发光强度超过自然水蚤蛋白 5 倍的突变发光蛋白。

成功"复活"远古植物。俄罗斯科学院生物物理和土壤生物学研究所在远东科雷马河流域地下 30 米深的永冻层中发现了细叶蝇子草植物的种子，并成功复活了这种 3 万年前的远古时代多细胞植物。

研发智能识别系统。俄罗斯南方联邦大学（罗斯托夫市）神经控制研究所研发出独特的识别系统，该系统可以像人眼一样在运动的人群中及时识别出具体的人。该项目的基本原理是建立在人对周围环境的视觉感知上，通过及时地区分眼睛亮度差异和确定眨眼频率对人进行识别。

3. 海洋开发领域

耗巨资打造激光破冰船。为保证俄罗斯北极战略的顺利实施，俄罗斯不惜花重金打造激光破冰船。在"民用海洋技术发展"国家专项计划框架下，正在实施"破冰平台 1 号"研究项目，内容为与北极地区石油、天然气开采紧密相关的激光破冰船研发。

新型科考船交付使用。俄罗斯圣彼得堡"海军上将造船厂"举行了"特廖斯尼科夫院士"号科考船交付仪式。俄罗斯总理梅德韦杰夫亲临圣彼得堡参加了该船交付活动。俄罗斯总理梅德韦杰夫对于"特廖斯尼科夫院士"号科考船的投入使用予以了很高的评价，称为是"整个俄罗斯和俄罗斯造船业期待已久的阶段性事件"，"新的科考船将在俄罗斯南极科考新交通图勘测中起到重要作用"。

4. 医学领域

研制出首个基因工程药物。俄罗斯首个国产基因工程药物"Neovasculogen"于 2012 年下半年投放市场。该药由"人类干细胞所"股份公司研制，用于治疗下肢缺血病。

采用改性壳聚糖作为癌症治疗药物载体。俄罗斯科学院生物工程中心研制出改性壳聚糖纳米粒子，并将其作为载体植入癌症化疗中使用的抗生素——阿霉素。

开发出护肝新药。俄奥伦堡医学院开发出了护肝新药——Miliatsin，现正处于临床试验阶段。该药具有良好的护肝作用，防止肝中毒，增强人体免疫力。除此之外，动物试验表明，该药还可以用作治疗癌症，化疗期药效显著。该药的优势在于生产成本低廉，作为其生产原料的小米产量稳定、价格低廉。

开发出了新的肿瘤治疗方法。俄罗斯下诺夫哥罗德国立医学院荧光成像实验室开发出了新的肿瘤治疗方法。该方法采用基因编码光敏剂 KillerRed 作为导引剂，大大提高了癌变组织的光敏性，激光照射肿瘤病灶燃烧蛋白质定向杀死癌细胞。由于 KillerRed 可单独或以融合蛋白的形式成为导引剂，可作为光动力杀死癌细胞的武器。新方法只对恶性肿瘤产生直接作用，而对病人身体的其他部位无影响。

研制出新型医用生物材料。在"2007~2013 年优先领域研发"国家专项计划的支持下，俄罗斯科学院冶金材料研究所、国立沃罗涅日大学、莫斯科肿瘤科学研究所联合研制出新型医用生物材料——骨黏固剂（俗称"骨水泥"），新型骨水泥具有生物兼容性，在现代医学中拓展了新的应用领域。在俄罗斯纳米股份公司和"斯科尔科沃"科技园区基金的支持下，冶金材料所与俄罗斯科学院技术转移中心共同成立了一家公司，进行产品研发及推广应用工作，以实现骨水泥在外科、牙科、肿瘤科的临床应用。

研发出新型非侵入式血糖仪。俄罗斯科学院西伯利亚分院强流电子研究所研发出新型非侵入式血糖仪。与传统采血型血糖仪相比，这项技术取消了指尖采血环节，消除了糖尿病人的痛苦，并且测试不需要试纸，大大降低了血糖仪的使用成本。

5. 航空、航天领域

完成 DREAM 国际合作项目的全部任务。历经 4 年，俄中央空气动力学研究院代表俄罗斯完成了所承担的欧盟第七框架计划下的 DREAM 项目的全部任务。

研发出火箭发动机新型燃料。俄罗斯动力设备科研生产联合体的科研人员将高纯度乙炔溶入液氨，研发出运载火箭发动机新型燃料"acetam"。这种燃料能显著提高运载火箭的动力载荷效率和经济性。

6. 纳米技术领域

首个纳米原料工厂投产。位于布良斯克州卡拉切夫市的俄罗斯首家纳米硅酸盐和聚合物纳米复合材料生产厂——"METACLAY"公司投产。与传统的复合材料相比，聚合物纳米复合材料在抗断裂、耐火、气密等方面具有更好的特性，作为添加剂在石油天然气、电缆、包装、汽车、建筑领域有着广泛的应用。

7. 装备制造业领域

新型有轨电车投产。乌拉尔车辆厂成功研制出电池有轨电车，并且开始了有轨电车的批量生产，第一批 8 辆电车已交付使用。作为连接近距离城市间的交通工具，电池有轨电车在俄罗斯具有很大的市场需求。乌拉尔车辆厂下一步将研发制造电池动力的低地板有轨电车，并将研发的重点放在提高电车的续航能力上。

8. 其他技术领域

开发出混合传输动力电缆。俄微电子纳米技术所、全俄电缆工业科研设计技术所、莫斯科航空研究所三家单位科研人员合作，成功地开发出混合传输动力电缆。电缆中能量同时以超导和液氢两种方式传输。

研发环保包装材料。俄罗斯沃罗涅日技术学院开发出可降解聚乙烯包装袋的生产工艺，由于采用食品工业废料作为添加剂，既消化了食品工业的废料，同时又赋予包装袋可降解的特性。

研发出高灵敏气体识别系统。俄罗斯科学院远东分院管理过程和自动化研究所研发出高灵敏气体识别系统（俗称"电子鼻"），该系统可识别出空气中极其微量的氨气。同时系统进一步完善后可用于识别爆炸物、毒品，甚至帮助医生进行病人疾病诊断。

开发出具有三维特性的布。国立圣彼得堡电工大学开发出具有三维效果的布样品。这项创新技术为时装业开启了全新的未来。

（四）俄罗斯科技创新发展对于我国科技创新发展的借鉴与启示

1. 合理制定长远科技规划，多领域全面均衡发展

中长期科技规划对国家科技长远发展具有重要战略导向意义。俄罗斯科技发展长期以来在诸多领域处于世界领先水平，离不开合理的国家科技发展规划的指引。在《俄罗斯到 2020 年社会经济发展规划》的指导下，俄罗斯科技发展注重科技研发和科技成果转化，为经济发展模式转换、实现经济持续

稳定增长创造力条件，同时提高政府在科技发展上的服务质量，可以针对性地解决社会问题，提高了公民的社会保障和生活条件。在科技发展中长期规划上，我国颁布了《国家中长期科学和技术发展规划纲要（2006~2020年）》，但在一些战略方向和关键共性领域还需要进一步制定具体的科技政策，集中资金和研究力量实施重点突破，以强化国家科技组织动员能力和协同集成能力，优化创新政策环境，加快重点领域的科技发展，提高我国整体的科技创新水平。同时，要积极建设各具特色和优势的区域创新体系，促进中央与地方科技力量的有机结合，以及区域内科技资源的合理配置和高效利用。此外，政府还应从财政税收、金融服务、政府采购、知识产权保护、人才队伍建设等方面进行科学规划，制定一系列政策措施来确保科技创新的各项计划实施。

2. 提高科技投入比例，保障科技发展

科研经费的投入是科技发展的物质基础和根本保证，也是反映科技发展动态和科技水平的一个重要指标。科研经费投入比例反映了一国或地区科技投入的强度大小，对于国家或区域科技创新发展具有重要的作用。俄罗斯科技的不断进步得益于科研经费的大力投入，高比例的科研经费投入为其科技发展提供了充足的物质保障。2012年俄罗斯实施了多达56个中长期国家专项计划，并加大财政投入，国家投入总额10615亿卢布（约合353.8亿美元），与2011年相比增长超过了15%。经济上，2012年俄罗斯的总投入为17972亿卢布（约合600亿美元），占财政总支出的12.6%，促进了国家科技发展，为经济发展提供了重要的科技支撑，对于金融危机后经济的复苏，创新型经济发展模式的转变起到了非常重要的作用。相比俄罗斯科技投入强度，我国科技投入比例明显较低，与我国的经济规模很不相称。因此，我国政府应进一步加大科技投入，强化研究与开发平台、工程化与成果转化平台和战略新兴产业基地等方面的建设，提升科研基础条件。同时，要建立多元化、多渠道、高效率的科技投入体系，使全社会研究开发投入占国内生产总值的比例逐年提高。

3. 增强基础研究扩展延伸，促进科技成果转化

依照科技研究划分理论，按科技研究内容可将科技研究分为基础研究、应用研究和开发研究。基础研究处于科技研究的初始阶段，对于未来科技成果的应用转化起着重要的作用。目前，科技研究由于受到多种因素的影响，往往处于基础研究阶段，如何实现科技研究的基础研究成果向应用研究以及成果转化一直是困扰科技发展的关键环节。俄罗斯科技发展中在基础研究基金和人文科学基金的评价体系中，引入了"成果达到或超过世界先进水平的项目份额"这一重要指标，并且在基础科学基金中增设"结题课题中可建议开展应用研究的项目份额"指标，对于基础研究的扩展延伸促进了科技成果向应用研究转变，这有利于实现科技成果转化。对于我国目前的科技研究发展具有重要的借鉴意义，在今后科技研究中可以通过资金、政策等来引导科技基础研究的拓展深化，促进科技成果转化，致力于经济发展。

4. 引入市场机制，增加科技创新主体

俄罗斯在科技规划的制定与科技发展的实施中引入市场机制，引入企业参与，改变传统的政府一家独大的局面，增加了科技创新的主体，增强科技发展的活力，促进科技事业的发展。政府应当通过政策来培育多元的技术创新主体，使不同的技术创新主体在技术创新中承担不同的功能和角色。鼓励公私部门合作，促进科技的全面发展。积极扶植以企业为主体的技术创新活动。技术创新的主体是指参与技术创新活动，并在技术创新活动中占主体地位、发挥主导作用的社会组织或社会角色。企业参与技术创新的主力是俄罗斯科技体制的重要特征之一。建立以企业为主体、市场为导向、产学研相结合的技术创新体系，重视和发挥民营科技企业在自主创新、发展高新技术产业中的生力军作用，创造公平竞争的环境，支持其做大做强并参与国际竞争，从而进一步优化我国的科技创新环境。

5. 注重科技人才培养，增强自主创新能力

科技的进步源于高科技人才的技术创造。科技创新人才是科技发展的智力基础，如何培养科技人才，激励科技人才，挖掘科技人才科技创新的潜力，

是目前科技发展的关注热点。俄罗斯科技发展的进步在很大程度上都离不开科技人才的培养，丰富的科技人力资源助力科技发展。俄罗斯重视教育发展，培养科技人才，教育领域成为其国家政策重点支持的优先领域，尤其重视中等和高等教育投入，增加中高级技术人员以及高技能技术工人培训资金，按照市场导向为创新经济培养人才。同时，设置一些科技奖励措施激励科技人才创新，尤其注重年轻科技人才的激励，促进科技人才结构上的衔接。近年来，我国也不断重视职业技术教育，致力于培养更多的高质量职业技术人才，提高劳动技术水平。科技人才培养还存在不足，今后在科技人才的培养上加强科技人才激励，提高科技人才的自主创新能力，为科技创新发展创造良好的人力基础。

参考文献

[1] 迟岚. 俄罗斯科技体制改革与战略[J]. 俄罗斯中亚东欧研究，2004（2）：24-29.

[2] 欧阳向英. 俄罗斯创新战略的目标和效果[J]. 欧亚经济，2014（2）：45-61.

[3] 高际香. 俄罗斯2020年前经济社会长期发展战略述评，俄罗斯东欧中亚国家发展报告（2009）[M]. 北京：社会科学文献出版社，2009.

[4] 张丽娟. 俄罗斯科技创新政策新动向[J]. 科学中国人，2013（8）：28-30.

[5] C. 卡赞采夫，朱显平. 评俄罗斯社会经济中期发展纲要[J]. 东北亚论坛，2004（3）：40-41.

[6] 孟光. 俄罗斯先期研究基金会发展情况研究[J]. 现代军事，2015（8）：91-94.

[7] 董映璧. 全面发展的俄罗斯生物技术[N]. 科技日报，2006-11-02.

[8] 黎思佳. 俄罗斯政府的科技人才政策浅析[J]. 中国科技信息，2013（7）：211.

[9] 范纯. 俄罗斯环境政策评析[J]. 俄罗斯中亚东欧研究，2010（6）：

19-25，95.

　[10] 李永全. 俄罗斯黄皮书：俄罗斯发展报告（2014）[M].北京：社会科学文献出版社，2014.

　[11] 孙光耀.中子光子输运物理过程蒙特卡罗处理方法研究[D].中国科学技术大学，2015.

九、创新驱动：山东发展新动力

武红智

摘要： 在转方式调结构的背景下，山东如何从根本上改变高消耗、高污染、低效益的传统发展方式，如何让增长更有质量，是全社会正面临的一个重要课题。随着《创新驱动发展战略纲要》的实施，山东各级政府和企业成功开展了创新驱动的实践，大大推动了经济发展转型升级。

关键词： 创新驱动；科技创新；体制机制创新

经过 30 多年的发展，山东如果不从根本上改变高消耗、高污染、低效益的传统发展方式，山东发展的道路将会越走越窄。在转方式调结构的背景下，山东该如何突围，又如何让增长更有质量呢？未来的发展道路应如何绘就？

老路走不通，新路在哪里？总书记多次强调创新的重要性："一个地方、一个企业，要突破发展瓶颈、解决深层次矛盾和问题，根本出路在于创新。"一个国家综合实力的核心还是技术创新，不掌握科技创新最灵魂、最根本的东西，就掌握不了国家科技事业发展的命运。

中共中央、国务院发布了《创新驱动发展战略纲要》，为创新驱动发展提供了行动指南。要按照"坚持双轮驱动、构建一个体系、推动六大转变"进行布局，构建新的发展动力系统。所谓的双轮驱动就是科技创新和体制机制创新两个轮子相互协调、持续发力。

山东要做创新驱动发展的"行动队"。我们不妨看一看实施创新驱动发展战略给山东带来的新变化。

（一） 科技创新

海尔集团颠覆传统企业自成体系的封闭系统，变成网络互联中的节点，互联互通各种资源，打造后电商时代基于用户价值交互的共创共赢生态圈，实现攸关各方的共赢增值。由海尔集团打造的智慧生态圈一流解决方案已从山东延伸到世界各地。至 2015 年底，海尔平台上已经聚集了 4700 多家外部一流资源，30 亿元创投基金，1330 家风险投资机构，103 家园区孵化器资源，诞生了 1160 多个项目。海尔平台上有 3800 多个节点小微店和上百万微店正在努力实践着资本和人力的社会化，有超过 100 个小微店年营收入过亿元，已有 24 个小微店引入风投，有 12 个小微店估值过亿元。由于海尔模式转型，去中心化、去中介化、去"隔热墙"，海尔在册员工一度比最高峰时减少了45%，但海尔平台为全社会提供的就业机会超过 130 万个。基于海尔在"双创"领域的突出成就和示范作用，2016 年 5 月 12 日，国务院确定首批双创示范基地，海尔成为家电行业唯一一个入选的企业。从制造家电产品的生产商向互联网企业的成功转型，海尔集团在推动产业转型的同时，也把自己升级为面向全社会孵化创客的平台，这是传统产业转型升级的很好范例。

山东泰和水处理科技股份有限公司是一家由校办企业发展起来的，是一家正在全面转型的企业。如何实现生产和管理的每一个过程和环节的信息化对运营团队来讲都是一个不小的挑战。而现在泰和推行和完善的一套"智慧引擎"自动排产系统，成功地提升了 3%~5% 的产能，相当于投入了一个小型车间的量。业务员确认客户订单后，只要轻点一下鼠标，相关物流生产等各相关部门都会收到明确的目标任务，5 分钟内就能给客户准确的交货日期。正是基于泰和人在创新上几乎不计成本投入研发一线，才成功实现泰和主要生产设施均为自主研发行业首台套，应用的专利成果就有 80 多项。产品成本比行业平均水平降低 20%，能耗降低一半以上。正是追求更好的理念，2016年在全球行业总需求降低 30%，泰和年产值利润均可实现 20% 左右的大幅增长。泰和董事长程终发所说："明天是在最高的基础上继续往上走，而不是回头又跑。"不断地追求创新，管理上注重高效，使泰和始终站在行业发展的最高端。十几年间，迅速发展成为工业水处理药剂的全球龙头企业。

　　淄博瓷砖、瓷片以及密集分布的建陶企业是淄博建陶产业的最重要印象。建陶企业的粉尘污染也一度是淄博市民的梦魇。淄博市从 2007 年开始就持续开展针对建陶企业的环保治理，但从 2015 年下半年开始加大了环保治理力度。通过环保倒逼机制，逼迫建陶企业改变过去小富即安的发展状态，引导企业加大研发力度，提高产品附加值，走高端路线。通过技术创新，让淄博建陶企业浴火重生，也让企业逐渐打破了"低端、低价、贴牌、同质"的恶性竞争。"高精尖"的某些行业也出现了淄博建陶的身影。山东统一陶瓷科技有限公司研发的"防静电陶瓷"先后被神舟七号载人航天飞船控制装配中心、西昌卫星发射基地、酒泉卫星发射基地等单位采用，成为淄博建筑陶瓷业转型发展的范本。创新设计理念，赋予建筑陶瓷文化属性，让淄博建陶行业实现华丽转身。企业日益增强的创新需求和创新驱动发展战略的实施，推动了建陶企业转型升级。

　　山东华泰面对新常态下造纸行业受粗放式增长、供过于求等因素的影响，坚持创新模式、创新手段、创新思路、创新理念的"四轮驱动"，推动设备技术、产业模式、产品结构、技术水平等转型升级，成功探索出一条企业发展与环境保护相协调的可持续发展道路。华泰建成了"低能耗、低排放、高效率、高品质"的国际领先造纸产业基地，形成了"制浆造纸、废水制沼、余热回收"等多条新的循环产业链。通过设备升级改造，生产多元化产品满足新需求，实现了新的增长点。2015 年 10 月，华泰与德国福伊特公司签署战略合作协议，升级改造 5 条新闻纸生产线，将"工业 4.0"技术引入造纸生产，与华泰现有的科研平台相结合，充分发挥自主创新能力，全面实现智能制造。正如李建华（华泰集团董事局主席）所说，"去产能不是硬碰硬的对决，化'危'为机，转变经营模式，不断创新、创造，同样是一种策略"。

　　孚德鞋业始建于 1933 年，是全国制鞋业唯一的"中华老字号"企业，在 20 世纪八九十年代，孚德皮鞋是不少来青人士的必购物品。孚德皮鞋销售量有所下降，公司发力创新寻找新的出路。"私人定制"是孚德鞋业最近几年推出适应市场的创新模式。顾客穿上配备的袜子，站在机器上，连接的电脑上很快就生成数据报告。该系统自带了足部诊断功能并自动建立了数据库，便于数据的抓取和上传以及脚部大数据技术的应用，更有利于用 3D 打印技术制定鞋楦。孚德鞋业在创新发展中注重信息化管理与大数据的应用。除了"秀记"定制体验店，孚德鞋业还建立了 ERP 软件与外部大数据的连接，在现有官方商城、淘宝 C 店以及 APP 商城的基础上，实现了线上与线下品牌推广的深度融合。孚德鞋业通过创新生产模式，老企业玩转了大数据。

面对去产能和出口受阻的压力，玲珑轮胎通过技术创新促进企业淘汰落后产能、提高产品档次、提升企业核心竞争力。正是在整个公司不断创新的步伐中，2015 年度国家科学技术奖励大会上，玲珑轮胎"节油轮胎用高性能橡胶纳米复合材料的设计及制备关键技术"荣获国家技术发明二等奖。玲珑轮胎先后引进 SAP 系统、MES 系统、产品 PDM、硫化群控、信息集成等信息技术，利用现有系统的数据信息，打通轮胎生产过程中各个环节之间的壁垒，实现轮胎全生命周期的质量追溯。同时利用大数据分析技术，在数据平台之上构建分析模型实现横向、纵向的质量分析功能，以此实现销售计划、生产计划、采购计划的衔接，进而推动公司生产、经营、管理向智能化、无人化迈进。此外，在轮胎生产的各个环节中还应用互联网、物联网技术，将生产工艺、管理流程与设备自动化制造全面融合，实现生产制造的标准化管理，由此生产出带有所有生产数据信息的智能化产品，使生产工艺数据自动采集率达到 90% 以上，自控投用率达到 90% 以上，将质量事故减少到 98% 以上，工作效率提高到 40% 以上，平均生产周期缩短 15%~20%，工艺配方执行准确率达到 100%，真正实现了"数字化工厂"。为应对贸易壁垒，玲珑轮胎实施国际化战略，2013 年启动泰国玲珑工程项目建设，消除美国"双反"对美国市场销售的影响。2016 年 1 月 19 日，玲珑轮胎获得了由东盟商务理事会颁发的"中国走进东盟十大成功企业"荣誉，这也是对玲珑轮胎大胆"走出去"以及在海外投资建厂取得成绩的肯定。

（二）体制机制创新

"创新服务体系，打破原有管理体制"，青岛高新区迸发出新活力。服务创新，青岛高新区实现了由行政命令向以市场导向的转变，从"领导"（企业有事找委办局）向"办事员"（事业部天天围着企业转）的服务转变；机制和体制创新，实现了单个项目引进向产业链条的打造转变。园区尽力打造的创业生态系统，其横向满足创客创业的各种需求，纵向贯穿企业发展的各个阶段，交织成覆盖企业全生命周期的服务网络。2016年上半年青岛高新区新批准入区创新型企业350多家，同比增长超过30%，规模以上工业总产值同比增长14.1%；实现税收收入同比增长48%。通过自身体制、机制、管理创新，青岛高新区实现了巨大飞跃，步入产城一体的全新发展阶段。在创新驱动的引领下，青岛高新区以现代化、国际化的标准，以及"高""新"特色和海洋优势，绘就了一个"升级版"的科技人文生态新城。

"突破园区、聚力招引"。日照经济技术开发区探索推进了职员制管理、综合执法、行政审批、区域化评估评审"四大改革"。在没有成熟经验可借鉴的情况下，顺利完成了档案封存、人员过渡、岗位设置、竞聘上岗等工作，初步建立起人员能进能出、职务能上能下、工资能高能低和考核严格、奖惩分明、分层管理的现代管理模式。将城市管理、文化、人防、教育、粮食、国土资源、食品药品等23个部门的执法职责纳入综合行政执法范围，组建综合行政执法局，实行跨部门、跨领域的综合行政执法，解决了以往多头执法、重复执法等问题，实现了"一支队伍管执法"。将所有行政审批事项集中办理、并联审批、模块管控，推动"一枚公章管审批"。改革是加快发展的根本动力，日照经济技术开发区通过四项改革，理顺了机制，激发了活力，提高了效率，助推了经济发展。截至2016年10月，洽谈、推进和落地了179个项目，其中过10亿元的项目有7个、过亿元的项目有40个。

烟台经济技术开发区"体制和运行机制在创新中发展，在发展中创新"成就了发展不竭动力。体制机制创新激发了发展活力，是发展的核心驱动力。创新发展路径，关注产业定位，开发区探索推进了中日韩（烟台）产业园建设。创新管理体制。推行清单管理模式，引导省级以上经济园区开展权力清单、服务清单和收费清单管理，建立公开透明的管理制度。创新运营机制。坚持市场化导向，鼓励社会力量参与园区基础设施建设、招商引资和公共服务平台建设。加快复制上海等自贸试验区政策，争取更多的园区进入全省体制机制创新试点。创新服务体系。实施营商环境提升工程，引导园区建立线上线下相结合的"一站式"公共服务平台，完善知识产权保护、企业年报公示、公共资源交易等制度，支持协同创新、技术交易和人才创业，促进新产业、新技术、新业态、新模式加速向园区集聚。创新考核体系。完善园区综合考核评价体系，确定转型发展考核导向，加大创新驱动、开放经济、功能配套权重。

参考文献

［1］习近平. 科技是国之利器［EB/OL］. http：//politics. people. com. cn/n1/2016/0605/c1001-28412383-2. html.

［2］坚持两轮驱动 推动六大转变［EB/OL］. http：//news. 163. com/16/0521/03/BNIEI4TS00014AED. html902_ 1. html.

［3］中国的海尔，世界的惊喜［N］. 国际商报，2016-6-14. http：//news. hexun. com/2016-06-14/184393207. html.

［4］程终发. 精心加创新引领企业站在行业最高端［EB/OL］. http：//news. cbg. cn/hotnews/2016/0914/4812035. shtml.

［5］建陶产业转型发展"浴火重生"［EB/OL］. 山东淄博，http：//jining. dzwww. com/sdnews/201609/t20160904_ 14867057. htm？ pc.

［6］做好"加减乘除"山东华泰走出发展新思路［EB/OL］. http：//finance. people. com. cn/GB/n1/2016/0922/c1004-28731740. html.

［7］青岛孚德鞋业创新生产模式 老企业玩转大数据［EB/OL］. http：//news. bandao. cn/news _ html/201609/20160902/news _ 20160902 _ 2661932. shtml.

［8］自主创新结硕果 山东玲珑轮胎技术里有大学问［EB/OL］. http：//cq. cqnews. net/html/2016-09-22/content_ 38663029. htm.

［9］向创新要活力向转型要效益［EB/OL］. 青岛高新区，http：//news. hexun. com/2016-09-19/186081453. html.

［10］落实五大发展理念　实施体制机制创新——日照经济技术开发区创新驱动发展路径探析［EB/OL］. http：//difang. gmw. cn/newspaper/2016 - 09/30/content_ 116651403_ 2. htm.

［11］落实五大发展理念　构筑产业集群高地［EB/OL］. http：//paper. d-zwww. com/dzrb/content/20160929/Articel12002MT. htm.

［12］烟台市创新园区体制机制激活发展活力［EB/OL］. http：//www. m-ofcom. gov. cn/article/difang/201603/20160301267203. shtml.

十、山东省软科学绩效指标体系构建及实证研究

陈　娜[①]　李海波

摘要： 本文以"研究为根本、管理为核心、决策为导向"的软科学发展理论为指导，以2001~2011年山东软科学研究计划项目为评价分析对象，围绕项目投入、项目产出两个方面构建山东省软科学绩效指标体系，并通过对山东省软科学研究项目投入产出的实证分析，进一步验证指标体系的合理性。

关键词： 绩效指标体系；投入产出分析；实证研究

（一）国内软科学绩效指标体系现状评述

软科学的绩效评估，是指对已结题的软科学研究项目的研究结果水平、工作质量等进行检查与评价。软科学评价工作对软科学的发展、研究成果功能的发挥都有重大的推动作用，但软科学的评价相比硬科学的评价更加困难。因为软科学研究成果中包含许多难以定量的成分，软科学研究对象主要是面向社会、经济和科技发展过程中的重大、关键问题，而问题的日益复杂性、多元性决定了软科学必然遵循群体决策的研究范式。刁惠文、郭进明针对群体决策中的薄弱环节，提出了改善对策措施。国家自然科学基金项目评价及其实践无疑为当下众多学者对绩效评价的研究提供了非常好的参考价值。而

[①] 作者介绍：陈娜（1982—），女，山东济南人，山东省科技发展战略研究所助理研究员。研究方向：区域创新与科技管理。联系方式：0531-68606121。

110

目前，大多数的绩效研究主要集中在四个方面：一是对软科学项目的全过程评价及步骤。如唐炎钊等主要从学术价值、社会价值、经济价值、投入产出率等方面对软科学研究项目的立项、中期进展、结题/成果的全过程进行了绩效评估。二是对软科学评价方法体系的比较研究。如唐炎钊、郭丽华从哲学、科学、技术三个层次对软科学研究项目评估方法进行了系统分析；王诗才、牛永花在比较分析国家自然科学基金和社会科学基金评价方法的基础上，提出了不以会议评审为主、建立软科学研究项目指定刊发期刊名录、建立查新、查重制度等一系列改进方法和措施。三是软科学项目绩效测评模型的研究。李潇潇、李庆恒利用层次分析法对软科学项目的立项、结题成果的绩效评测模型进行了探讨。四是软科学研究的投入有效性分析。李婷提出了基于数据包络分析方法的软科学研究投入有效性评价指标体系，并认为采用数据包络分析法可以解决软科学绩效评价中的软科学研究投入形式的多样化，难以同质化及软科学研究产出的多样化，难以用统一标准衡量这两大问题。

但上述研究中普遍存在的问题是，没有深入体现软科学研究的宗旨与内涵，过于突出软科学研究学科和人才培养，弱化了软科学研究的决策应用导向，评价指标体系中的某些指标过于定性化，易受主观影响，导致评价结果出现较大偏差。鉴于此，本指标体系的构建原则是以软科学决策应用导向为指导，充分体现了软科学研究的内涵和宗旨，围绕项目领域分布、项目投入、项目成果、项目周期等几个维度进行综合评价。再通过山东省软科学项目投入产出的实证分析，检验该指标体系的科学性及实际可操作性。

可以说，借助科学的软科学绩效指标体系对软科学研究项目进行合理的绩效评估，将有助于政府决策部门更加清晰地了解、掌握研究项目资源的布局情况，政府可以更有效地引导将来财政支出投资，并为软科学计划立项提供客观的决策支持，进而带动全省软科学计划的良性发展，提升软科学研究的效率和效力。

（二）山东省软科学绩效指标体系构建研究

综合借鉴上述已有的软科学研究绩效评价的成果，我们提出了面向决策应用的山东省软科学绩效指标体系，如表 1 所示。

表 1 基于项目的山东省软科学绩效指标体系

一级指标	二级指标
软科学项目投入	人员投入
	经费投入
	研究时间周期
软科学项目产出	决策应用
	领导批示
	发表会议论文
	研究报告

第一，从软科学研究的内涵外延及其功能宗旨来看，软科学研究对象涉及经济、社会、生态、科技发展的各个领域和各个层面，难以用统一标准进行衡量。软科学研究必须具有高度战略前瞻性、深度现实可操作性，这就给软科学研究带来了两种截然不同的研究成果，导致研究成果差异性较大。因此，软科学研究绩效评价不宜过于精细、严谨，应该采取较为宏观简单的指标体系。

第二，软科学研究的绩效评估大多是从项目规模、项目投入经费等评价软科学研究的总体投入，忽略或降低了研究人员的人力投入。软科学研究项目的平均人力资源配置极大地决定了软科学研究的研究周期、研究团队建设、研究成果质量。故本绩效指标体系将研究人员纳入其中。

第三，研究时间周期纳入软科学项目投入中比课题折合全时人数更加准确。目前山东软科学结题时间具有统一性、可审核、可确定的特点。软科学立项时间基本统一，可根据统一结题时间要求进行项目结题，提前结题需要管理部门审核记录。而课题折合全时人数数据存在难以记录、数据准确性不高等问题。

第四，软科学研究的宗旨就是为了决策服务的，故本绩效指标体系将决策应用指标放在产出分析中的首位。领导批示可作为软科学研究成效显著的标准指标，但不应作为软科学投入产出分析中的核心指标，因为不是每个软科学研究成果都能够获得领导批示的。

（三）山东省软科学投入产出绩效的实证分析

利用上述构建的山东省软科学绩效指标体系，选取 2001~2011 年山东软科学研究计划中已结题项目为分析对象进行实证研究。此次统计数据非均衡抽样统计分析，不涉及山东省各软科学研究机构的绩效评估和实力评价。

参与本次调查研究的山东省软科学研究计划课题结题项目总共 759 项，主要集中在山东省济南市、潍坊市、青岛市、烟台市和淄博市等地区的高校和科研院所，如图 1 所示。

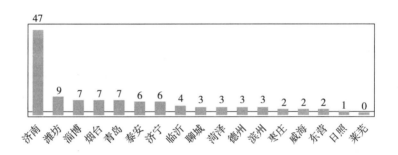

图1 山东省各地市软科学研究计划课题申报单位数

每个地市承担的软科学项目除与当地高校院所的数量布局有直接关系外，地市层面对软科学重视程度也有一定的影响。济南市、青岛市、潍坊市和烟台市作为山东高校较为密集区域，承担的软科学项目较多；同时以上这些地区的经济发展也位于山东省前列。以济南为例，在 47 家研究单位中，高校共有 19 所，占研究单位总数的 40.42%；科研院所共 28 家，占 59.57%。科研院所承担的软科学项目比例高于大专院校，这与高校科研人员绩效考核和职称评定有很大关系，同时软科学研究更加适合有一定研究基础和工作经验的学者承担。科研院所科研是以市场为导向，更加直接面向决策服务，而非自由探索，故科研院所承担的软科学项目较多。

1. 山东省软科学项目投入情况

（1）人员投入

从软科学课题负责人年龄分布情况看，年龄在 41~50 岁的人员已成为目前山东软科学课题工作的骨干力量，占 25%；36~40 岁（占 18%）、46~50 岁（占 27%）、51 岁以上（占 17%）这三个年龄段人员较为均衡，而 35 岁以下的青年研究人员有较大发展空间（占 13%）。软科学研究与高校科学研究具有很大差异性，主要体现在软科学研究是面向决策的应用研究，实地调研和访谈是研究的主要手段和方式，研究成果直接面向决策者的决策报告。软科学研究的主力军为有一定研究基础和经验，并以自己的科研团队为支撑，能够迅速为软科学研究提供资源支撑的专家学者。可以看出山东省项目承担人没有呈现较大分散或聚集，各个层面科研人员积极性都较高。

从山东软科学课题负责人学历情况看，拥有博士学位的有 265 人，占负责人总数的 34.96%；获得硕士学位的有 297 人，所占比例最高，为 39.18%；专科学历的仅有 3 人，仅占 0.39%。可见，在山东软科学研究计划课题负责人中有近 75% 的课题承担人员具有较高的受教育水平，其中博士研究生和硕士研究生比重已分别占到总人数的 1/3 以上，高层次的课题负责人是高质量软科学成果的有力保障。

从软科学课题负责人的职称、职务情况看，拥有高级职称的有 580 人，占职称总人数的 77.85%；课题负责人中有职务的人员比例占到总人数的 56.39%。不难看出，在山东省软科学课题的负责人中高级职称人员已经占据了绝大比例，这与软科学项目承担者的年龄段分布格局具有一定的关联性，也与软科学研究的特点相符合。而软科学研究就是为政府决策者的决策提供咨询支撑，各级政府、高校院所的相关决策者随着自身素养的提高，干部年轻化、高学历化建设不断推进，相当一批中层领导者在做好本身业务工作的同时，也在不断思考、研究自身工作前瞻性、战略性和科学性决策问题与对策。这与软科学宗旨具有高度一致性，软科学研究项目承担人由于直接参加决策工作，熟悉决策咨询报告的规范和形式，能够有效地促进软科学研究成果进入决策程序中。值得我们注意的是，软科学研究归根结底还是一项科研工作，专职科研人员与职务科研人员如何协同是软科学管理工作必须要注意的问题。

科研团队是软科学项目顺利完成的必要人员保障。从课题的团队人数情况看，团队平均人数在 6.8 人/项。其中，科研团队人数最多的为 14 人，仅有 3 家科研单位，占 0.39%；团队人数在 5~8 人的居多，分别占总单位数的 18.84%、16.86%、15.28% 和 12.52%，共计 63.5%，如图 2 所示。

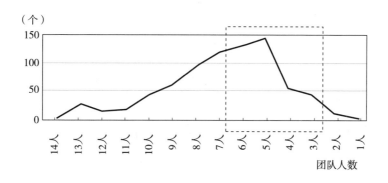

图 2 山东省软科学研究计划课题团队人数

软科学研究是多学科、跨领域的研究项目，团队人员构成规模与自然科学项目团队人员构成有一定的差异，和社会科学领域有一定相似性。5~8 人的团队人员规模符合科研团队人员规模的基本规律。研究表明，人数超过 12 人，组织协调难度大，研究结论整合难度高，但大项目、大课题需要多方的共同努力。山东省软科学研究项目在此方面有待进一步探索并推进实施。

（2）经费投入

初步统计，2009~2011 年山东软科学研究计划课题的研究总经费约为 1709.5 万元，平均研究经费为 2.25 万元/项。其中，财政经费 658.5 万元，约占总经费比重的 38.52%；自筹经费 1050.78 万元，约占总经费比重的 61.47%。可见，在山东省软科学项目经费投入中，自筹经费占了较大比重，如图 3 所示。

（万元）

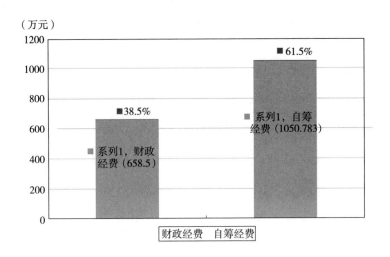

图3　山东省软科学研究计划课题经费组成

从项目的经费类别看，财政经费类项目为 416 项，占项目总数的 54.81%；自筹经费类项目293 项，占项目总数的38.60%；无资助经费类项目8 项，其他类项目9 项，分别占项目总数的1.05%和1.18%。在山东省软科学研究课题中，有经费资助的项目占了绝大多数的比重，而在这其中财政经费资助类项目较自筹经费类项目又高出16.2 个百分点。

山东省软科学研究经费自 2010 年以来呈现较大幅度的增长，但是相比较我国其他省市来讲，山东省软科学研究经费还是不能满足软科学研究工作的需要。我们在走访调研中发现，大多数软科学研究项目大多是需要开展实地调研工作的，也需要与领导专家进行访谈，而往往限于经费问题，导致工作无法开展，软科学研究成果呈现"文献化、空谈化"的现象。

（3）研究时间周期

从时间周期看，研究时间周期在 1~2 年的项目最多，共有 299 项，占项目总数的 39.39%；其次为研究时间周期在 1 年及 1 年以内的，占项目总数的 35.31%。经数据可看，山东省74.7%的软科学项目完成时间在 2 年及 2 年以内，其中一半以上为 1 年及 1 年以内为主。除少数个别项目外，大多数课题项目的研究时间周期较为合理。从图 4 中可以看出，研究时间为 12 个月的项目最多，有 245 项，占项目总数的 32.28%；其次为研究时间 24 个月的项目，有 73 项，占项目总数的 9.62%。

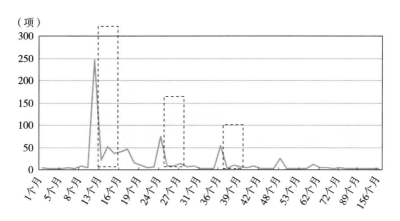

图 4　山东省软科学研究计划课题研究时间周期

软科学研究具有很强的决策咨询时效性，除重大战略性课题外，现实问题需要迅速有效得到解决，政府政策决策者需要软科学研究人员提供及时、科学、合理的决策咨询支撑。此次软科学研究项目结题工作是山东省软科学管理工作中一个发展阶段结点，是对全省软科学研究项目的总调度、总管理，有效地促进了软科学研究工作的规范性。

2. 山东省软科学项目产出情况

（1）决策应用

决策应用证明的数量和质量可以直接反映出软科学课题成果的实际应用性。在被调查的 759 项山东软科学研究计划课题的结题成果中，出具决策应用证明的有 458 项，占结题总数的 60.34%；无决策应用证明的有 301 项，占结题总数的 39.66%，如图 5 所示。

（2）领导批示

获得领导批示是软科学研究成果成效显著的标准指标。从统计结果看，共有 96 项成果得到了不同程度和类型的领导批示或关注，占成果总数的 12.65%。其中，获得 2 项及 2 项以上领导批示的课题成果共 11 项，占获批成果总数的 11.46%。在这些领导批示中，部分单位的成果还得到了国家级和省级重要领导的关注和肯定，如表 2 所示。

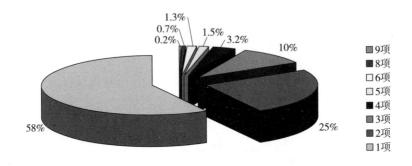

图 5　山东省软科学研究计划课题成果决策应用证明情况

表 2　部分获得重要领导批示的情况及单位

单位名称	获批示的领导或部门
山东省人民政府研究室	王仁元常务副省长、国家发改委员会副主任杜鹰批示
山东经济学院	姜异康省委书记批示
山东社会科学院经济研究所	姜大明省长批示、淄博市各级领导批示
山东社会科学院	姜大明省长肯定性批示
山东警察学院	姜大明省长批示

　　山东省软科学研究项目获得领导批示总数与研究项目总数相比，呈现出了较高的批示率，为 12.65%。从这个层面说明山东省软科学投入产出成效还是不错的，发挥了决策咨询支撑作用。从数据中可得知，山东省高校软科学成果获得领导批示较多，山东省省委、省政府一方面成为省级领导批示的决策咨询单位，另一方面也成为山东省高校院所软科学研究成果的决策采纳单位。其中山东省社科院在领导批示层次和数量上位列山东省前列，发挥了山东省发展咨询智库的作用。

　　山东省高校承担软科学项目较多，但是获得批示及决策应用的数量相对软科学研究项目承担数量而言略显不足。原因之一就是高校的决策咨询推送渠道不够畅通。

（3）发表论文

在已结题的 759 项山东软科学研究计划课题中，共有 555 项课题在各类期刊、会议发表了论文，共计为 1212 篇，平均每项课题发表约为 2.2 篇。其中，一项软科学研究项目发表论文最多，为 12 篇；最少的为 1 篇，共有 178 项课题，占总数的 32.07%。从图 6 中可以看出，软科学项目发表论文 3 篇以内的软科学研究项目大约占项目总数的 93%。没有发表论文的软科学研究项目为 204 项，大约占此次统计软科学研究项目的 26.8%。

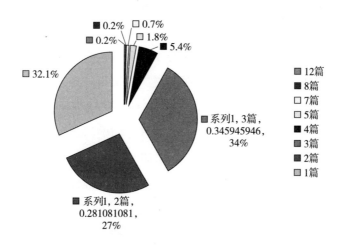

图 6　山东省软科学研究计划课题发表论文情况

（4）研究报告

在被调查统计的 759 项山东软科学研究计划课题中，共有 572 项课题按期完成并提交了研究报告，占被调查总数的 75.36%；未按期递交研究报告的有 187 项，占 24.64%。这说明，山东省大多数软科学研究课题负责人能按期撰写并提交研究报告，但研究报告的按期完成率仍需进一步提高。

要说明的是，限于各种原因，本文中仅对研究报告的完成率进行了统计，无法对研究报告的字数进行全面统计，缺失的部分将在今后的研究中予以补充完善。

（四）结论

科学、客观地对软科学项目的投入产出进行评价，不仅能使软科学管理部门了解软科学项目的计划安排情况、进度完成情况，真实反映出项目的投入产出效率，调动和激发科研项目人员的积极性和创新性；更可以优化软科学项目资源配置，提高政府软科学项目的投资决策的科学性和合理性。

研究中发现，鉴于软科学研究具有前瞻性和战略性及项目的复杂程度不一等特点，软科学项目绩效评价指标应该采取宏观简单的指标。在具体指标分布中，软科学研究的投入指标不仅要考虑经费及人员的总体投入，还要考虑平均人力资源及研究周期等方面的因素；在软科学研究的产出指标中，要体现软科学的决策服务功能，如设置会议论文、核心期刊引用论文、领导批示等指标，且要将决策应用指标放在首位，如决策应用、领导批示、发表论文、研究报告等。

本指标体系构建的特点在于侧重于决策导向的评价分析，将人力资源投入、研究时间投入纳入指标体系中，并将研究成果的决策应用列为首位产出指标，领导批示作为软科学研究成果成效显著的标准性指标，而不是作为核心指标。此外，基于项目个体的绩效分析是目前软科学研究中较为匮乏的，本文通过获取山东省 700 多个软科学项目数据资料，采用描述性统计评价方法，而不是采用数理统计评价方法更加适合软科学研究项目的绩效评价，避免了从"数"面上看绩效的弊端。

参考文献

［1］唐炎钊 . 软科学研究项目综合评估方法研究［J］. 科研管理，2009（30）：35-42.

［2］刁惠文，郭进明 . 软科学研究成果综合评价研究［J］. 兵工自动化，1993（3）：14-19.

［3］陈晓田 . 绩效评估——切实加强科学基金面上资助项目后期管理的有效途径［J］. 中国科学基金，2004（3）：186-188.

［4］唐炎钊，孙敏霞．地方软科学研究项目绩效评估研究［J］．科技进步与对策，2007，24（5）：37-40．

［5］唐炎钊，孙建国．地方软科学研究项目立项评估流程和评估方法研究［J］．科技进步与对策，2005，（6）：56-59．

［6］唐炎钊，孙建国．地方软科学研究项目进展评估流程和评估方法研究［J］．厦门科技，2004，24（1）：22-25．

［7］唐炎钊，郭丽华．软科学研究项目评估方法论体系的构建研究［J］．科学管理研究，2006，24（1）：60-63．

［8］王诗才，牛永花．探索构建我国软科学研究项目新的评价方法体系［J］．科技管理研究，2007（6）：103-105．

［9］李潇潇，李庆恒．科技财政投入软科学项目立项绩效测评模型研究［J］．河北企业，2008（9）：51．

［10］李庆恒，陈爱祖．科技财政投入软科学项目成果绩效测评模型研究［J］．商场现代化，2008（5）：18．

［11］李婷，许晓明．河北省软科学研究投入的有效性分析［J］．现代情报，2008（3）：67-71．

十一、因素分配法在科技计划项目管理中的应用

李庆军

摘要：因素分配法是一种在资金分配中普遍使用的方法，将因素分配法应用到科技计划经费的管理使用当中，可以充分地发挥财政经费的杠杆作用。利用因素分配法对科技计划经费进行切块管理，赋予地市对科技计划经费的自主使用权和支配权，符合深化科技体制改革的总体要求，可以充分地聚焦地方科技创新实际，转变政府科技管理职能，实现政府科技职能从研发管理向创新服务的根本转变。

关键词：因素分配法；科技管理

（一）引言

加强资金使用管理的第一个环节就是科学分配资金。科学分配资金方法之一的"分配法"就是将影响资金分配的主要因素列出来，并对各个因素进行科学分析，做出综合评价，以此确定分配资金的额度。

近年来，山东省财政科技资金由2011年的108.61亿元增加到2013年的148.11亿元，增长了36.4%；带动全省R&D经费达到1180亿元，占GDP的比重由2011年的1.86%增长到2013年的2.16%，为山东省科技综合实力的提升提供了重要支撑。但是，如何保证财政科技资金的有效使用是一个值得探讨的课题，本文研究如何采用因素分配法科学分配财政科技资金，使科技

计划项目管理做到实事求是、公平公正、公开透明，使有限的财政科技资金发挥出最大的效益。

（二）科技计划项目的重点支持方向

本文研究的是山东省科技计划项目，资金来源于省财政，专项资金的使用坚持把握投向、突出重点、集中投入、注重实效的原则，用于支持以下方面：

1. 加强战略高技术前瞻部署

重点支持事关山东省产业核心竞争力、整体自主创新能力的战略新兴产业前瞻性技术和核心技术研发，优势产业重大共性关键技术突破，以及重大社会公益性研究。

2. 强化项目平台一体化

鼓励具有独立法人资格的创新公共服务平台、工程技术研究中心和重点实验室等牵头申报重点研发计划项目，协同解决经济社会发展和产业升级中的重大关键技术问题。

3. 强化产学研联合和人才导向

鼓励通过产学研合作开展前沿技术研发，优先支持产业技术创新战略联盟组织开展产业共性关键技术和标准研发。优先支持由国家"千人计划"、省"泰山学者"计划等高端人才或团队牵头申报项目。强化科技计划的上下集成，鼓励利用国家科技计划项目成果，开展面向山东省产业发展需求的应用技术研发。

4. 优化区域创新布局

围绕"两区一圈一带"战略实施和山东半岛国家自主创新示范区创建，鼓励高新区、农业园区等科技园区，加强前瞻性技术部署，打造名片产业，培育创新型产业集群，形成"一区一特色"布局。

（三）指标的选取和权重的确定

1. 指标的选取

指标的选取一方面借鉴了国家创新调查监测和评价指标体系设计的主要思想，另一方面也充分体现了山东省的现实情况。

拟选取的指标有创新环境、创新投入、创新知识和创新绩效 4 个一级指标和 19 个二级指标，具体指标如下：

（1）创新环境

人均地区生产总值、万人大专以上学历人数、企业研发加计扣除所得税占地方财政收入比重、高新技术企业税收优惠额占地方财政收入比重。

（2）创新投入

研究与发展（R&D）经费支出与地区生产总值（GDP）比值、地方财政科技支出占地方财政支出比重、地方财政科技支出与地区生产总值（GDP）比值、万人研究与发展（R&D）人员数。

（3）创新知识

万人发明专利申请数、万元研究与发展（R&D）经费支出发明专利申请数、万人发明专利授权数、万人发明专利授权数、万元研究与发展（R&D）经费支出发明专利授权数、万人发明专利拥有量、万人技术合同成交额。

（4）创新绩效

高技术企业占工业企业比重、高技术产业增加值占生产总值比重、规模以上工业企业新产品销售收入占主营业务收入比重、劳动生产率、综合能耗产出率。

2. 指标权重的确定

为确定指标权重，选取由省科技创新领域的知名专家及政府管理人员组成的专家小组，采用层次分析法来确定指标权重。这样既利用了专家的理论及实践经验，也保证了结果的客观准确。

(四) 应用分析

本文在上述研究的基础上，结合山东省 16 地市（青岛计划单列市除外）的实际创新情况，确定主要分配因素如下：

第一，体现地方综合创新实力的指标因素（20%），主要包括全社会研发经费支出占地区生产总值的比重（%），科技公共财政支出占公共财政支出的比重（%），近 3 年承担国家级和省级科技项目情况。

第二，地方创新载体指标因素（20%），主要包括高新技术企业数量（家），国家级和省级重点实验室、工程技术研究中心数量（个），科技企业孵化器、加速器、众创空间（含星创天地）数量（个）。

第三，地方创新人才指标因素（15%），主要包括规模以上工业企业研发人员数（万人），国家重大人才工程累计入选人数、省级人才工程累计入选人才数。

第四，地方创新绩效指标因素（35%），主要包括万人发明专利拥有量（件/万人）、万人技术合同成交额（万元/万人）、高技术企业占工业企业比重（%）、高技术产业增加值占生产总值比重（%）。

第五，地方创新环境指标因素（10%），主要包括党委政府出台实施创新驱动发展战略的决定或意见及配套政策，拥有能抓创新、会抓创新、抓好创新的科技管理队伍的情况。

第六，专项资金计算分配公式

某市专项资金预算数＝某市分配因素得分/$\sum$（16 地市分配因素得分）×专项资金总额

其中：某市分配因素得分＝$\sum$（某市二级指标因素得分×相应权重）。

(五) 结论

随着财政资金管理向更加科学化、精细化的方向发展，科技计划项目管理的因素分配法仍然需要进一步完善：一是要拓宽评价指标体系内容，从现在的考核创新内容扩展到实际创新绩效，逐步延伸和拓宽指标体系的深度与广度；二是要研究设计更加科学、全面和稳定的评价指标体系，真正地实现资金分配的公开、公正和透明。

参考文献

［1］常金奎.多因素变动率分配法探析［J］.湖南商学院学报（双月刊），2009（5）：108-111.

［2］王汉忠.浅谈因素法在林业专项资金分配中的应用［J］.广东林业科技，2006（3）：137-139.

［3］杨继瑞，何雄浪.关于以招投标分配财政专项资金的思考［J］.西北大学学报（哲学社会科学版），2008（5）：74-76.

［4］王勇.应用层次分析法优化财政支持新农村建设资金分配的探讨［J］.中国财政，2010（8）：72-73.

［5］孙宁，吴舜泽，赵云皓，程亮.优化分配方式提高资金环境绩效［J］.中国人口·资源与环境，2004（3）：29-33.

十二、基于投入产出的山东省
软科学发展策略研究

陈　娜① 李海波

摘要： 山东软科学经过 30 多年的探索与实践，整体发展态势良好，但在新形势下又暴露出诸多问题。本文从投入产出的视角出发，通过对山东省软科学的现状分析，查找山东省软科学工作中的不足与发展"瓶颈"，基于此提出：政府只有把有限的软科学资源投入山东省合适的软科学研究主题、研究机构、研究专家上，才能实现软科学这一稀缺资源的价值效益最大化。

关键词： 软科学投入产出；现状分析；发展对策

（一）前言

山东省软科学走过了近 30 多年的发展历程，经过不断地攻克发展"瓶颈"、开拓创新，现已成为促进山东科技、经济、社会、生态协调发展的重要支撑，并成为决策科学化、民主化和制度化的重要方式和手段。近年来，随着山东省地方政府对软科学项目投入经费的不断加大，其经费投入的使用效率与研究成果的转化效益受到广泛关注，全省软科学研究决策咨询能力与决策需求之间的矛盾凸显。

在这种形势下，不少科技管理工作者对软科学的发展方向提出了自己的

---

① 作者介绍：陈娜（1982—），女，山东济南人，山东省科技发展战略研究所助理研究员。研究方向：区域创新与科技管理。联系方式：0531-68606121。

观点。毕鹏提出，山东省软科学发展的整体思路要依据山东省软科学发展的实际需求，不断地完善软科学管理制度建设，形成以软科学研究为决策先导的运行机制和监督机制；加强软科学队伍建设，深化软科学基础研究，扩大国际交流与合作。刘君钦建议，山东省软科学应在加强软科学队伍建设、加大投入、加强组织管理建设的同时，围绕国家和山东省科技发展规划确定的发展目标和重点任务，加强前瞻性和战略性研究，并且有针对性地安排一批重点课题进行深入研究，提高为省委、省政府重大决策服务的能力。齐菲提出，新形势下山东省软科学要以促进决策科学化、民主化、规范化和管理现代化为目标，以软科学体制改革与创新为动力，构筑以软科学研究为决策先导的运行机制，着重从加强创新、管理、能力建设与发展科技咨询业务四个方面提高山东省软科学的整体水平。在全国视角下，陈丽君从提高软科学的社会认可度、创造良好的学术声誉、加大专门人才培养力度三个角度对我国软科学研究现状提出了改进建议。宫淑燕认为，发展软科学研究机构和实施机构进行改革是新形势下促进政府决策科学化及民主化的关键环节。

综上所述，软科学作为政府科技计划项目中的重要组成部分，作为政府财政科技的一种公共支出，未来如何发展，已成为山东省科技管理工作者面临的重要难题之一。因此，我们本着科学的思维模式，结合多年来山东省软科学发展的实践经验，从投入产出这一视角下对软科学未来的发展方向做进一步的探讨和摸索，以此促进山东省软科学的持续发展。

（二）投入产出视角下山东省软科学发展现状概述

"山东省软科学研究计划"自1986年开始实施以来，共立项2000多项，取得各级各类重要软科学成果4000多项，其中2500多项达到国内先进或领先水平，有380多项获省级、部级和国家级科技奖励，大批成果已进入各级各类重大决策。"软科学研究计划项目"已经成为山东省软科学发展的重要支撑和评价软科学发展水平的重要指标之一。本文对山东省软科学现状的评价就是基于2009～2010年"山东省软科学研究计划项目"的申报情况，同时参考《全国软科学研究机构调查报告》等相关领域论文、报告、数据，并从研究机构数量、科研人员情况、经费结构等投入指标，课题数量规模及学术论文发表情况等产出指标两个维度来进行分析。

1. 山东软科学研究机构及人员结构

2009～2010 年山东省软科学研究机构 189 家，居全国第二位；软科学研究人员 6044 人，居全国第三位。山东省无论从软科学研究机构数量还是从软科学研究人员数量均处于全国领先水平，如图 1 所示。

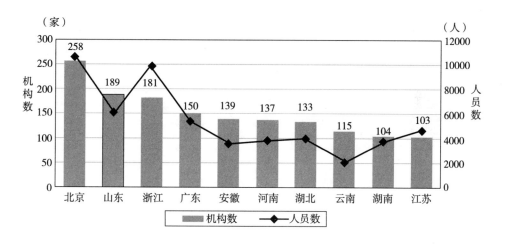

图 1　全国主要省份软科学研究机构及人员情况

从学历结构上看，山东省软科学研究人员中博士 1249 人，占总人数的 20.67%；硕士 3007 人，占总人数的 49.75%；学士 1448 人，占总人数的 23.96%；其他 340 人，占总人数的 5.62%。从图 2 中可以看出，目前山东省从事软科学研究的人员中博士、硕士比例近 70%，这体现了山东省软科学团队的高学历特征。

从专业技术职称结构上看，山东省软科学研究人员中高级技术职称 2664 人，占总人数的 44.08%；中级技术职称 2518 人，占总人数的 41.66%；初级技术职称 546 人，占总人数的 9.03%，其他 316 人，占总人数的 5.23%，如图 3 所示。

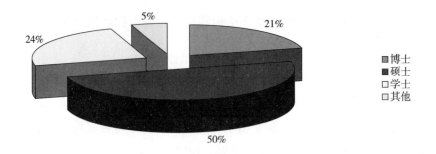

图2 山东省软科学研究人员学历情况

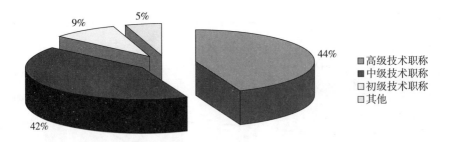

图3 山东省软科学研究人员专业技术职称情况

2. 山东软科学研究机构经费结构

2010年山东省软科学机构获得经费76725.9元，支出69423.0元。其中，业务经费22908.7元，人员费24195.5元，管理费7289.6元，设备费8869.3元，其他费用4353.4元，如图4所示。

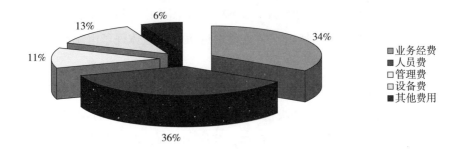

图4 山东省软科学研究机构项目经费支出情况

从软科学研究课题经费来源看，地方政府和中央政府是山东软科学院课题支持的主要来源，中央政府支持 224 项，地方政府支持 908 项，共占软科学课题总数的 75%。另外，横向委托 170 项，国际合作、国外资助 9 项，自选 145 项，如图 5 所示。

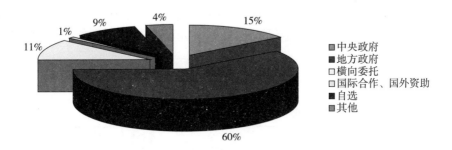

图 5　软科学研究课题资金来源情况

3. 山东软科学课题数量规模

全国软科学研究机构在 2009~2010 年共同承担软科学研究课题 35724 项，经费投入 417978.3 万元，折合全时人数 83326.8 人·年。其中，山东省软科学课题数 1512 项，占全国比重 4.23%；投入经费 1709.5 万元，占全国比重 1.91%；折合全时人数 3934.7 人·年，占全国比重 4.72%，如图 6 所示。

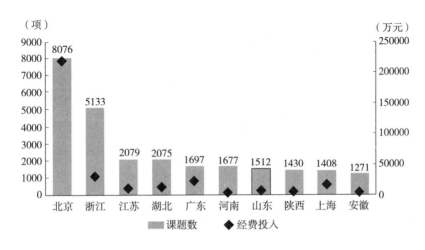

图 6　主要省份软科学课题及投入情况

从软科学课题承担数量上看，山东省位于全国第七位；从投入经费来看，山东省位于第九位。不难看出，山东省在软科学项目数量、经费投入与人力投入上都略显不足，与北京、浙江等地差距较大。

以2009年山东省国家软科学研究项目计划为例（见表1）。2009年国家软科学研究项目计划共178项，其中山东省只占8项，不足5%，可以看出，山东省国家软科学项目数量过少，而且地区分布不均，只在济南、青岛两市分布。

表1 2009年山东省国家软科学研究项目计划

课题编号	项目名称	承担单位	归口管理部门
2009GXS1D026	生态关系视角下的高新区与科技新城互动发展战略研究	青岛大学	青岛市科学技术局
2009GXS5D113	和谐理念与社会心态调适	山东科技大学	山东省科学技术厅
2009GXS5D127	科技中介组织与区域创新主体协同发展模式研究	青岛大学	青岛市科学技术局
2009GXS5D128	我国沿海地区县域经济发展模式的比较分析与创新设计	青岛市社会科学院	青岛市科学技术局
2009GXQ6D169	跨学科交叉创新组织管理机制及案例研究	山东大学	山东省科学技术厅
2009GXQ6D170	中国汽车行业自主创新能力的路径设计及发展能力实证分析	山东经济学院	山东省科学技术厅
2009GXQ6D171	中国海上国际货物贸易安全机制研究	中国海洋大学	青岛市科学技术局
2009GXQ6D172	我国沿海地区旅游产业集群演化机制及发展战略研究	中国海洋大学	青岛市科学技术局

资料来源：《全国软科学研究机构调查报告》。

4. 山东软科学学术论文发表及著作

2009~2010年山东省发表软科学学术论文11013篇，其中国外发表软科学学术论文568篇，出版软科学研究著作730部，译成外文37部。山东省在论文发表和著作出版上均位于全国第三，这说明山东省软科学产出在论文著作方面成绩优异，如图7所示。

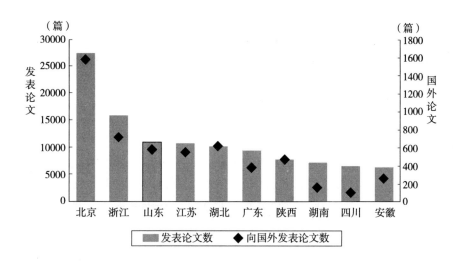

图7 主要省份软科学发表论文情况

（三）山东省软科学发展对策

不难发现，软科学课题申请数量偏少、课题经费投入不足、地区间差异较大仍是制约山东省软科学发展的主要"瓶颈"问题。基于此，本文从以下几点提出适合山东省软科学发展的对策建议：

1. 增加软科学课题申请数目和经费投入

山东省在软科学的研究机构分布和研究人员的数量上在全国处于领先位置，并且研究人员的学历分布及专业技术职称分布情况比较合理，但是山东省在软科学课题数量及经费投入方面在全国处于劣势，其中课题数量仅以1512件居全国省市的第七位，与山东省软科学机构数量全国排名第二位和人员排名全国第三位的实际情况不符合。

科研机构及人员较多、经费及课题较少的直接后果是不能满足软科学研究工作的需要，导致工作无法展开及人员闲置和增加成本。所以，为了提高科研人员的利用效率，在软科学的课题申请及承担方面，必须加大力度，并且加大经费投入。只有这样，一些软科学项目需要走访调研及实地考察才能顺利开展，也才能提高科研机构设备和人员的利用效率。

2. 拓宽软科学研究的资金来源渠道

充足的资金是软科学项目顺利开展的保障，而经费问题也是制约山东省软科学研究的因素之一。目前，软科学研究课题经费主要来源于中央政府和地方政府，课题数比重为75%，而来自国家合作、横向课题、资助等方面的经费较少，这是未来山东省软科学资金来源重点开拓的渠道。

首先，政府要建设软科学发展的财政支持来稳定增长机制，逐年逐步地增加扶持力度，地市级政府也要认识到软科学项目投入取得的成果所带来的经济和社会价值，以扩大政府对软科学投入发展的带动效应；其次，积极培育软科学的需求市场，推动软科学实施产业化，提高社会及企业对软科学成果的认可程度，从而形成以政府为主导，企业及资助为辅的多渠道、多层次的资金来源渠道，增强软科学研究机构的产出能力和效率；最后，科研机构在增加软科学事业投入的同时，要改进资金投入方式，改善资金运作结构，从而提高资金的产出投入比率。

3. 促进各省市间软科学研究机构的交流合作

山东省各地市间的软科学发展水平差异较大，根据上述对山东省软科学投入产出分析不难看出，济南遥遥领先，其次是青岛、潍坊等地，山东省的软科学研究机构竞争力发展状况存在高度的地区发展不均衡和离散集中的状态。可以看出城市中的高等院校及经济发展水平对软科学的发展有促进作用，但值得注意的是，促进软科学的发展，提升软科学项目的研究质量，将会极大地提升城市的经济发展空间和机会。

在未来山东各地市间的软科学发展中，地方政府要加强政策支持，优化软科学的发展环境，开展多层次、多渠道的省际间、城市间及市县间的合作与交流，包括合作研究项目和举办研讨会等，拓展软科学研究的网络，实现软科学研究资源共享，有效地促进软科学研究机构在政府决策中的功效，整合科研实力，避免重复研究，优化科研资源的合理配置，最大限度地发挥科学基金和资金的功能。

4. 加强软科学项目成果在不同领域的转化应用

软科学研究的宗旨是为科学决策服务，由于具有较强的实践性，其成果不仅具有学术价值，还具有很大的应用价值和可操作性，因此其将来的服务定位不能仅限于政府及国家企事业单位，也要面向广大的科技型企业及金融服务业。目前，山东省软科学项目的决策应用的主要受众是大型医院和高等院校。在被调查的山东软科学研究计划课题的结题成果中，出具决策应用证明的比重为60.34%，这说明山东省软科学项目的决策应用的导向性还不强。

在山东省软科学的项目研究中，下一步要注重鼓励、引导有实力的软科学机构以市场为导向，培育软科学的需求市场，形成多元化的组织体系和市场竞争环境，进而推进软科学研究成果的产业化、商品化，以在决策咨询、技术咨询、管理咨询等领域开展研究，这样才能提高软科学机构人员的创新潜力以及资源的投入产出绩效。

参考文献

[1] 毕鹏. 软科学研究及山东省软科学发展的现状及未来[J]. 科技信息，2007（26）：36.

[2] 刘君钦. 软科学在山东的成长与发展[J]. 中国软科学，2006（8）：158-160.

[3] 齐菲. 对山东省软科学发展的深层思考[J]. 山东社会科学，2005（7）：80-83.

[4] 陈丽君. 在建构中成长的中国软科学[J]. 科技信息，2013（20）：82-83.

[5] 官淑燕，夏维力. 中国情景下"软科学"及发展路径探讨[J]. 科学管理研究，2011，29（3）：104-107.

十三、浅论智库建设中的科研单位党建工作

丁　华　荀玥婷　陈　建

摘要： 本文对做好中国特色新型智库建设中的科研单位党建工作提出了以下三点思考：从制度设计上探索创新适合本单位智库建设的党建工作模式；抓住干部队伍中的关键带头人，党建工作一定要进入主业务层面；发挥好广大科研人员的党员作用，增强各方面为人民服务的本领。

关键词： 智库；党建；主业务

建设中国特色新型智库是党中央在新形势下做出的一项重要决策。中国特色新型智库是以战略问题和公共政策为主要研究对象，以服务党和政府科学民主依法决策为宗旨的非营利性研究咨询机构，是党和政府科学民主依法决策的重要支撑，是国家治理体系和治理能力现代化的重要内容，是国家软实力的重要组成部分。

在建设智库过程中，如何加强党的建设，发挥党的领导作用，推动智库的思想文化等软实力的发展，确保党始终成为中国特色社会主义事业的坚强领导核心是一个重要的课题。笔者认为，做好智库建设中的党建工作至少要做好以下三个方面：

（一）从制度设计上探索创新适合本单位智库建设的党建工作模式

在中国特色智库建设过程中，科研单位包括大学、科研院所等，往往在不同程度上存在着党建和业务"两张皮"的问题。重业务、轻党建的情况是客观存在的。建设中国特色新型智库同样要面对这样的问题。笔者认为，要尽量地从制度设计上确保党建与业务的紧密结合，将党建工作开展到业务工作的方方面面。

1. 建立党群工作会议制度

党组织同智库中的职工代表会议组织、工会组织、妇女组织、青年组织等定期沟通，并将职工的思想动态及时掌握，建立及时有效的沟通协调机制，确保心气畅通、人心齐、泰山移。

2. 建立党政学术交流机制

推进学术交流论坛、战略论坛建设。在论坛中，采用学术沙龙等形式，重点交流科技创新、制度创新、管理创新等方面的思路和举措，并将业务与党建的工作实现"无缝对接"。

3. 建立保障队伍

由党组织领导工会组织，定期了解职工的各类需求，通过设立建言献策箱，发放调查表等方式，获取职工的需求，对日常的科研工作加以保障。

4. 加强业务团队中的队伍建设

确保优秀分子聚集在党的周围。建立对业务干部的党建工作考核体系，根据党建工作表现和实际情况，综合开展全面评价，尤其是对干部任免提拔等关键人事步骤中的必备环节。

（二）抓住干部队伍中的关键带头人，党建工作一定要进入主业务层面

党建工作的关键带头人本身对业务不熟悉，很容易影响党建和业务工作。

毛主席依据党的历史经验，做出过一个带有规律性的重要论断："政治路线确定之后，干部就是决定的因素。"党的十八大以来，中央通过群众路线教育实践活动、三严三实教育实践活动，有力地抓住了"关键少数"的问题。当前的智库建设团队建设中，也一定要解决好关键少数的问题。同时，必须要充分发挥出党的政治核心和坚强领导作用。党建工作不能只在后勤保障上下功夫，一定要进入主要业务层面。

1. 必须摸清主营业务特点，把握好智库方向

从业务特点本身出发，结合中央大政方针，把握领域内的宏观方向，了解掌握国家需求和战略布局，聚焦智库方向，提升智库服务经济社会发展的能力。

2. 必须摸清主营业务特点，结合特点对智库的制度建设进行设计

了解掌握微观层面的业务特点，才能够做好顶层设计，使制度在合理的框架内运行。把权力关进制度的笼子里。

3. 必须结合主营业务工作，与科研人员打成一片

积极参与学术调研和研讨谈心，了解广大科研人员当前关注的焦点和长期的考虑，充分了解他们的所思所想，有针对性地加以解决。密切联系群众，充分调动群众的积极性、主动性、创造性。

（三）发挥好广大科研人员的党员作用，增强各方面为人民服务的本领

党章要求，党员要"增强各方面为人民服务的本领"。从实质上说，党章已经明确指出了智库中的党员们应该怎么做。

党章明确规定了党员必须履行的义务，首要的一条就是不断地学习各方面的知识，包括党的指导思想、路线方针政策决议、党的基本知识和科学、文化、法律和业务知识，最终的目的都是"努力提高为人民服务的本领"。这里对党员做出了明确的要求，党员要努力学习业务知识，提高为人民服务的

本领。作为智库的成员来说，管理支撑岗位的党员，要加强管理技能，更好地为智库服务；科研岗位的党员要加强科技创新能力，更好地推进智库建设。

广大科研人员要开展好业务工作，应该自觉地将马克思主义立场、观点和方法运用到实际工作过程中，并运用到服务于经济社会发展的实践中，在长期的实践工作中形成符合智库发展特点的优良科研作风。例如，在进行省域创新能力评价分析的课题过程中，如果出现某些定量分析结论与实际情况不相符的情况时，应该懂得如何得出结论。如单从数据角度解读，孤立地对待证据，那可能会或者缈无头绪无从下手，或者主观臆断直接判定，或者旁征博引联想启发，而没有从历史情况、当时的国家和国际形势出发来分析，也没有开展实地调查和走访当事人等，都容易得出不符合事实的结论，而做出不合理的政策建议。因为在现实中的决策影响因素极为复杂，即便是当事人的决策思路和背景的细微不同，都有可能影响实际的情况。限于业务水平，笔者无法对某个课题做过多的建议，只是表明大多优秀的科研作风的形成过程中，都是自觉或不自觉地运用了马克思主义立场、观点和方法来分析解决问题的。

当前，我国正处于全面深化改革的攻坚期和经济增长阶段的转换期，国家和省对科学决策、民主决策、依法决策以及决策正确度的要求越来越高。当前正是我国智库顺改革开放之势而为的大好时期，做好智库建设中的党建工作尤为重要。以上，是关于笔者对当前建设中国特色新型智库中党建工作的一些思考，管中窥豹、以偏概全，谬误之处，多请指正。

参考文献

[1] 中共中央，国务院，新型智库建设，财经法规. 中共中央办公厅 国务院办公厅印发《关于加强中国特色新型智库建设的意见》[J].中华人民共和国国务院公报，2015（4）：4-8.

[2] 毛泽东.《毛泽东选集》第二卷[M].北京：中共文献出版社，1992.

第二部分　资源环境

一、基于物质流分析的山东省资源利用压力动态评价

季小妹　周艾文　范　琳

摘要：物质流方法是资源利用可持续性分析、管理与调控的重要工具，在区域资源输入—输出定量评价的应用已较为成熟，但当前侧重于资源利用效率的研究忽视了资源利用总量、结构与增长的压力解释。为从压力角度衡量山东省资源利用的可持续状况，并利用物质流方法，对全省2005年至2014年物质输入、物质输出、物质消耗数据进行分析与处理，测算山东省资源利用总量压力、结构压力与增长压力，并加权得到综合压力，探讨压力变化的特征，进而从物质流角度提出山东省资源可持续利用的总量控制策略和资源利用效率提升策略。

关键词：物质流分析；资源利用压力；动态评价；山东省

资源利用压力与效率是衡量资源利用可持续程度的重要指标，压力表示在区域资源承载力范围内不同层次经济系统所消耗的生物资源、非生物资源、水、气体等对资源系统的压力大小，效率是指单位物质消耗所创造的经济产出。物质流分析（Material Flow Analysis）作为定量评价资源利用量的基本工具，能够有效而便捷地表征区域资源利用状况。当前，山东省粗放型经济发展方式并未根本改变，资源利用效率不高，人均资源不足，后备资源匮乏，从研究层面深度挖掘全省的资源利用效率与压力特征具有重要的实践指导意义。然而，总体来看，物质流研究侧重于资源利用效率的分析，强调资源利

用与经济产出之间的相关性，忽视了资源利用自身总量、结构与增长的压力解释。从压力角度衡量山东省资源利用可持续状况，能有效避免利用资源生产力（Material Productivity）单一指标测算资源与经济相互关系的片面性，为资源利用管理与调控提供数据支撑。

（一）研究方法与数据

1. 方法概述

资源利用压力的研究目前国内比较缺乏，研究成果数量较少，集中于对水资源压力的研究。例如，刘玉龙等用人口数量压力、水资源数量压力、水环境压力、水资源技术压力、用水效益压力等指标表示水资源压力以及构建压力指标体系。路宁等分析了城市水资源利用压力指标与人均 GDP 之间存在倒"U"型曲线的基本特征，水资源利用压力指标采用各城市水资源压力、人均废污水排放量与相应中国平均值的比值之和。

鉴于此，研究以物质流分析框架为基础，首先建立系统的物质输入、物质输出、物质消耗数据库，然后从总量、结构与增长三个维度测算 2005 ~ 2014 年山东省资源利用的压力变化，并构建综合压力模型，探讨压力变化的主要特征，进而从物质流角度提出山东省资源可持续利用的策略。

其中，资源利用压力评价的关键在于压力标准的确定，本文考虑数据的可比性和一致性，以指标在研究时段内的高低变化为基础，若指标数值越大，压力就越大，则选取指标在研究时段内的最低值为标准；反之，选取最高值为标准。

2. 物质流分析数据收集与处理

为进行山东省 2005~2014 年经济系统层面物质流分析，收集数据见表1。

表1　山东省 2005~2014 年物质流分析数据及处理

类别	数据	可收集数据	数据源
输入端	生物质	包括粮食、蔬菜、茶叶、水果、木材及天然水产品等，木材消耗量将体积数据按照 $0.35g/cm^3$ 换算成重量[6]	《中国统计年鉴 2006~2015》
	化石燃料	一次能源生产量	《山东统计年鉴 2006~2015》
	金属矿物质	生铁、铜材及铝材产量	《山东冶金统计年鉴 2014》

续表

类别	数据	可收集数据	数据源
输入端	非金属矿物质	原盐及水泥	《中国统计年鉴 2006~2015》
	水	因水消耗量大，且不同年份之间变化较小，暂不列入研究范围	
	气体输入	化石燃料燃烧耗氧量、动物及人类呼吸耗氧量、植物光合作用吸收的二氧化碳及土壤的呼吸作用所消耗的氧	根据参考文献推算
	进口量	一次能源进口量	《山东统计年鉴 2006~2015》
	隐藏流	化石燃料隐藏流、金属及非金属矿物质隐藏流、进口隐藏流	系数值根据参考文献推算
输出端	排放到水体中的废弃物	废水中 COD、氨氮排放量	《山东统计年鉴 2006~2015》
	废气	废气中烟尘、SO_2 排放量、CO_2 排放	
	农药及化肥流失量	对氮肥、磷肥、钾肥、复合肥的利用率分别按 30%、15%、40%、30% 计算，流失量＝施用量－利用量	
	固体废物排放	工业固废处置量、生活垃圾清运量、粪便排放量	
	出口量	一次能源出口量	
	隐藏流	出口隐藏流	

(二) 资源利用压力评价

1. 总量压力

分别选取直接物质输入（DMI）、直接物质输出（DMO）、区域内物质消耗（TMC）指标综合反映山东省经济系统在物质输入、物质输出、物质消耗方面的总量，计算公式为：

直接物质输入量＝区域内物质开采量＋物质进口量（$DMI = DME + I$）

直接物质输出量＝区域内物质输出量＋出口量（$DMO = DO + E$）

物质消耗总量＝物质需求总量－出口及其隐藏流（$TMC = TMR - E - EHF$）

物质需求总量=直接物质投入量+区域内隐藏流量+进口物质隐藏流量

$$(TMR=DMI+DHF+IHF)$$

压力标准考虑指标数值越小，其对环境的影响程度越小，压力也越小，因而选取 2005~2014 年各指标的最低值（X_{min}）作为压力标准，按下列公式计算某一年份总量压力（S）。

$$S = \sum_{i=1}^{n} \frac{1}{n}(X_i/X_{min})$$

其中，I 为第 i 项指标，n 为总的指标数目，结果如表 2 所示。

表 2　山东省 2005~2014 年资源利用总量压力变化

年份	总量			总量压力系数				
	DMI	DMO	TMC	DMI	DMO	TMC	S	S 逐年增速（%）
2005	134886.66	56451.96	514938.72	1.00	1.00	1.00	1.00	—
2006	147457.42	57861.80	605790.88	1.09	1.02	1.18	1.10	9.82
2007	150466.63	60507.39	731822.23	1.12	1.07	1.42	1.20	9.53
2008	150486.51	60713.40	814426.13	1.12	1.08	1.58	1.26	4.55
2009	153546.93	60617.65	947548.47	1.14	1.07	1.84	1.35	7.41
2010	161382.15	67785.83	1036347.93	1.20	1.20	2.01	1.47	8.82
2011	163157.91	72274.69	1165686.52	1.21	1.28	2.26	1.58	7.80
2012	168621.50	74164.96	1480574.95	1.25	1.31	2.88	1.81	14.42
2013	172432.01	74273.00	1815515.11	1.28	1.32	3.53	2.04	12.51
2014	177909.28	76963.90	2043186.04	1.32	1.36	3.97	2.22	8.67
X_{min}	134886.66	56451.96	514938.72					

注：因水量消耗较大，会对其他资源的输入产生影响，因此均不统计水输入量。

表 2 显示出山东省资源利用总量压力 S 呈现快速上升趋势，2014 年相对于 2005 年平均增长率为 13.5%。S 逐年增速呈现波动增长、"两高一低"的

特征，2005～2008 年、2008～2011 年和 2011～2014 年分别为三个波段，每个波段逐年增速均表现出先增高后降低的特征，并且第二个波段增速要明显偏低（见图 1）。表明：2005～2014 年，山东省资源的利用总量尽管总体上不断上升，但不同年份上升的速度有所不同，受各年份国内外经济形势影响，2008～2011 年为资源利用压力的低值区，但这一低值区并非资源利用效率提升的结果，而主要受该阶段金融风暴影响，经济处于低谷期，资源利用量增速趋于下降。

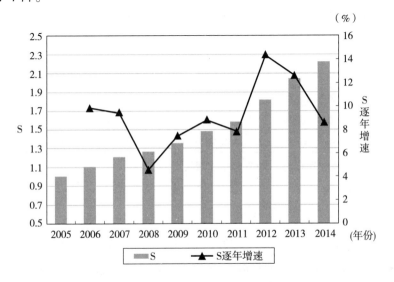

图 1　山东省 2005～2014 年资源利用总量压力及增速变化

2. 结构压力

物质流分析中，输入物质、输出物质的类型不同，对环境的影响程度也不同。为分析物质结构的影响，在物质输入中，采用一次能源、主要金属矿物、主要非金属矿物等对环境影响程度较高的物质比重之和作为物质输入压力系数（F_I），物质输出中采用废水、废气、固体废物排放以及农药化肥的流失等物质比重之和作为物质输出压力系数（F_O），二者平均值作为结构压力系数 F。公式如下：

$$F = (F_I + F_O)/2$$

表3　山东省 2005~2014 年资源利用结构压力变化　　　　单位:%

年份	一次能源	主要金属矿物	主要非金属矿物	F_1	废水中COD、氨氮排放	废气中烟尘、SO_2排放	CO_2排放	农药及化肥流失	固体废物排放	F_0	F
2005	10.37	2.42	11.76	24.55	0.09	0.31	39.65	1.09	10.58	51.72	38.14
2006	9.55	2.98	12.65	25.18	0.08	0.42	41.47	1.09	8.21	51.27	38.23
2007	9.71	3.32	11.55	24.58	0.07	0.24	40.74	1.02	7.13	49.20	36.89
2008	9.72	3.25	10.46	23.43	0.08	0.24	46.57	1.07	8.38	56.34	39.89
2009	9.53	3.64	10.70	23.87	0.08	0.23	49.41	1.11	8.65	59.48	41.68
2010	10.03	3.77	10.68	24.48	0.05	0.16	36.96	0.79	6.21	44.17	34.33
2011	9.81	4.48	10.35	24.64	0.13	0.16	28.38	0.62	5.51	34.80	29.72
2012	10.07	4.48	10.53	25.08	0.12	0.14	26.87	0.58	5.26	32.97	29.03
2013	8.79	4.50	10.49	23.78	0.11	0.13	27.72	0.58	5.15	33.69	28.74
2014	8.56	4.57	10.51	23.64	0.10	0.15	26.55	0.54	4.58	31.92	27.78
增率	-1.94	9.87	-1.18	-0.41	1.23	-5.73	-3.67	-5.61	-6.30	-4.25	-3.02

注：增率为 2014 年相对于 2005 年平均增长率。

结构压力系数呈现出与总量压力相反的特征，除 2008 年和 2009 年该值升高以外，其他年份呈现递减趋势，物质输入结构以一次能源消费量的降低较为明显，物质输出结构中除废水中 COD、氨氮排放量比重上升以外，其他物质均表现出快速的下降趋势，2014 年相对于 2005 年废气中烟尘与 SO_2 排放量、CO_2 排放、农药及化肥流失量、固体废弃物排放平均降速依次为 5.7%、3.7%、5.6%、6.3%。主要金属矿物铁、铜、铝的比重仍然呈现快速的上升趋势，是资源利用结构调整的重点。

3. 增长压力

增长压力是衡量山东省资源利用效率增长动力的高低，是表征未来发展潜力的重要指标，采用当年资源生产力（MP，单位物质消耗所创造的经济产出）增长率 g_{i1} 与增速最高值 g_{max} 的差值绝对值和弹性指数 g_{i2}（单位经济增长所引发的物质消耗增长）两项指标，公式为：$G = \dfrac{g_1 + g_2}{2} = \dfrac{(g_{max} - g_{i1} + g_{i2})}{2}$

表4 山东省 2005~2014 年资源利用增长压力变化

年份	GDP（当年价/亿元）	GDP（可比价/亿元）	DMC（不含水）	物质生产力（元/吨）	MP 增长率（%）	MP 增长率差值（%）	弹性指数	增长压力
2005	18366.87	18366.87	118632.66	1548	—			
2006	21900.19	21066.80	128541.32	1639	5.86	7.69	1.20	0.64
2007	25776.91	24058.29	129273.63	1861	13.55	0.00	1.47	0.73
2008	30933.28	26945.28	130189.51	2070	11.21	2.34	0.94	0.48
2009	33896.65	30232.60	131669.93	2296	10.94	2.61	1.34	0.68
2010	39169.92	33951.21	132968.15	2553	11.20	2.35	0.76	0.39
2011	45361.85	37651.90	133701.39	2816	10.29	3.26	1.14	0.59
2012	50013.24	41341.78	137575.72	3005	6.71	6.85	2.76	1.41
2013	55230.32	45310.59	137940.87	3285	9.31	4.24	2.36	1.20
2014	59426.59	49252.62	141087.86	3491	6.28	7.28	1.44	0.76

注：GDP 统一换算成 2005 年可比值。因研究时段为 2005~2014 年，2005 年相对于 2014 年的增长率数据缺少，这里未列出。

增长压力呈现震荡式上升趋势，2011 年以前，增长压力不高，系数值在 0.6 左右浮动，这表明：这一时期全省资源利用效率的压力和弹性指数的压力在低位运行，全省资源利用处于向好态势，但 2011 年以后，这种状况发生改变，增长压力系数突然增高，2012 年增长至 1.41，是上一年的 2 倍有余，资源生产力增速明显降低，弹性指数明显增高，全省资源利用效率面临着增长"瓶颈"。

4. 综合压力评价

山东省资源利用存在总量、结构和增长三重压力，通过趋势分析，总量压力保持上升态势，结构压力趋于降低，而增长压力呈震荡上升。将三者加权平均，综合压力整体上缓慢上升，由 2005 年的 0.46 增长至 2014 年的 1.08，年平均增长率为 15%，2011 年以后突然升高，环境影响程度加大。

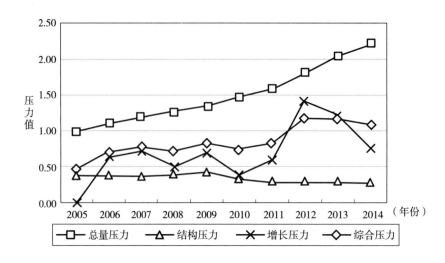

图2　山东省2005~2014年资源利用综合压力变化

（三）结论与讨论

1. 主要结论

山东省资源利用压力2005~2014年表现出以下特征：①总量压力呈现快速上升趋势，且逐年增速呈现波动增长、"两高一低"的特征，2008~2011年为资源利用压力的低值区。②结构压力呈现出与总量压力相反的特征，总体递减，输入物质以一次能源消费量的降低较为明显，输出物质以固体废弃物和烟尘、SO_2排放量降速突出。③增长压力呈现震荡式上升趋势，2011年以前系数值在0.6左右浮动，2011年以后系数值突然增高至1.4，资源生产力增速明显降低是其主要原因。④综合压力整体缓慢上升，由2005年的0.46增长至2014年的1.08，年平均增长率为15%，环境影响程度加大。

总体来说，全省资源利用压力随着时间的变化而变化，速率呈现波动式增长，但压力增加是主要趋势，压力调控的重点在资源利用总量和增长动力上。资源利用压力受外部经济约束较大，二者存在正向变化关系。经济形势好，资源利用压力就高；反之就低，这说明全省资源与经济之间存在紧密的相互联系，资源仍然是全省经济发展的重要因素，依靠资源消耗实现经济发展的模式仍待转变。

2. 山东省资源利用策略

（1）总量控制策略

当前，山东省资源利用总量压力 S 以超过 10% 的年均增长率快速上升，为缓和这一趋势，基于物质流分析，采用逆推机制（见图 3），追根溯源，分析数值高低的原因，从而提出以下策略：①降低能源消费量与出口量，调整能源消费结构。能源进出口量在山东省物质流体系中占据首要地位，2014 年能源进口量占 DMI 比重为 20.7%，能源出口量占 DMO 比重为 21.5%。能源消费量的降低与产业结构的转型紧密挂钩，全省高耗能产业需要由产能依赖向技术依赖转变，进而提高企业的技术竞争力，产业结构由单一转向综合，降低能耗和排放，实现资源利用总量压力的降低。②降低主要金属的矿物消费量。主要金属铁、铜、铝等不仅消费比重高，生产过程中物耗和能耗也较高，使得金属隐藏流总量远高于其他物质。金属矿物消费量的降低可通过调整产品结构和促进企业发展模式的转变实现。③提高固体废弃物综合利用量。固体

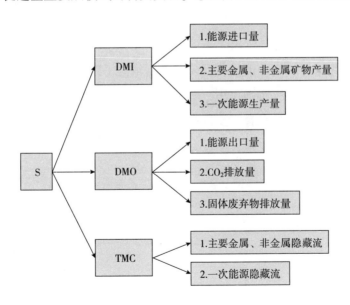

图 3　山东省资源利用总量压力逆推机制

注：数字 1、2、3 分别表示输入、输出物质数量、贡献地位由高到低。

废弃物包括工业固废、生活垃圾、人畜粪便及农药化肥等，其中工业固废的综合利用率已达到较高水平，2005 年为 94.6%，2014 年为 95.5%，变化幅度不大。生活垃圾的综合利用是降低资源消耗总量的关键，其资源回收体系的建立和落实是重要一步，需逐步实现科学分选、有效回收以及循环再利用。

（2）资源利用效率提升策略

增长压力的波动式提升，究其原因一是经济增长速度的下降，二是资源利用效率不高，提升速率较低。经济增速受多重因素影响，从资源利用角度不能作较大改观，当前的关键是如何提升资源利用效率。基于循环经济基本原理提出如下策略：①从企业、园区、产业多层次、全方位细化资源品种与结构，根据产品类型制定资源利用规划，提高资源使用的有效性与针对性。②从细节入手，对企业、园区包括管理人员、生产人员在内的各级主体进行资源效率提升以及系统性培训，使其明确提升资源使用效率、降低资源消耗的重要性，并鼓励直接参与生产环节的人员在生产工艺、能源能耗、物耗、包装、物流等各个环节提出创新性想法。③提升资源使用效率，需要加强标准制定、审核与监督环节的效能。无论是生产还是销售各个环节，资源利用效率均应根据生产工艺制定出统一的资源消耗标准，在标准前提下加以审核与监督，避免盲目的资源消耗。目前标准制定这一重要环节还比较薄弱，亟须强化。④发挥好区域协同作用，对于全省资源的高效利用，不仅需要借助省内产业、园区之间的联合，发挥产业联盟的力量，还需要借助外力，利用高层次技术专家、管理专家，加强专项技术转化，直接应用到对口的生产环节中，实现资源利用效率逐步提升的目标。

参考文献

［1］陈效逑，乔立佳. 中国经济—环境系统的物质流分析［J］. 自然资源学报，2000，15（1）：17-23.

［2］徐一剑，张天柱，石磊等. 贵阳市物质流分析［J］. 清华大学学报（自然科学版），2004，44（12）：1688-1692.

［3］黄和平，毕军，张炳等. 物质流分析研究述评［J］. 生态学报，2007，

27（1）：368-379.

　　[4] 刘玉龙，杨丽.区域水资源利用压力分析评价[J].水利水电技术，2009，40（11）：1-4.

　　[5] 路宁，周海光.中国城市经济与水资源利用压力的关系研究[J].中国人口·资源与环境，2010，20（5）：48-50.

　　[6] 王桂岩，王彦，李善文等.13种杨树木材物理力学性质的研究[J].山东林业科技，2001（2）：1-11.

　　[7] Ayres R U, Kneese A V. Production, Consumption and Externalities [J]. American Economic Review, 1969, 59（3）：282-297.

　　[8] Matthews W, Bringzu S. The Weight of Nations：Material Out Flows from Industrial Economies [J]. Washington D. C.：World Resource Institute, 2000：1-38.

　　[9] 王青，丁一，顾晓薇等.中国铁矿资源开发中的生态包袱[J].资源科学，2005，27（1）：2-7.

　　[10] 丁一.金属生产的物质投入研究[D].东北大学，2004：17-26.

　　[11] 姚星期.基于物质流核算的浙江省循环经济问题研究[D].北京林业大学，2009：81.

二、山东省循环经济示范县 建设的问题研究

季小妹　周学霞　周艾文

摘要：山东省循环经济型县市建设对于全省"转方式、调结构"、实现高消耗、高排放企业转型有重要意义。以山东省平原县、招远市、高唐县、单县、沂水县、诸城市、高青县、肥城市、博兴县、泗水县10个循环经济示范县（市）为研究对象，分析其资源与经济概况以及循环经济主要做法，比较其相似性和差异性特征，并探讨各县循环经济建设面临的共性问题，为提升区域循环经济建设水平服务。

关键词：现状；问题；循环经济示范县；山东省

（一）山东循环经济示范县的建设现状

2014年，山东省确定平原县、招远市、高唐县、单县、沂水县、诸城市、高青县、肥城市、博兴县、泗水县10个县（市）作为循环经济示范县（鲁经信循〔2014〕429号）。

1. 资源与经济概况

各示范县的资源基础与经济结构之间有紧密联系，且相互之间差异较大。矿产资源较丰富的县市有沂水、招远、诸城、肥城等，矿产资源较贫乏的县市有平原、高唐、单县、博兴等，农林资源较丰富的县（市）有沂水、泗水、

博兴、肥城等（见表 1）。

表 1　2014 年山东省循环经济示范县（市）资源与经济概况

示范县（市）	资源禀赋	人均生产总值（元）	产业结构	中国县域经济百强县	主导产业
平原县	地热资源	43046	13.7：52：34.3	否	化学原料及化学品制造业、现代服务业、装备制造业、农产品加工业、新兴产业、造纸及纸制品业
沂水县	农业资源、矿产资源丰富（43 种）	29252	10.6：46.9：42.5	否	能源化工、矿产加工、机械电子、高端食品
招远市	矿产资源丰富（22 种）	114561	6.0：55.9：38.1	35 位	黄金产业、机械制造业、轮胎及汽车零部件产业、食品加工业、电子信息
诸城市	矿产资源 16 种	64351	8.9：57.1：34	30 位	汽车、食品加工、纺织服装、机械装备制造
肥城市	农林资源、矿产资源丰富（24 种）	72032	7.3：54.5：38.2	42 位	煤电能源、冶金机械、精细化工、新型建材、纺织服装和食品加工
高唐县	矿产资源较少	71212	10.2：67.1：22.7	否	汽车及零部件产业、造纸及纸制品产业、化工化纤产业、农牧食品产业
单县	矿种少，利用程度低	21142	15.3：51.6：33.1	否	农副产品加工产业、机电设备制造产业、能源化工产业
高青县	油气、地热、生物资源	49000	13.8：51.2：35.0	否	化工、纺织服装、食品、生物技术和新能源
博兴县	资源能源匮乏，生物资源丰富	60391	8.1：53.1：38.8	否	石油加工和精细化工、粮油食品加工、厨具、化工和机械制造
泗水县	建材非金属矿种多、农林资源丰富	23268	24.8：42.7：32.5	否	造纸工业、食品工业、建材工业

注：经济数据为 2014 年，数据来源于《山东省城镇化发展报告 2015》，资料来源于山东省循环经济示范县创建实施方案。

受自身资源禀赋、历史沿革影响，各县市的经济结构也有不同。招远、诸城、肥城第一产业比重较低（<10%），第二产业比重较高，主导产业以资源消耗型、能源消耗型产业为主，县域经济实力整体较强，均列入2014年中国县域经济百强县。泗水、单县、高青等县第一产业比重较高（>13%），第二产业比重较低，县域经济实力整体偏弱，循环经济发展需要依靠工业、农业的联动发展。高唐县、博兴县尽管第一产业比重不高，但基础较好，与第一产业相关的食品加工业也较发达。

2. 循环经济主要做法

循环经济型县市是按照"减量化、再利用、再循环"原则，以建设循环经济型企业和园区为基础，在区域尺度上构建循环型产业体系，实现区域物质和能量的循环，对于山东省"转方式、调结构"、实现高消耗、高排放企业转型有突出意义。各示范县（市）在循环型产业链条构建、企业清洁生产、社会"大"循环等方面积累了丰富经验，典型做法、成效如表2所示。平原县、沂水县在三次产业上均有循环型产业链条，而泗水县、高青县更侧重于农业与工业相结合的产业链条构建。在企业清洁生产方面，平原县工作尤为突出，可以为其他县市提供参考。

表2 示范县（市）循环经济主要做法及成效

示范县（市）	循环型产业链条构建	企业清洁生产成效	社会层面循环经济建设
平原县	农林废弃物、工业固废、废旧轮胎、餐厨垃圾再利用，物流业完善产品与包装物回收物流体系，餐饮酒店业提倡使用可循环、能再生、易降解产品，发展新材料、新能源等新兴产业	截至2013年55家企业通过清洁生产审核，清洁生产方案500多项，其中：中/高费方案133项	"三废"治理、土地节约利用、建筑节能改造
沂水县	构建高端食品、机械电子、矿产加工、能源化工、现代农业、绿色旅游产业链	清洁生产企业26家	—
招远市	积极培育黄金加工、轮胎制造、粉丝生产三大循环产业体系	—	—
诸城市	淀粉工业和"五位一体"生态农业资源循环利用模式	—	首批"国家绿色能源示范县"

续表

示范县（市）	循环型产业链条构建	企业清洁生产成效	社会层面循环经济建设
高唐县	促进时风模式、奥克特模式、蓝山模式等宣传与推广	—	重点打造工业循环经济发展模式，积极培育农业循环经济发展模式
单县	在油煤化工行业、机电设备制造、造纸、玻璃纤维、农业等方面构建了循环经济链条	—	新能源产业规模化利用，推进"城市矿产"基地建设
高青县	构建高青黑牛生态养殖、纺织服装、生物技术与食品加工、石油化工等产业链条	5家企业通过清洁生产审核	"城市矿产"示范基地
博兴县	壮大产业化龙头企业，延伸种植业、畜牧业加工产业链，推动石油化工企业资源综合利用	—	—
泗水县	建材循环产业链、食品产业链、"五位一体"绿色高效循环农业模式	—	—

注："—"表示缺少相关统计，资料来源同上。

（二）主要特征

综合以上各示范县（市）资源基础、经济结构与循环经济做法，相似性与差异性明显：

平原县、沂水县根据自身资源禀赋、产业结构和区域特点，从"点、线、块、面"四个层面入手，全方位推进企业循环式生产、产业循环式组合、资源循环式利用，循环产业链条覆盖了第一、第二、第三产业，属于"综合型"循环经济发展模式。

招远市、诸城市、肥城市县域经济基本竞争力较强，均跻身于2014年中国中小城市百强县之列，但招远市（金矿）、肥城市（石膏、岩盐、煤、石灰岩等）是传统的资源型城市，诸城市工业中"双高"型企业比重大，均面临严峻的转型压力。以上三市依托主导产业优势，改造提升传统产业，通过企业试点先行以及支柱产业引领发展作为发展循环经济的出发点和切入点，属于"支柱产业主导型"发展模式。

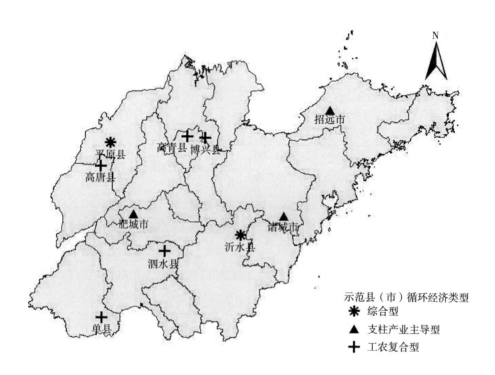

图1 2014年山东省循环经济示范县（市）类型示意

高唐县、单县、高青县、博兴县、泗水县自然资源丰富，农业发展基础较好，工农业相互依存。通过农业和工业产业链的关联性进行生态重组，使生态产业链条上的企业以更大规模进行生产，以此实现规模效益和结构效益，进而走出了一条以优势农业为基础、以生态工业为引领，以农促工、以工带农，"工农复合型"循环经济发展道路。

（三）面临的共性问题

循环经济示范县建设不仅包括循环型产业体系建设，还涉及长效机制构建、组织管理措施等，社会系统、生产系统、消费系统相互交织、相互作用，各个部分只有相互协调才能推进整体有序发展。同时，分析当前山东省循环经济示范县（市）建设面临以下共性问题：

1. 循环型产业链条较短，延链、补链、强链任务艰巨

由于循环型产业还处于上升期发展阶段，企业内部循环多，企业之间循环较少，外部循环的链条仍不完善，一些产业循环利用的节点缺乏，废弃资源得不到有效的利用。产业链条较短，产业之间的整体关联度较低，缺乏横向整合。链条的稳定性和柔性较弱，没有形成高度关联和有效互补的循环经济链网体系。各县市需要重点引进延链、补链、强链产业和项目，完善产业链条，优化产业链网体系，推动各县市循环经济水平的整体提升。

2. 技术和人才缺乏，对循环经济发展支撑力较弱

循环经济工作的推进需要一批成熟的节能减排技术、污染治理技术、废弃物资源化利用技术、清洁生产技术和生态工业链接技术作为支撑，目前虽有一些成熟的、可推广的技术，但企业技术人才欠缺，创新能力较弱，尤其是一些中型或微小企业面临着技术、装备循环化改造与升级的发展问题，因高层次科技创新服务平台数量较少，导致自主创新能力薄弱，科技支撑能力有待加强。

3. 再生资源回收体系不够完善，影响到循环经济发展的有效性和长期性

再生资源回收是循环经济工作中的重要一环，也是"资源减量化、无害化、再利用、再循环"的关键。目前各示范县（市）再生资源回收利用潜力大，但有色金属、废钢铁、废纸、废塑料回收利用率较低，餐厨废弃物、建筑废弃物等城市固体废弃物还未进行集中管理，尚未构建健全的再生资源回收利用网络，废旧物资社区回收站、交易市场和集散中心建设不完善。亟须构建回收、运输、加工利用为一体的城市固废与再生资源回收网络体系，实现废弃物资源化利用。

4. 促进循环经济发展的长效机制还需进一步完善

如果不建立发展循环经济的长效机制，若循环经济的投入不足，技术开

发和推广缺乏有效的政策激励，大部分企业将会缺乏促进节能减排、废弃物循环利用的内在动力。长效机制包括循环经济指标统计体系、管理体系、投融资体系、税收财政扶持等政策体系以及考核奖惩制度等，涉及循环经济工作的评定、考核、组织、管理等各方面。只有建立科学、高效的长效机制，才能使循环经济走上自我调控、自我纠错的轨道，进而实现良性发展。

5. 循环经济理念在全社会领域渗透深度不足

循环文化建设是提升循环经济内涵的重要方式，然而，当前各示范县（市）仍然以对循环文化的宣传为主，能使循环文化落到实处的相关教育示范基地或配套设施相对缺乏，其利用程度也不高。与此同时，对循环经济的宣传也突出了能源、机械、化工等主导产业，忽视了对农业、第三产业等非主导产业的宣传与推广，缩小了大众对于循环经济的认知范围。当前亟须扩大民众了解循环经济的途径，并侧重非主导产业的推广，提升民众对循环经济认知深度。

（四）总结

山东省循环经济示范县在资源禀赋、经济结构、主要做法上各有差异，循环经济模式可分为"综合型""支柱产业主导型"和"工农复合型"，其循环经济建设过程中也体现出一些共性问题。通过以上特征和问题的分析，各示范县（市）不仅可以了解自身的不足，明确循环经济的工作方向，其他县市也可以依据自身特点，选择适宜的循环经济发展模式和路径，通过企业、园区、产业、社会的相互融合、相互联动，实现县（市）发展模式由高耗、高排型向循环经济型转变，从而有利于区域循环经济水平的提升。

参考文献

［1］山东省住房和城乡建设厅，山东省统计局．山东省城镇化发展报告2015［R］.济南：黄河出版社，2015.

［2］江心英，张海峰．循环经济理论与区域实践研究［M］.北京：中国农业科学技术出版社，2006.

［3］张凯，崔兆杰．循环经济研究［M］.北京：中国环境出版社，2013.

三、物质流成本会计（MFCA）法对循环经济发展的促进作用

刘　倩　石　峰　付丽丽　周艾文

摘要： 当前作为循环经济发展主体的企业，因缺少符合循环经济核心理论（减量化—再使用—再循环）要求的经济活动核算方法与工具，难以推动形成精确的循环经济链条和内部循环机制，缺乏循环经济发展内生动力，导致全社会循环产业、循环经济发展水平不高。物质流成本会计（MFCA）是一种被国际社会广泛认可的环境管理会计（EMA）方法，可对资源损失进行精细化核算，使资源高效利用，并达到成本—收益最优化，促进循环经济的创新发展。本文介绍了物质流成本会计法的理论发展与实践应用，阐述了物质流成本会计法对促进循环经济发展的作用模式，并对物质流成本会计法的推广应用提出了建议。

关键词： 物质流成本会计（MFCA）；循环经济；作用模式

"十三五"规划首次将生态文明建设列入我国五年规划，提出"绿色"的发展理念。加快推动循环经济发展是深入落实绿色发展等五大发展理念以及促进经济转型升级的重要途径。但是目前，作为循环经济发展主体的企业，因缺少符合循环经济核心理论（减量化—再使用—再循环）要求的循环经济活动核算理论、方法与工具，难以推动形成精确的循环经济链条和内部循环机制，形成循环经济发展内生动力，导致循环产业、循环经济未能在全社会有效推开。

（一）国内外物质流成本会计方法的理论、发展与实践

1. 物质流成本会计方法理论

根据国际标准 ISO 14051 的定义，物质流成本会计（MFCA）作为新的环境管理会计方法是一种从实物（物量单位）和金额（货币单位）两个方面计量一个公司、生产过程或产成品的物质流量和存量的工具。它从成本管理的角度提出"正产品"和"负产品"的概念，正产品成本是指生产产成品实际需要的资源，负产品成本则是在生产过程中产生的所有废弃物，将成本项目划分为四类：物料成本、系统成本、能源成本和废弃物管理成本，使废弃物等作为负产品单独核算，各项资源损失可视化，客观准确反映企业生产过程中的真实成本信息，从而达到资源利用有效控制的目的。

2. 物质流成本会计方法的发展历程

20 世纪 90 年代后半期，物质流成本会计（MFCA）起源于德国，是由 Augsburg 大学 B. Wagner 教授和 IMU 的 M. Strolel 博士共同提出的，作为一种环境管理方法，其原型是流量成本法（Flow Cost Accounting），后来在理论上发展成为物质流成本会计（MFCA）法。2003 年，德国联邦环境部联合联邦环境局出版了《环境成本管理指南》，阐述了 MFCA 的基本原理和目标、应用程序等，进一步推动了 MFCA 的应用和普及。虽然 MFCA 起源于德国，但在引入日本之后得到了很好的发展。日本首先进行了试点企业引入，并于 2002 年 6 月将总结的企业使用经验，发布在了《环境管理会计技术工作手册》的第四部分，开启了日本企业引入实施 MFCA 之路。同年，日本学者中岛道靖和国部克彦出版了 MFCA 实践的入门书籍《物质流成本会计——环境管理会计革新的方法》，阐述了 MFCA 的基本原理和使 MFCA 在日本得到更广泛的认可。2007 年，日本技术环境局、环境政策课和环境协调产业推进室共同发布了全球第一份 MFCA 指南 *Guide for Material Flow Cost Accounting*，Ver. 1，详细介绍了 MFCA 的理论、引入和应用。

基于日本的 MFCA 指南，国际标准化组织（ISO）于 2008 年开始了 MFCA 标准研究，并于 2011 年 9 月正式发布 ISO 14051《环境管理—物质流成

本会计——一般框架》，将 MFCA 正式纳入国际标准系列中。随后，更多国家的学者重视且加深了对 MFCA 的研究，其理论研究不但日趋成熟，实际应用也更加多样化。

3. 物质流成本会计方法的实践应用

MFCA 作为一种新的环境管理会计核算方法，理论研究始终围绕实践应用。日本对 MFCA 研究之始，就招募日东电工工厂、田边制药、他喜龙、佳能四家企业开展试点应用，2004 年开展 MFCA 普及试点大约 50 家企业实行导入活动，在 2006~2010 年提出针对大型企业和中小企业采用不同的 MFCA 引入模式，至 2012 年 9 月，日本导入 MFCA 应用的企业近 400 家。

日本成功的应用经验助推了 MFCA 在其他欧美国家的发展。2003 年，德国环境研究所与德国的 12 家大型企业开展合作应用 MFCA，其经验总结是企业没有精确的成本信息，影响控制生产成本的过程。鉴于此，美国对 MFCA 研究的重点放在与计算机系统的结合应用方面，并取得了比较好的效果。

近年来，MFCA 的应用正逐步拓展到服务与其他领域，并在不同国家的不同行业进行实践。比如：在日本，三电公司就在服务领域成功地引入了 MFCA。印度尼西亚的水泥公司基于物质流分析（MFA）、生命周期评价（LCA）和 MFCA 提出建立了一个生态城市系统，从而减少企业生产成本，实现可持续发展。南非的酿酒厂利用 MFCA 捕捉浪费成本信息，通过整合 EPR 系统和 MFCA，得到生产过程中产生的废品的信息，减少废料的数量。泰国以木制品生产商为例研究 MFCA 在泰国中小企业中的应用，通过引入 MFCA，尽可能地减少材料消耗量。

4. 我国物质流成本会计方法的发展现状和趋势

我国对 MFCA 的研究起步比较晚，早期主要介绍国外的发展状况。谢琨和梁凤港（2003）最早开始对 MFCA 进行了关注，随后肖序（2005）介绍了流转成本会计的内涵、基本思想、结构及处理流程。甄国红（2007）从材料流动成本会计视角全新阐释企业环境成本，为我国企业环境管理实践提供借鉴。冯巧根（2008）结合案例对物料流量成本会计进行了探讨。邓明君等（2009，2010）探讨了国外物质流成本会计研究与实践经验对我国企业引进

MFCA 的启示，介绍了日本发布的物质流成本会计指南的相关内容。肖序（2009）讨论了 MFCA 与传统环境会计核算内容的不同。通过这些理论介绍，说明越来越多的国内学者开始对 MFCA 重视并进行研究，这也为 MFCA 在我国的发展奠定了理论基础。

随着 MFCA 在世界范围内的逐步推广，特别是在日本成功的开展，我国的学者对 MFCA 的研究越来越重视，不再停留在理论介绍阶段，展开了更深层次的理论探讨和更多的案例研究，希望通过日趋完善的理论和案例研究的开展早日在国内企业导入 MFCA 进行实践应用。目前国内对 MFCA 的研究主要集中在以下三个方面：一是介绍 MFCA 在国外成功的案例；二是对 MFCA 实施方法改进方面进行研究；三是对 MFCA 在不同行业应用进行论证。

（二）物质流成本会计方法对我国促进循环经济发展的作用模式

目前，中低端制造业在我国占有相当比重，是经济发展的重要部分，而其整体的资源利用率还处于较低的水平，其环境污染的问题仍很突出。MFCA方法既适应了微利时代企业实施低成本战略的思想和精细化成本管理的要求，也可以促进现阶段山东省及我国循环经济的发展，其具体模式如下：

1. 推动落实有利于资源高效利用的财税政策

以环境、资源等领域的价格、财税、金融等改革为良好契机，发挥政府投资的引导作用，激励各类企业主体积极运用 MFCA 方法促进节能减排，实现可持续发展。通过推广绿色信贷，吸引社会各类资金投向符合 MFCA 模式的项目，促进再生资源回收体系建设和减少使用一次性消费品的税收政策研究，有利于资源综合利用税收优惠政策的完善落实。

2. 促进形成完善的循环经济计量检测体系

从宏观角度提供制度要求，将监管与激励最优结合，对 MFCA 实现一个双向推动体系。为了保障资源流成本核算的统一性、规范性，一方面从立法上明确环境成本在企业管理中的重要地位和特殊作用，保证其制度化；另一方面对其核算范围、形式、内容、方法等诸多问题做出详细规定，使核算有科学的法律依据和规章制度可以遵循。另外，培育一批 MFCA 方法应用的试点企业，总结其实践应用效果之后，形成同类企业使用指南，加快进行推广。构建 MFCA 方法标准体系，建立重点产业、区域物质流统计分析机制，提高其准确性、及时性，实现信息共享，促进形成完善的循环经济计量检测体系。

3. 加快构建"互联网+"下的一体化发展模式

充分运用"互联网+"手段，追踪物质流从供应商—入库—生产—包装—出库—消费者等各个环节的流动，将所有的资源成本和损失即时列示并计算出来，将产品生命周期的每个环节连接起来，包括与消费者联系起来，在整合整个产品生命周期的物质流成本会计基础上，实现供应链系统的物质流成本会计的核算。推动企业将其与自身 ERP (Enterprise Resource Planning，企业资源计划) 系统进行整合，有效提高物质流价值的核算效率和精度，详细揭示物质流在各生产环节的移动情况并实时监控。同时，运用大数据手段，创建物质流分析模型，将已收集和处理的数据自动进行分析，形成循环经济发展报告，供政府部门决策参考。

4. 推动循环经济产业科技创新

将 MFCA 方法推广、应用纳入区域循环经济科技发展规划，在国家、地方科技计划中，加大对 MFCA 方法推广、应用的支持力度。通过建立各类 MFCA 方法推广、应用技术支撑机构和中介服务结构，推动组建重点领域循环经济产业技术创新战略联盟，加强 MFCA 方法与关键共性技术研发相结合，共同研究解决循环经济发展的产业、技术问题。

（三）启示与建议

通过对 MFCA 的发展梳理分析可见，加快 MFCA 方法推广、应用的启示主要有以下四个方面：一是政府的积极引导，如日本在 MFCA 引入之初政府部门就一直很重视，其推广应用的成效离不开日本经产省等政府部门的努力。二是产官学协作推进的体制，产官学协作是指政府、教育研究学者和企业界共同协作。三是先试点再推广，由于试点企业的示范效应促使 MFCA 在其他企业中得到很好的推广。四是以企业为核心注重需求服务，针对企业不同行业与规模特点开发不同的应用模式，充分调动起企业应用的积极性。尽管国内的学者对 MFCA 进行了深层次的应用理论探讨，但在实践应用方面，目前国内企业仍没有进行开展。由此，建议我国今后 MFCA 的引入推广可重点围绕加强政府主导、建立市场化作用机制、加强试点示范、完善循环经济计量方法标准体系、引入"互联网+"手段、加快循环经济科技创新等方面不断完善国内政策体系，加大支持力度，形成政府、企业及研究机构协同合作的格局，加快推动 MFCA 方法在我国的落地生根，为循环经济快速发展助力。

参考文献

［1］ Jasch CM. Environmental and Material Flow Cost Accounting：Principles and Procedures［M］.USA：Springer Science & Business Media，2008：4-6.

［2］ 邓明君，罗文兵. 日本环境管理会计研究新进展——物质流成本会计指南内容及其启示［J］.华东经济管理，2010（2）：90-94.

［3］ Ministry of Economy TaIoJM. Guide for Material Flow Cost—Accounting（Ver. 1）［M］.Japan，2007.

［4］ 朱玲.MFCA 与传统成本会计比较浅析［J］.科技资讯，2014（34）：122-123.

［5］ Nakajima M. On the Differences between Material Flow Cost Accounting and Traditional Cost Accounting：In Reply to the Questions and Misunderstandings on Material Flow Cost Accounting［J］. Kansai University Review of Business and Commerce，2004（6）：1-20.

［6］ Goto NUaN. Sustainable Cement Production of Cement Industry by MFA，LCA and MFCA as a Preliminary Design of Eco-City in Indonesia［J］. International Proceedings of Chemical，Biological and Environmental Engineering，2012（42）：46-50.

［7］ Fakoya MB，van der Poll HM. Integrating ERP and MFCA Systems for Improved Waste-reduction Decisions in a Brewery in South Africa［J］. Journal of Cleaner Production，2013（40）：136-140.

［8］ Chompu-inwai R，Jaimjit B，Premsuriyanunt P. A Combination of Material Flow Cost Accounting and Design of Experiments Techniques in An SME：The Case of a Wood Products Manufacturing Company in Northern Thailand［J］. Journal of Cleaner Production，2015（108）：1352-1364.

［9］谢琨，梁凤港．关于环境净效益分析决策工具：物料流量会计［J］. 四川会计，2003（3）：5-7.

［10］肖序，李艳芬．试论流转成本会计［J］.安徽商贸职业技术学院学报，2005，4（3）：17-19.

［11］甄国红．基于材料流动成本核算的企业环境成本分析［J］.财会月刊（理论版），2007（4）：76-78.

［12］冯巧根．基于环境经营的物料流量成本会计及应用［J］.会计研究，2008（12）：69-76.

［13］邓明君，罗文兵，黄丽娟．国外物质流成本会计研究与实践及其启示［J］.湖南科技大学学报（社会科学版），2009，2（2）：78-83.

［14］肖序．物料流量成本会计——环境管理会计概念的深化［J］.财会学习，2009（9）：15-17.

［15］温水良一，朱卫东，程品龙．日本中小企业 MFCA 运用状况与问题研究［J］.财会月刊，2009（7）：105-108.

［16］温水良一．中国中小企业 MFCA 研究［D］.合肥工业大学，2011.

四、山东省煤控压力与破解路径研究

邵 波

摘要： 为应对气候变化、保护环境和减少空气污染，煤炭消费总量控制已提上各国、各地区议事日程。山东省是我国煤炭消费大省，煤炭消费增长势头强劲，煤炭消费总量控制形势异常严峻。通过剖析山东省现存的煤控压力，以明确山东省未来煤控的突破方向，进而从煤炭生产到进入生产生活的整个过程入手，分环节调控，探讨山东省煤控的若干可行路径，为相关决策部门提供政策建议，以更好地确保山东省煤控任务的顺利实现。

关键词： 煤炭；山东省；煤控

在 2014 年《中美气候变化联合声明》中，我国提出"计划 2030 年左右二氧化碳排放达到峰值，且将努力早日达峰"。作为全球煤炭生产和消费第一大国，以煤炭为主的能源结构支撑了我国经济的高速发展，而煤炭燃烧产生的 CO_2 占能源活动的 CO_2 排放量的 80% 左右，占温室气体排放的 64% 以上。能否实现上述国际承诺，煤炭消费总量控制无疑是重中之重。

山东省是能源消费大省，更是煤炭消费大省，煤炭消费量占全省一次能源消费的 80% 以上，占全国煤炭消费总量的 9% 左右。2013 年，全国煤炭消费总量已然达峰，而 2014 年，山东省煤炭消费总量尚未出现"不增反降"的拐点。相比全国煤控总进程，山东省煤控可谓"亚历山大"。下面，通过对山东省煤炭消费现状、压力的分析，探讨山东省煤控的可行路径，为山东省煤控任务的顺利实现提供一些有价值的参考。

（一）煤炭消费现状

1. 煤炭消费总量仍有较强增长势头

2014 年，山东省煤炭消费总量达到 3.95 亿吨，同比增长高达 5.04%，相比 2012 年增长了 2500 万吨。山东省在《大气污染防治规划》中提到，"到 2017 年底，煤炭消费总量力争比 2012 年减少 2000 万吨"。当前来看，山东省煤炭消费总量一直处于持续上升阶段，且仍有较强增长势头，若要实现 2017 年减控目标实属不易。

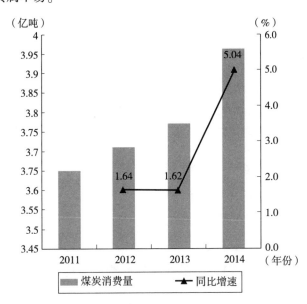

图 1 山东省 2011~2014 年煤炭消费总量与增速

2. 煤炭在能源消费总量占比不减反增

"十二五"期间，原煤在山东省一次能源消费中的比重出现了缓慢上升趋势，2014 年占比高达 80.75%，这与近年煤炭价格持续走低有着密不可分的关系。原油在一次能源消费中的比重有较为明显的下降，2014 年占比为 14.89%；电力（风电、水电以及光伏发电）在一次能源消费中的比重逐年升高，4 年累计提高了 0.21 个百分点。由此可见，"十二五"期间，山东省能源消费结构并未得到明显改善，相比"十一五"末，煤炭占比不减反增，新能源和清洁能源的占比仍然不足 5%。

表1　山东省 2011~2014 年的一次能源消费构成

类别	2011 年	2012 年	2013 年	2014 年
原煤（%）	79.60	80.22	79.74	80.75
原油（%）	17.12	15.94	16.29	14.89
电力（%）	0.17	0.24	0.34	0.38
（其他）（%）	3.11	3.60	3.63	3.98

注：电力指风电、核电、水电以及光伏发电。
资料来源：《山东统计年鉴 2015》。

（二）煤控压力剖析

从全国煤控的总布局来看，每个地区都有自身煤控压力。正所谓"不比不知道"，与全国煤炭消费有关指标比较之后，不难发现山东省煤控压力之大，现一一剖析如下。

1. 煤耗总量："全国十分天下有其一"

2011~2013 年，山东省煤炭消费占全国煤炭消费总量的比重一直在 9%上下徘徊，2014 年，山东省煤炭消费全国占比有增无减，一度高达 9.62%，可谓全国煤炭消费"十分天下有其一"。更为糟糕的是，在全国煤炭消费总量早已达峰的情况下（2013 年），山东省煤炭消费总量依然"昂首向前"，可预见，山东省 2015 年煤炭消费全国占比将再创新高。偌大的煤炭消费总量意味着山东煤控的漫长与艰辛，这对山东省煤控乃至全国煤控工作的顺利推进无疑都是巨大的"挡路石"。

表2　山东省和全国 2011~2014 年煤炭消费总量对比

地区	2011 年	2012 年	2013 年	2014 年
全国（亿吨）	38.90	41.17	42.44	41.16
山东省（亿吨）	3.65	3.71	3.77	3.96
山东省占比（%）	9.38	9.01	8.88	9.62

2. 能源结构：煤炭消费占比高居不下

2014 年，山东省煤炭消费在一次能源消费中的比重高达 80.75%，高于全国平均水平近 15 个百分点；除此之外，原油、天然气、电力消费量在一次能源消费中的比重均低于全国平均水平。作为新能源和清洁能源的代表，电力（风电、水电以及光伏发电）和天然气在一次能源消费中的比重分别低于全国平均水平 10.8 个和 3 个百分点。山东省能源消费中煤炭占比高居不下，新能源和清洁能源消费比重一直不高，这是山东煤控的首要"瓶颈"。山东省煤控工作能否"破冰"，可否取得有效进展，加大煤炭替代力度，调整优化"偏重"的能源消费结构是关键。

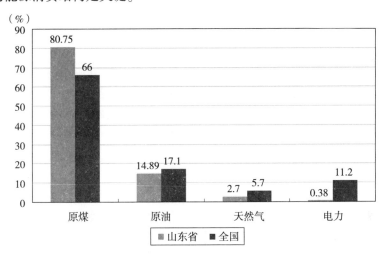

图 2 山东省与全国 2014 年一次能源构成对照

3. 经济发展：调结构与保增长两难

长期以来，第二产业一直是山东省"煤耗大户"，2011~2014 年，山东省第二产业煤炭消费占总煤炭消费的比重一直维持在 95% 左右，也就是说，第二产业在国民经济中比重的高低直接决定着全省煤炭消费总量的变化。

2015 年，山东省三次产业结构比例为 7.9∶46.8∶45.3，同期，全国三次产业结构比例为 9.0∶40.5∶50.5。"十二五"期间，山东省整体产业结构调整步伐虽总体上要快于全国，第二产业比重下降幅度和第三产业比重提升幅度均明显高于全国调整幅度。但受历史累积因素影响，相比全国而言，山东省汇聚了众多高耗煤行业的第二产业比重"优势"仍较为突出。

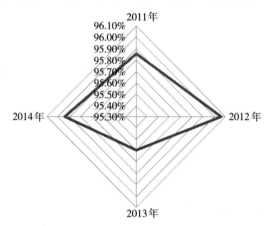

图3　山东省 2011~2014 年第二产业煤耗占煤炭总消费比重

表3　山东省与全国三次产业比重变化趋势

	山东省			全国		
	第一产业比重	第二产业比重	第三产业比重	第一产业比重	第二产业比重	第三产业比重
2011 年	8.8%	52.9%	38.3%	9.4%	46.4%	44.2%
2015 年	7.9%	46.8%	45.3%	9.0%	40.5%	50.5%
2011~2015 年累计变化（百分点）	-0.9	-6.1	7.0	-0.4	-5.9	6.3

由上可知，第二产业是山东省煤控的"主战场"。然而当前，在全民奔小康的征途中，考虑到经济效益与生态效益尽可能地实现"双赢"，山东省煤控的难度显得格外大，对山东省煤控措施和力度的选择都要多方权衡，确保科学合理。

4. 煤耗强度：下调空间正步步压缩

2014 年，山东省万元 GDP 煤炭消耗为 0.67 吨/万元，仅比全国平均水平（0.64 吨/万元）略高。"十二五"期间，山东省单位 GDP 煤耗强度基本是围绕全国平均水平上下微微浮动，2012 年和 2013 年都略低于全国平均水平。而第二产业作为煤炭消耗的重要领域，山东省煤耗强度明显低于全国平均水平，单位工业增加值的煤炭消费量一直比全国平均水平低10%以上，单位建筑业增加值的煤炭消费量长期为全国平均水平的一半左右。此外，第三产业煤耗强度也由略高于全国平均水平，下降为和全国平均水平一致。

表4 山东省与全国 2011~2014 年煤耗强度比较

各领域煤耗强度（吨/万元）		2011 年	2012 年	2013 年	2014 年
GDP	全国	0.80	0.76	0.71	0.64
	山东省	0.80	0.74	0.68	0.67
工业	全国	1.89	1.87	1.81	1.67
	山东省	1.64	1.56	1.48	1.50
建筑业	全国	0.02	0.02	0.02	0.02
	山东省	0.01	0.01	0.01	0.01
三次产业	全国	0.04	0.03	0.03	0.03
	山东省	0.05	0.04	0.04	0.03

注：以上数据均以煤炭消费实物量测算。

资料来源：《山东统计年鉴 2015》、《中国能源统计年鉴 2015》。

可见，近年来，山东省煤耗强度的调整一直是煤炭消耗总量控制的"一把利剑"，在过去的一段时间里，"控强度"是主基调，可以说已经在煤控过程中发挥了非常大的作用。但随着煤耗强度下降空间的步步压缩，想更多地通过控制煤耗强度而实现煤炭消耗量的大量减少，已经很难实现。未来，"控强度"仍然是巩固战果之必需，但要扩大战果却未必能发挥更大作用。煤炭消费总量控制任务依然艰巨，强度控制的"减煤效应"却逐步减弱，煤控渠道还需要另辟蹊径。

（三）破解路径选择

山东省煤控的最终目的是"去总量"，即减少煤炭消费总量。综合考虑煤炭从生产、加工到进入社会经济发展的各个领域的全过程，若想减少煤炭消费总量，一方面要把好煤炭输入源头关，坚持"按需产煤，以用定量"，严格控制煤炭输入的数量和质量；另一方面要调控好各个用煤环节，坚持"用则用好，非则不用"，重点优化煤炭在经济社会活动中的使用，提高使用效率，缩减使用领域。正所谓，"长痛不如短痛，沉疴必用猛药"，破解山东省煤控压力，需出重招，方能见实效。针对不同的控煤环节，分类实施不同的煤控计划和煤控战略，从中提出一些可行建议，以此服务相关部门决策参考。

表5　山东省煤控路径选择

煤控环节		计划与战略	可行建议	
去总量 目的： 降低 煤炭 消费 总量	输入源头 端目的： 严格控制 煤炭输入 生产活动 中的数量	科学产能计划 目的：产煤总量和质量控制	提高煤炭生产集中度	• 以大集团建设促重组整合 • 引导退出"不合标"矿区 • 转型升级"有潜力"矿区
			加大洁净煤技术应用	• 提高原煤洗选率 • 积极推广各类型煤应用 • 建立多级区域配煤中心
			提高资源综合利用水平	• 加大煤矸石利用 • 加大粉煤灰利用 • 加大煤矿瓦斯利用
		煤替代战略 目的：可以使用其他能源的领域尽可能少用煤或者不用煤	以电代煤	• 分享"西电东送"红利 • 加大外来电的调配力度 • 做好企业"煤改电"技术推广
			气化济南	• 加快天然气居民阶价改革 • 做好企业"煤改气"技术推广 • 推进燃气锅炉代替燃煤锅炉 • 推广燃气集中供热设施
			可再生能源	• 创建新能源试点 • 探索实行发电配额制
	生产活动 端目的： 尽 可能降低 生产活动 中的煤炭 实际消耗	煤炭减量计划 目的：严控增量，按计划削减煤炭消费的存量	严格控制煤炭消费的增量	• 对新上燃煤项目严格执行限批 • 设立燃煤"禁燃区" • 划定高能耗行业的准入制度
			化解过剩产能	• 关停或限产产能过剩企业
			淘汰落后产能	• 逐步提高能效标准 • 淘汰改造燃煤小锅炉
		存量优化战略 目的：使用中的煤炭更高效、更合理	控强度	• 提高燃煤设备能效 • 创新高效燃煤技术工艺
			调结构	• 适度控制高耗煤工业 • 持续推进轻工业 • 积极发展战略新兴产业

（四）保障机制研究

正所谓"长痛不如短痛，沉疴必用猛药"，破解山东省煤控压力，需出重招，方能见实效。对策好不好关键看执行，为确保各项对策能有效开展，提出以下保障机制，以服务相关部门决策参考。

1. 政府部门责任追究机制

煤控目标在执行过程中可能会遇到诸多问题，如落后产能同样是交税大户、监察部门监管力度不够、企业填报虚假能耗数据、散煤使用数据难以掌控等。为了应对这些问题，和全国各地一样，山东省陆续出台了《关于加快推进生态文明建设的实施方案》《煤炭消费总量替代工作方案》，成立工作领导小组、明确责任部门、定期自查等措施都"榜上有名"。然而，更为重要的是，要将煤炭消费总量控制作为约束性指标，纳入政绩考核体系，并建立相应的评估、考核与责任追究制度。只有如此，才能使煤控与政绩考核的关系更为密切，而不是以往的"唯 GDP 论"，只有这样，各地区政府和一线执法人员才能甩开顾虑，推进煤控工作切实有效地开展。

2. 第三方跟踪监测机制

首先，山东省煤控和全国煤控一样，是有时间节点的。山东省各个层面规划里也明确提出了各阶段的实现目标，为了更好地掌控山东省煤控目标的实现进度，有必要定期对煤控进度进行科学考评。

其次，山东省煤控措施也不是一成不变的。不同阶段应对措施会有调整，也或许会有更新的解决方案。定期对煤控政策和措施进行效果评估，有利于随时调换更为有效的措施，或弥补煤控中的薄弱环节。

最后，中国能源统计数据的精确性经常受到人们的质疑，尤其是煤炭的统计数据，从地方、省市统计的能源数据和全国统计的能源数据差距很大。通过第三方机构持续开展跟踪监测，有利于完善和促进中国能源和碳排放统计核算系统，推进能源和环境专家更好地为煤控提供政策研究和决策支持。

3. 灵活开放的市场机制

通过调整天然气价格和改善天然气需求市场，为更多企业实施"煤改气"

提供更广阔的空间；通过实施煤炭资源税、低价电供应等手段，激发耗煤企业自主开展煤控的积极性和主动性；此外，还要分析煤炭交易机制和其他交易机制的衔接，碳交易、污染物交易、水权交易、用能权交易等一系列市场机制还有待于进一步研究和完善。

4. 全社会舆论宣传机制

利用各种媒体和宣传手段，引导全体市民树立勤俭节约的能源消费观，加强对煤炭消费带来的各种负面效应进行科普，对煤控工作的重要性进行宣传和报道，提高全社会的能源、气候和环境忧患意识和节煤减煤意识。加强对新能源知识、新能源技术和新能源器具的宣传与科普，培育民众自发使用新能源的潜意识。宣传节煤企业案例，弘扬耗煤企业社会责任，潜移默化地减少耗煤企业煤控阻力。

参考文献

[1] 陈丹，林明彻，杨富强. 制定和实施全国煤炭消费总量控制方案[J].中国能源，2014，36（4）：19-24.

[2] "中国煤炭消费总量控制和政策研究"课题组. 中国"十三五"煤炭消费总量控制规划研究报告（2016-2020）.

[3] 陈潇君，孙亚梅，杨金田等. 构建区域煤炭消费总量控制框架[J].环境保护，2013，41（8）：19-22.

[4] 谢放尖，卢宁川，郭蓉等. 南京市煤炭消费总量控制对策研究[J].环境保护科学，2013，39（6）：6-9.

[5] 吕连宏，罗宏，王晓. 大气污染态势与全国煤炭消费总量控制[J].中国煤炭，2015，41（4）：9-15.

[6] 王书明，杨洪星. 加强生态文明建设的公众参与——基于厦门 PX 项目抗争事件的思考[J].科学与管理，2011（4）：5-9.

五、云南省旅游经济
发展时空差异分析

孙灵文

摘要： 以云南省和 16 市州不同年份的旅游收入和旅游者人数作为基础数据，分析了云南省旅游经济的总体发展趋势，不同区域旅游经济差异及其时空变化特征，并对分析结果进行了探讨。结果表明，云南省旅游经济自 2000 年以来保持了稳定的增长态势，国内旅游发展明显好于入境游发展。不同地区的旅游经济发展差异较大，2008~2012 年，各地区国内旅游收入差异逐年增大，而旅游外汇收入方面绝对差异逐步增大，而相对差异则变化波动大。

关键词： 云南省；旅游经济；发展趋势；地区差异

旅游业是云南省正在崛起的新的支柱产业群中发展最快、前景最为广阔的经济文化产业，在全省经济社会发展和对外开放中发挥着"兴一业带百业"的重要作用。研究云南省旅游经济的发展特点，有助于全面了解旅游经济的发展现状和发现存在问题，对于云南省旅游经济的健康发展具有重要意义。区域旅游经济差异是普遍存在的社会经济现象，也是当前旅游研究的热点。可见，进行区域旅游经济差异研究，有助于正确认识区域差异的变化过程、现状格局及发展趋势，对优化生产要素的空间布局，制定针对性强、行之有效的区域调控政策，促进区域旅游业协调发展有着重要的理论意义和实践意义。

国内旅游经济发展趋势的研究相对较少，而旅游经济区域差异的研究成果较多，研究内容主要侧重于旅游经济差异的时空演变特征及其影响因素等。近几年来，国内关于区域旅游经济差异的研究主要从省域、市域尺度，对旅游收入、旅游人次、综合指数等指标，通过变异系数、锡尔系数、基尼系数、泰尔系数等进行测算。此外，部分研究还从旅游经济的影响因素角度探讨区域旅游经济差异的形成原因。

（一）资料与研究方法

1. 研究区域和数据来源

云南省地处中华人民共和国西南边陲，总面积为 39.4 万平方公里，平均海拔 2000 米左右。云南东部与贵州省、广西壮族自治区为邻，北部同四川省相连，西北隅紧倚西藏自治区，西部同缅甸接壤，南同老挝、越南毗连。从整个位置看，北依广袤的亚洲大陆，南连位于辽阔的太平洋和印度洋的东南亚半岛，处在东南季风和西南季风控制之下，又受西藏高原区的影响，从而形成了复杂多样的自然地理环境。云南省享有"彩云之南，万绿之宗"的美誉。这里拥有优美的自然风光和众多的历史古迹，为云南旅游经济的发展提供了前提条件，旅游业成为云南省经济发展的重要支柱产业之一。

研究采用国内旅游收入、入境旅游外汇收入、国内旅游者人数、海外和港澳台旅游者人数作为分析计算的基础数据。旅游收入和旅游者人数更能够确切地反映一个地区旅游经济发展程度和活跃程度，可以分析云南省旅游的发展特点和区域差异。

2. 研究方法

区域经济差异的时间变化可通过绝对差异和相对差异两个方面具体分析。绝对差异是指某地区某经济指标偏离参照值的绝对额，反映地区间经济发展的实际差距；相对差异是指某地区某经济指标偏离参照值的相对额，反映地区间经济发展速度的差异。为研究旅游经济发展年际差异，分别以极值差、标准差和极值比、变异系数来测算区域旅游经济绝对差异和相对差异在时间上的总体变化情况。

公式如下：

极值差：

$$R = P_{\max} - P_{\min} \qquad (1)$$

极值比：

$$K = P_{\max} / P_{\min} \qquad (2)$$

式中，$P_{\max}$为市州旅游经济收入最大值，$P_{\min}$为市州旅游经济收入最小值。

标准差：

$$\sigma = \sqrt{\frac{1}{n} \sum_{i=1}^{n} (X_i - X)^2} \qquad (3)$$

变异系数：

$$CV = \sqrt{\frac{1}{n} \sum_{i=1}^{n} (X_i - X)^2} \bigg/ X \qquad (4)$$

式中，n为地区样本数，为 16；X_i为i地区旅游经济收入；X为旅游经济收入全省平均值。

（二）研究结果

1. 云南旅游经济时间差异分析

随着经济的发展和人们生活水平的提高，旅游业得以迅速发展，日渐成为最具潜力的"朝阳产业"，旅游业的发展对于国民经济的发展发挥着重要的推动作用。云南省因其独特的地理位置和丰富的自然资源和人文旅游资源，带动了近年来云南旅游业全面的发展。旅游经济逐步成为地区经济增长的动力和平台，以旅游业的开发为导向，带动其他服务业的发展。

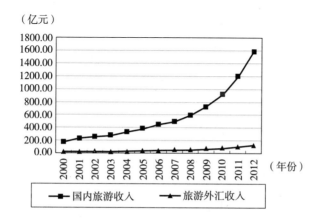

图 1　旅游收入

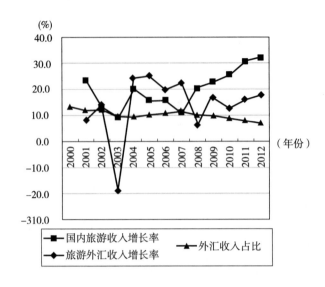

图 2　旅游收入增长率和外汇收入占比

　　从旅游收入来看，自 2000 年以来云南省旅游收入实现了稳定增长，且增长速度呈现逐年加快的趋势。国内旅游收入从 2000 年的 183.19 亿元快速增长为 2012 年的 1579.49 亿元，为 2000 年的 8 倍之多。旅游外汇收入也得到了增长，2000 年旅游外汇收入为 28.24 亿元，2012 年增长为 123.06 亿元，为 2000 年的 4 倍多，但相对于国内旅游收入的快速增长，旅游外汇收入的增长速度相对较慢。

　　从发展速度来看，云南省旅游外汇收入增长率波动较大，2003 年受"非典"的影响，旅游外汇收入为负增长，2004~2007 年旅游外汇收入增长较快，2010 年至今旅游外汇收入得到了稳步增长。云南省国内旅游收入增长较快，2002~2003 年及 2005~2007 年的增长率相对较低外，其他年份都保持了 20% 以上的增长率，2011 年和 2012 年更是超过了 30%，说明云南省的国内旅游发展日益成熟。相对于国内旅游的快速发展，入境旅游相对发展较慢，外汇收入占比呈逐渐下降的趋势。

　　云南省以其总量大、类型全、品位高和垄断性强的旅游资源，吸引着国内和国外大量的旅游者。其中，国内旅游人数增长较快，2012 年达到 19630.28 万人次，相对于 2000 年的 3841 万人次，增长了 4 倍之多。而海外和港澳台旅游人数也呈现逐步增长的态势，其中 2000 年为 100.11 万人次，2012 年则增长为 457.84 万人次。从增长率来看，除了 2003 年受"非典"影响较大外，增长率基本保持在 15%～20%。

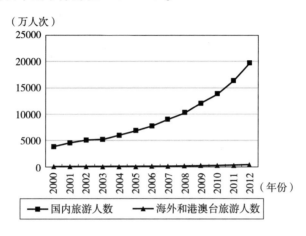

图 3　旅游者人数

2. 云南旅游经济空间差异分析

区域旅游经济差异的测度总是基于一定的指标，而指标的选定要保证数据的可获取性及区域间的可比性。根据云南省统计数据情况，本文选择省内 16 市州 2008～2012 年国内旅游收入和旅游外汇收入作为基础分析数据，并分析不同区域旅游经济的差异。各数据均来源于云南统计年鉴。其中旅游外汇收入按照当年汇率换算为人民币，国内旅游收入由旅游总收入和旅游外汇收入计算而来。

由于云南省各地区旅游资源分布、交通条件、基础设施等差异巨大，导致旅游经济呈现区域性的差异。国内旅游收入方面（见表 1），不同地区国内旅游收入无论是相对差异还是绝对差异，都呈现出差距越来越大的发展趋势。体现国内旅游收入绝对差异的极值差由 2008 年的 173.43，增长为 2012 年的 397.68，是 2008 年的 2.29 倍，其中 2011 年增加最大；标准差由 2008 年的 841.98 增长为 2012 年的 4442.72，且上升的幅度逐年增大，体现国内旅游收入相对差异的极值比逐年增大。但近几年变化幅度相对较小，说明各地区国内旅游收入绝对差异变化不大；但变异系数则逐年增大，由 2008 年的 22.35

增加到 2012 年的 45.36，增加了 1 倍多，说明各地区间相对差异越来越大。

表 1　国内旅游收入差异变化

年份	极值差	标准差	极值比	变异系数
2008	173.43	841.98	26.94	22.35
2009	202.10	1126.7	34.04	24.78
2010	263.04	1896.45	36.05	32.94
2011	336.95	3064.79	37.81	41.18
2012	397.68	4442.72	36.68	45.36

旅游外汇收入方面（见表 2），体现绝对差异的极值差和标准差除 2010 年降低外，其他年份都在增加，2012 年增加幅度最大，说明各地区旅游外汇收入绝对差异逐年增大。体现旅游外汇收入相对差异的极值比和变异系数则波动较大。极值比呈现降低—增加—降低波浪式的变化模式，其中 2009 年、2011 年变化较大，其他年份变化幅度相对较小。而变异系数同样波动较大，但变化的幅度相对较小，其中最小为 2008 年的 5.38，最大则是 2012 年的 7.12。这说明各地区旅游外汇收入相对差异波动减少。

表 2　旅游外汇收入差异变化

年份	极值差	标准差	极值比	变异系数
2008	22.42	20.29	3274.51	5.38
2009	28.68	32.09	1529.76	6.17
2010	26.05	29.18	1782.00	5.45
2011	28.21	34.16	416.00	5.00
2012	35.18	51.70	516.00	7.12

从图 4 中看，2012 年云南省国内旅游收入为 1567.13 亿元，占旅游总收入的 93.10%；旅游外汇收入为 116.13 亿元，占旅游总收入的 6.90%，远远低于国内旅游收入，这说明云南省旅游还是以国内旅游为主。从不同地区的国内旅游收入来看，16 市州国内旅游收入平均值为 97.96 亿元。其中仅有昆明、丽江、大理、西双版纳和红河共 5 个市州的国内旅游收入高于全省平均值。而这 5 个地区的国内旅游收入也差异巨大，昆明最高，国内旅游收入为 408.82 亿元，占全省总收入的 26.09%之多，而红河最少，仅为 98.83 亿元，不足昆明市的 1/4。排名第二、第三的分别是丽江和大理，国内旅游收入分别为 191.47 亿元和 180.67 亿元，不足昆明

的一半，但远高于红河。昆明、丽江和大理三个市州的国内旅游收入最高，分别为平均旅游收入的4.17倍、1.95倍、1.84倍，三个地区的国内旅游收入占全省总收入的49.83%。从不同地区旅游外汇收入来看，16市州旅游外汇收入平均值为7.26亿元，仅有迪庆、昆明、丽江、大理、西双版纳共5个地区旅游外汇收入高于全省平均值。首先迪庆最高，为35.25亿元，占全省旅游外汇总收入的30.35%；其次为昆明，旅游外汇收入为23.16亿元，占全省旅游外汇总收入的19.94%；最后为丽江，旅游外汇收入占全省旅游外汇总收入的17%。上述三个地区旅游外汇收入占全省旅游外汇收入的67.29%，远超其余地区旅游外汇收入的总和。

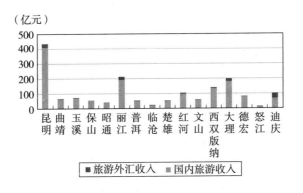

图4 2012年16市州旅游收入

各地区旅游外汇收入比重方面，仅有迪庆相对较高，旅游外汇收入占旅游总收入的34.72%，远远高于全省旅游外汇收入的比重，而其他地区旅游外汇收入均低于10%（见图5）。

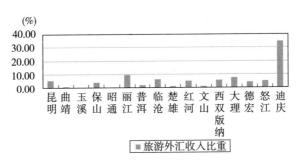

图5 旅游外汇收入比重

（三）结论

第一，云南省旅游收入和旅游者人数 2000~2012 年保持稳定的增长态势，且增长率逐步增大。说明云南省在旅游资源的开发、旅游产品的打造、旅游基础设施建设等方面成绩突出，旅游经济保持强劲的发展势头。

第二，各地区国内旅游收入绝对差异和相对差异不断增大，说明各地区旅游经济的发展差异越来越大；而旅游外汇收入方面，各地区绝对差异也呈现逐渐增大的趋势，而相对差异则呈现先下降后增加的趋势。

参考文献

［1］陆林，余凤龙 . 中国旅游经济差异的空间特征分析[J].经济地理，2005，25（3）：406-410.

［2］程进，陆林 . 安徽省区域旅游经济差异研究[J].安徽师范大学学报（自然科学版），2010（1）：81-85.

［3］史本林，张宏娜等 . 河南入境旅游经济区域差异及极化格局研究[J].地域研究与开发，2011，30（2）：128-132.

［4］汪德根，陈田 . 中国旅游经济区域差异的空间分析[J].地理科学，2011，31（5）：528-536.

［5］陈晓，王丹，张耀光，赵一行 . 辽宁省旅游经济的时空差异演变分析[J].经济地理，2009，29（1）：147-152.

［6］唐晓云 . 生产要素视角的中国旅游经济发展区域差异研究[J].经济地理，2010，30（10）：1741-1745.

［7］韩春鲜 . 基于旅游资源优势度差异的新疆旅游经济发展空间分析[J].经济地理，2009，29（5）：871-875.

［8］魏后凯 . 现代区域经济学[M].北京：经济管理出版社，2006：421-429.

六、创新生态系统的理论与构建

王金颖

摘要：创新生态系统是创新研究从线性范式到创新体系范式发展而来的第三种研究范式，这一研究范式借用生物学的生态系统隐喻，并将创新活动看成动态的、开放的、竞争的有机过程，成为新的历史形势下深刻影响世界科技革命以及产业革命的要素。本文将从创新生态系统的概念、特征入手，阐述其基本理论框架，并结合硅谷模式和德国工业4.0，尝试构建一种普遍意义上的企业创新生态系统模型，探讨创新生态系统的现实应用。

关键词：创新；创新体系；创新生态系统；构建

当前，关于创新研究的各种理论、流派层出不穷，创新研究的学者纷纷从不同的视角、基于各种特异性理论基础对创新理论进行了深化、发展。可以说，关于创新的研究始于经济发展的实践，同时伴随经济增长模式、生产方式的变革等因素而不断发展变化，最终，创新研究应当适应于并对未来经济社会全面发展提供方向和指导。自"创新生态系统"概念提出以来，创新研究进入了一个全新的范式，以生态学理论和视角重新诠释创新活动，将是新的创新研究生长点和经济发展着力点。

（一）创新概念的起源与演化

在世界经济、科技飞速发展的时代背景下，创新活动和创新能力成为衡量一国核心竞争力的重要因素，创新研究也成为一个专门的研究领域。一般认为，目前创新范式的研究已经经历了三大阶段：线性创新模式、创新体系模式、创新生态系统模式。创新研究的每一阶段都对应不同的经济学理论和经济社会发展形势，使其在每一阶段都具备不同的理论内核，呈现出不同的特征。相应地，由创新范式所引领的企业创新模式、政府创新政策、产学研创新活动组织形式等随之发生变化。

1. 创新（Innovation）

创新概念提出于20世纪初，熊彼特（Joseph Schumpeter）在1912年《经济发展理论》一书中，提出"创新"的概念及其在经济发展中的作用，认为经济发展是创新的结果。他认为，创新即建立一种新的生产函数，这种全新的生产函数意味着把前所未有的关于生产要素和生产条件的"新组合"引入生产体系。进一步地讲，他提出这样的新组合有以下五种可能的形式：采用一种新产品或一种产品的新特征；采用一种新的生产方法；开辟一个新市场；掠取或控制原材料或半制成品的一种新的供应来源；实现任何一种工业的新组织。从这五种新组合的情形来看，创新并不等于技术发明，而是将技术革新的成果引入经济发展的领域，通过整个生产体系的变革来形成新的经济能力。熊彼特所提出"创新"即线性创新模式，创新发生于"景气循环"①（Business Cycle）到谷底时，这时，在外部性因素的干预下，经济主体做出创新行为。

2. 创新体系（System of Innovation）

20世纪70年代以后，创新对经济增长的影响越来越受到关注，而创新的复杂性和要素的多重性越发显现，经济学家发现创新不能再用简单的、线性的分析方法加以透彻地、全面地理解，创新更应该是一个系统的过程，各个要素之间存在着相互关联和互动作用。由此，1985年朗德沃尔最先提出了创

---

① 景气循环，也称为商业周期，是熊彼特最常为后人引用的经济学主张。所谓景气循环，即经济发展会经历周而复始的循环，在循环中，当景气到谷底时，一些企业家不得不退出市场，而另一些企业家会谋求创新以实现生存，当创新成功，景气就会提升，生产效率提高，同时，当某一产业经过创新而重新有利可图时，它会吸引新的竞争者投入，出现又一次利润递减，如此循环往复，形成景气循环。

新体系①概念，1987 年弗里曼（C. Freeman）在此基础上提出了"国家创新体系"（National Innovation System）概念，即"由公共部门和私营部门中各种机构组成的网络，这些机构的活动和相互影响促进了新技术的开发、引进、改进和扩散。"简言之，国家创新体系即一个国家内各有关部门和机构间相互作用而形成的推动创新活动的网络。国家创新体系的理论一经提出产生了热烈的讨论，各国学者纷纷从不同的角度对其进行研究和探讨②，最终使其成为各国决策依据。我国学者对创新体系的研究以王春法对国家创新体系理论的八个基本假定和路甬祥主编的《创新与未来：面向知识经济的国家创新体系》为开端，石定寰、冯之浚、李正风、曾国屏等学者纷纷出版对国家创新体系研究的著作。

可以说，关于国家创新体系的研究始于经济增长的实际对线性分析方法的冲击，将政府（公共机构）、科研部门、企业纳入创新活动的系统过程，然而，随着经济发展的现实演进，国家创新体系的理论不足和现实缺陷日益明显，创新研究开始进入新的模式。

3. 创新生态系统（Innovation Ecosystem）

如果说"国家创新体系"的兴起是伴随着日本经济繁荣的出现，那么，创新生态系统的提出则源于硅谷的持续创新发展。在 20 世纪日本经济进入低迷期时，硅谷因其独特的经济增长方式一枝独秀，其优势更是被解释为"生态系统"的优越性。在关于硅谷的研究著作中，硅谷被认为是"高新技术创业精神的'栖息地'"，硅谷成功的不可复制性被解释为创新生态系统的成功。2004 年，美国总统科技顾问委员会（PCAST）关于美国的创新领导力及国家创新生态系统面临的挑战的研究报告③中指出，动态的"创新生态系统"才是决定国家和区域创新能力的因素，经济实践表明创新活动不再是简单的

---

① 也有学者翻译为"创新系统"。
② 比如朗德沃尔的交互学习的角度——国家创新体系的核心是生产者和用户相互作用的学习活动（1992），尼尔森（R. Nelson）的国家（地域）创新体系的比较研究等。
③ 该项研究于 2003 年初开始发表了两个报告，《维护国家的创新生态体系、信息技术制造和竞争力》（2004.1）、《维护国家的创新生态系统：保持美国科学和工程能力之实力》（2004.6），将创新生态系统看作核心概念，用以解释国家的创新活动。

终端对终端的生产过程。简言之，创新生态系统借用生态学的隐喻，将某一范围内的创新活动看作是完整的生态系统，系统维持开放性、竞争性、流动性等动态特性，使其自身充满生机，并随着发展实践吐故纳新，实现系统的不断更新。创新生态系统概念提出已经十几年，关于创新生态系统的各种研究也层出不穷，各国研究人员及政府部门已经看到该创新模式的优越性，就目前而言，研究主要从案例出发，研究方向分散而不集中，缺乏统一的共识性理论基础，关于创新生态系统的理论研究尚处于概念探析阶段。尽管如此，已有研究体现出一定的相似性和共性，便于我们分析探讨其理论框架和基本特征。

表1　三种创新范式的比较

创新范式	创新参与者	创新形式	创新驱动模式	特征
（线性）创新	企业、科研院所	自主研发、内向型创新	需求+科研	线性、封闭式
（国家）创新体系	政府、企业、科研院所	合作研发、协同创新	需求+科研+竞争	开放性、政策导向
创新生态系统	政府、企业、科研院所、服务机构、用户……	创意设计与用户定制、跨组织网络化创新	需求+科研+竞争+共生	开放性、动态性、竞争性、复杂性、生长性、用户导向……

（二）创新生态系统的理论框架与特征

"创新生态系统"有别于"创新体系"之处在于以生态学概念和方法诠释创新及创新活动。1935年英国生态学家坦斯利（A. G. Tansley）在 *The Use and Abuse of Vegetational Concepts and Terms* 一文中首次提出"生态系统"（Ecosystem）概念，将其界定为"地球表面上自然界的基本单位"，简单地说，生态系统是指在自然界的一定空间内，生物群落与环境构成的统一整体，在这个统一整体中，生物与环境之间相互影响、相互制约，并在一定时期内处于相对稳定的动态平衡状态，为维系自身稳定，生态系统需要不断进行物质循环和能量流动。创新生态系统分享生态系统的基本特征，将创新看作为行动者（生物群落）的种种创新要素与环境交互作用的统一整体，创新生态系统同样需要进行物质循环和能量流动。

1. 理论框架

基于不同的理论基础和研究视角，学者们将创新生态系统解释为不同的内容。其中，扬西蒂（Marco Iansiti）和莱维恩（Roy Levien）提出"松散网络"说，认为一个创新生态系统即各成员组成的松散网络，这些成员包括产品和服务、技术的供应者、创造者、传递者、影响者等。艾德纳（Ron Adner）提出"协同机制"说，认为创新生态系统实际上是企业用来整合其各自的投入和创新成果以实现共同一致、面向客户的解决方案的协同机制。王平（P. Wang）以"经济动态性"来描述创新生态系统，并指出在系统中，人和组织所构成的不同群落之间持续发生相互作用，这些不同群落分享共同的功能目标即促进技术发展和创新，它们之间呈现复杂的经济动态性。国内学者对创新生态系统的界定以李万等的"开放复杂系统"、柳卸林等的"创新网络"和张利飞的"技术创新体系"为代表。"系统说"认为创新生态系统是一个动态演化的开放复杂系统，系统内的群落与群落、群落与环境之间不断进行物质、能量和信息的流动与传导。"网络说"认为创新生态系统即以"共赢"为目的的网络，网络内的各主体基于共同愿景和目标，协同和整合创新资源，促成目标的实现。"技术创新体系说"将创新生态系统限定于高科技企业，这些企业以技术标准为创新耦合纽带，基于构件或模块的知识异化、系统配套、共存共生、共同进化而形成体系。

可见，学者们对创新生态系统的理解分别从主体、要素、功能、目标等不同角度入手，各有侧重。本文基于文献研究和分析，认为创新生态系统是指以企业为创新主体，以用户为服务对象，以政府、科研机构等为创新环境，以平台为支撑，以产生新知识、新产品、新技术，提高企业及社会绩效为目的的动态系统。系统的维持和运行遵循特定的规律，其要素、结构和功能随着经济、创新实践的发展而趋向复杂化，并在过程中保持相对稳定的平衡。

2. 主要特征

关于创新生态系统并未形成统一的明确概念，其理论内涵呈现出丰富性和多样性，相应地，其外延也存在各种差异，总体而言，创新生态系统范式即用生态学的隐喻揭示创新活动的本质和过程。人类的创新活动遵从生物学规律，各种创新主体如企业、科研院所、高等学校等，以及创新活动中的其他主体，如政府部门、金融机构等，均为创新生态系统中的物种，物种与物种之间、物种与环境之间由不同的联结方式而构成差异性种群和群落，在共生竞合中实现自身以及整个系统的动态演进。在这一过程中，物种之间的联结方式的不同、联结强度的差异等都会产生不同的创新结果，相应地，可以通过公共政策等调控手段对联结方式进行调整，以此实现特定的目标。不同的创新生态系统之间千差万别，但其基本特性大致相同。

开放性。一般来说，创新生态系统可大可小，相互交错，不同的系统之间存在要素的交叉，同时，为维护系统的稳定性和平衡性，创新生态系统需要不断地进行物质输入和能量流动，即创新要素的增减和流动，以确保随创新活动的进行而不断发展变化的要素需求能得以满足。当前的社会经济发展形势下，一个国家或区域乃至产业或企业的创新生态系统都不可能作为封闭的"生态圈"而存在，系统与系统之间彼此交迭，其中的物质、能量、信息等互通有无，流动共享，新的创新要素不断移入，旧的不再符合系统目标的要素流出，系统内部的物种充分竞争，系统整体呈现动态涨落。

竞争性。生态系统的最大特性即竞争性，同一生态系统之内的各种生物群落、环境因素等在竞争中优胜劣汰。竞争性和开放性相辅相成，以此维护生态系统的生命力和生长性。创新生态系统同样如此。知识、技术、人才、资源、政策等创新要素扭结成复杂的网络，在开放的系统中展开竞争性合作，当网络中的某一部分不再适应系统的发展，系统的平衡性就会打破，新的要素通过竞争将其取代。

多样性。竞争性直接带来生态系统的多样性，多样性反过来保证了竞争的充分实现。创新生态系统的两大核心即"主体之间相互依赖""主体与环境的相互作用"，它包含了诸多创新主体，比如大学、科研机构、企业、政府、中介服务机构、金融机构等，也融括了诸如政策、文化、制度、资本、基础设施等创新环境要素，创新主体和创新环境在不断的相互作用中进行磨合，追求创新效率的最大化，并实现创新的持续进行。

自组织性。创新生态系统的各创新要素（创新主体和创新环境）在动态的相互作用中推动系统整体的演进，其中市场在创新资源的配置中起到决定性作用，引导技术研究、开发和应用朝着良性发展，促进创新效率的提高。作为可控因素的政府决策对系统发展进化起着重要作用，创新政策的制定某种程度上决定了创新生态系统的演化方向。

生长性。自组织的创新生态系统决定了系统中的各要素之间相互联系、相互制约，创新主体在竞争性合作中共生共荣，官、产、学、研通过动态的螺旋形进化导致系统的自我演化，优势物种不断成长并自我超越。创新生态系统和生态系统一样，有发展、演化、衰落的过程。

事实上，创新生态系统的特征远不止于此，动态性、复杂性、整体性、交互性、稳定性、层次性、栖息性等，这些特征之间彼此关联，共同体现了创新生态系统的独特性，更加符合当前社会经济背景下的创新活动和创新研究。

3. 创新生态系统的分层

创新生态系统是一个复杂的范畴，其分析角度也是多种多样的，比如可以从微观、中观、宏观角度对其进行分析，具体可分为企业创新生态系统（Enterprise Innovation Ecosystem）、区域创新生态系统（Regional Innovation Ecosystem）、产业创新生态系统（Industry Innovation Ecosystem）、国家创新生态系统（National Innovation Ecosystem）、全球创新生态系统（Global Innovation Ecosystem）等。同样地，每一个创新生态系统又可以进行分层，完整的、运行良好的创新生态系统按照创新知识和技术的产出过程，应当涵盖创新活动上下游各类主体及它们之间的联系，这些分属不同机构的主体尽管在系统内的角色和定位各有差异，但通过相互依赖的竞合作用，共同促进科技与经济的有效结合，以此实现创新及创新成果的转化。具体而言，一个创新生态系统按照角色定位和功能的不同又可分解为科技创新子系统（Subsystem）、产业创新子系统、为科技创新和产业创新提供服务的技术创新服务平台子系统。这三个子系统各自拥有不同的系统角色，其中又包含诸多细分环节和阶段，每个阶段完成具体的任务，经过协同和整合达到创新生态系统的整体目标。通过对创新生态系统分层的分析，可以找出系统进化发展的掣肘之处，当系统整体出现失衡或退化时，能够尽快发现系统失灵的问题所在。同样，将创新生态系统进行分层，对构建一个全新的创新生态系统能够提供指导和方向。

（三）企业创新生态系统的构建

创新生态系统是经济发展实践所提出的新的创新范式，体现了新的经济增长方式和社会政治经济环境的要求，其作用在于将创新要素纳入动态的主体间相互依赖并竞合共生的系统之中，通过内部的物质、能量、信息的流动和交换，促使创新成果的生产、扩散和应用。创新生态系统较之于线性的创新模式、创新体系而言，其突出特点在于动态性、自组织性、生长性，更能体现创新活动的特征，也更能够体现创新驱动发展的要求。创新生态系统的构建目标即优化资源配置，实现科技、金融、经济等的有效结合和协同发展，进一步提升系统整体的竞争力和抗风险能力。

硅谷模式和德国工业 4.0 可以看作是创新生态系统的典型。硅谷作为创新生态系统的全球标杆区域，体现了创新生态系统演变的历程，像一个自然天成的生态系统，整个生态系统中的各个生物彼此协作，打造成了一个近乎完美的"热带雨林"，围绕着创业创新，硅谷不断衍生出了种种彼此协作的机构，种类繁多、功能齐全、配合默契，在产业变革中，硅谷进行着自我平衡和进化，体现了硅谷的自适应性和自我进化的功能。硅谷可以看作是区域或者产业创新生态系统的典型。在德国工业 4.0 的设计规划中，最重要的是工业技术和信息技术的融合，工业走向智能化，在整个创新活动的完整链条中，从科技创新到产业创新，再到个性化定制服务为核心的支撑服务平台建设，每一个创新子系统运转良好才会导向整个创新生态系统的有序生长。基于创新生态系统理论的解释力和优越性，近年来国内外关于创新生态系统的研究炙手可热。2013 年，欧盟发布了《都柏林宣言》，部署了新一代创新政策，即聚焦创新生态系统的 11 项策略和政策路径，标志着创新生态系统范式除在美国外，在欧盟也上升至国家战略部署层面。

　　就如何构建一个创新生态系统，已有一些国内外学者进行了探索。如布鲁姆和迪斯（Bloom and Dees）认为，创新生态系统应该包括参与者（个体和组织）和环境（规范、法律、市场）；朱迪·艾斯特琳（Judy Estrin）认为，创新生态系统包括核心层（创新的研究、开发和应用等）和影响力层（文化、教育、政策、融资等）；格玛沃特（Ghemawat）认为资源、能力和连通性（Connectivity）是创新生态系统的最主要因素；比罗尔·梅尔坎（Birol Mercan）等则认为集群、大学和产业的合作与创新文化是创新生态系统的主要部分；杨荣认为，创新生态系统包括核心层（创新主体）、中间层（支持机构）、外围层（创新环境）；等等。这些观点分别从不同的角度出发对创新生态系统进行分析，并提出创新生态系统的构建中应该包含的结构和成分，本文结合已有研究，以企业创新生态系统为例，尝试提出一种普遍意义上的创新生态系统模型。

　　对创新生态系统的构建而言，结构性是至关重要的内容，系统结构决定了系统的稳定性和生命力，就企业创新生态系统而言，本文认为应当确立几个基本原则：以企业为核心创新主体，政府机构、科研单位、公共服务组织、金融投资机构等为环境主体；以用户为服务对象，以市场需求为导向；以政策、文化、制度、资本等为创新环境；以各种平台为支撑；以产生新知识、新产品、新技术，提高企业及社会绩效为目的。图 1 是一种简易的以企业为核心主体的创新生态系统，市场是一种开放性的大环境，各种创新群落（主体）以市场为背景，产生各种需求、政策、导向性服务等，市场中的所有成员均与核心企业发生关联，进行复杂的物质流动和能量交换，除企业以外的其他市场主体之间也彼此关联，相互作用，以产生、核准、发展相应的需求和产出。该普遍意义上的企业创新生态系统有以下特点：市场是系统的最外边缘，边缘是开放的，以保证系统内外的物质交换和能量流动的发生，同时市场也是创新环境的主体之一，也就是说市场在该系统中具有双重角色；系统中的任一边界都是开放的，主体间时刻进行相互作用和相互制约；系统中的创新主体随着具体经济活动的变化而变化，系统并非一成不变的。

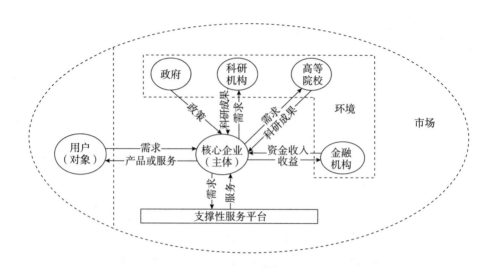

图1　企业创新生态系统模型

（四）结语

创新生态系统借用生态学的概念、范畴及理论对创新活动进行描述，这一范式是经济增长方式改变、经济全球化大背景下对创新模式转变的要求，简单的线性创新范式、国家（区域）创新体系范式尽管各有优势，并在特定社会条件下取得了成功，但是无法将"创新主体之间的相互依赖"和"创新主体与创新环境之间的相互作用"用动态模式加以描述、分析和应用。创新生态系统范式在一定程度上代表了未来的创新模式，其核心单元即企业、用户、平台、市场，运行良好的良性创新生态系统将会导向主体间、主体与环境的共生共荣，同样系统的稳定性和平衡性也需要不断加以维护。就目前而言，国内外对创新生态系统的理论和实践研究仍有不足，大多局限于某单一领域、地域内，基础理论不完善，对创新政策的指导意义也亟待挖掘。

参考文献

［1］Manuel L，Elvira U，Kieron F. Policies for Science，Technology and In-novation：Translating Rationales into Regional Policies in AMulti-level Setting［J］.

Research Policy，2008，37（5）：823-835.

[2] Lundvall B A. Product Innovation and User-Producer Interaction [M]. Industrial Development Research Series No. 31，Aalborg University Press，1985.

[3] 克里斯多夫·弗里曼. 技术政策与经济绩效：日本国家创新系统的经验[M].南京：东南大学出版社，2008.

[4] 王春法. 国家创新体系理论的八个基本假定[J].科学学研究，2003，21（5）：533-538.

[5] 路甬祥. 创新与未来：面向知识经济时代的国家创新体系[M].北京：科学出版社，1998.

[6] 曾国屏，苟尤钊，刘磊. 从"创新系统"到"创新生态系统"[J].科学学研究，2013，31（1）：4-12.

[7] Tansley，A. G. The Use and Abuse of Vegetational Concepts and Terms [J]. Ecology，1935，16（3）：284-307.

[8] Iansiti，M.，Levien，R. Strategy an Ecology [J]. Harvard Business Review，2004，82（3）：68-81.

[9] Adner，R. Match Your Innovation Strategy to Your Innovation Ecosystem [J]. Harvard Business Review，2006，84（4）：98-107.

[10] Wang，P. An Integrative Framework for Understanding the Innovation Ecosystem [C]. Proceedings of the Conference on Advancing the Study of Innovation and Globalistation in Organizations，2009.

[11] 李万等. 创新3.0与创新生态系统[J].科学学研究，2014，32（12）：1761-1770.

[12] 柳卸林，孙海鹰，马雪梅. 基于创新生态观的科技管理模式[J].科学学与科学技术管理，2015，36（1）：18-27.

[13] 张利飞. 高科技产业创新生态系统耦合理论综评[J].研究与发展管理，2009，21（3）：70-75.

[14] 周怀峰. 创新生态系统建设中政府科技工作的切入点[J].广东科技，2016（13）：29-34.

［15］ The European Commission. Open Innovation 2. 0 （OI2） -Sustainable Economy&Society-Stability. Jobs. Prospenrity. Dublin，Ireland ［R］ . 2013.

［16］ Bloom，P. ，Dees，G. ，Cultivate Your Ecosystem ［J］. Stanford Social Innovation Review，2008，Winter：45-53.

［17］ Estrin，J. ，Closing the Innovation Gap ［M］. New York：McGraw - Hill，2008.

［18］ Ghemawat，P. ，Managing Differences：The Central Challenge of Global Strategy ［J］. Harvard Business Review，2007，85 （3）：59-68.

［19］ Birol Merean，Deniz，G，Ktas，Components of Innovation Ecosystems：A Cross-Country Study ［J］. International Research Journal of Finance and Economics，2011，76：102-112.

［20］ 杨荣. 创新生态系统的界定、特征及其构建[J]. 科学与管理，2014 （3）：12-17.

七、中国火电行业碳排放核算及驱动因素分析

杨　东　周艾文　季小妹　石　峰

摘要：本文基于我国火力发电行业消耗的主要能源测算了我国 2003～2012 年火力发电产生的碳排放。运用对数平均迪氏分解（LMDI）方法将我国 2003～2012 年火力发电产生的碳排放分解为火力发电消耗能源的碳排放强度、能源消费结构、能耗比例、能源消费强度、经济水平和人口六方面效应。结果表明，经济水平、能耗比例和能源消耗强度因素对我国火力发电碳足迹的影响最为明显；能源碳足迹强度效应、能源结构效应和人口效应的变化都缓慢地推动了火力发电碳排放的增长。随着时间的推移，我国人口数量和节能减排工作推进至一定程度，我国火力发电行业碳足迹的变化也将相对稳定。在此基础上，提出我国火力发电节能减排的对策及建议，引导我国能源行业低碳绿色生产。

关键词：碳排放；火电行业；驱动因素；LMDI；中国

（一）前言

全球变暖是目前人类面临的重大生态环境问题之一，已经引起国际社会的广泛关注。全球各国纷纷开展各项行动以控制和减缓气候变化的趋势。我国政府对于全球变暖问题高度重视，要求在 2020 年我国单位国内生产总值二氧化碳排放在 2005 年的水平上下降 40%～45%。在此背景下重点行业碳排放

的核算和影响因素研究就成为碳减排研究的基础。

碳排放的影响因素比较复杂，涉及社会的产业结构、能源结构、工业能耗水平、经济水平、人口等诸多因素。众多研究者对二氧化碳等温室气体排放的影响因素进行了分解研究，主要分为结构分解分析法和指数分解分析方法，其中，对数平均迪氏指数（LMDI）分解模型可以进行完全分解、不产生残差，而且允许数据中包含零值，这得到了学术界的普遍认可，并广泛应用于各个领域。

国内不少学者采用 LMDI 模型开展了碳排放的影响因素分析研究。徐国泉等基于 LMDI 分解模型，定量分析了能源结构、能源效率和经济发展等因素变化在 1995~2004 年对我国人均碳排放的影响。魏一鸣等把影响碳排放的因素主要分为人口、经济、技术三个方面的因素，分别分析了三方面的因素对我国碳排放的影响。宋杰鲲将山东省碳排放分解为人口、人均财富、产业结构、能源消费强度和能源消费碳排放 5 个方面的因素，分析了不同因素对碳排放的影响因素。曲建升等则分析了我国城乡居民生活碳排放的驱动力因素，研究发现经济水平、消费水平和消费结构因素对我国居民人均生活碳排放的影响最为明显。侯建超等从宏观经济、人均 GDP、能源结构等方面开展了我国电力行业影响因素分析研究，研究表明宏观经济对我国电力行业碳排放的影响较大。

火力发电行业是我国重要的能耗部门，同时也是重要的碳排放部门，火力发电行业的碳排放研究更是我国碳减排研究的重点。但是，目前关于火力发电行业碳排放驱动力分析研究比较少见；现有的研究基本上都不考虑能源生产和加工技术在时间序列上的变化和影响，消耗的能源碳排放因子在时间序列上没有变化；另外，大多数研究所采用的能源碳排放因子都仅仅核算了能源的直接碳排放，没有考虑能源开采加工和运输过程中所产生的间接碳排放，这对碳排放核算的结果的准确性有一定的影响。

因此，从电力生产全生命周期角度出发，考虑能源开采、加工和运输工程中的间接的碳排放，同时考虑时间序列上能源碳排放因子的变化，核算我国火电行业的碳排放。同时应用对数平均权重分解法（LMDI）对火力发电碳排放变化的驱动因素进行分析，确定 2003~2013 年能源消耗的碳排放强度、能源消费结构、火力发电能耗比例、我国能源消费强度、经济水平因素、人口数量等影响因素对我国火力发电碳排放变化的贡献值，找出火力发电行业 CO_2 变化的背后原因，为火力发电行业绿色生产、低碳发展战略提供相应政策。

（二）数据来源与研究方法

1. 数据来源

本文的人口和经济水平数据主要来源于《中国统计年鉴》（2004~2013），火力发电行业能源消耗数据主要来源于《中国能源统计年鉴》（2004~2013）。主要消耗能源的碳排放因子主要来自中国科学院生态环境研究中心的 RCEES2012 数据库（碳足迹数据库）（该数据库涵盖了时间序列的能源生产和使用过程的直接碳排放和间接碳排放之和），具体的能源碳排放因子数据如表 1 所示。

表 1　火力发电消耗主要能源种类及其碳排放因子

能源类型	原煤（$kgCO_2eq/kg$）	原油（$kgCO_2eq/kg$）	天然气（$kgCO_2eq/kg$）
2003 年	2. 05	4. 11	3. 70
2004 年	2. 03	4. 09	3. 52
2005 年	2. 03	4. 09	3. 50
2006 年	2. 06	3. 86	3. 40
2007 年	2. 06	3. 64	3. 39
2008 年	2. 06	3. 65	3. 39
2009 年	2. 07	3. 66	3. 41
2010 年	2. 08	3. 65	3. 34
2011 年	2. 07	3. 66	3. 44
2012 年	2. 08	3. 65	3. 44

我国的国内生产总值（GDP）数据同样来自历年的《中国统计年鉴》，为了使数据具有可比性、统一性，本文将 2003~2012 年的现价国内生产总值换

算为 2000 年的不变价，由此计算国内人均 GDP，进而对其影响因素进行研究分析。

2. 火力发电碳排放核算

火力发电各种能源的消耗量数据来自 2004~2013 年的《中国能源统计年鉴》，在统计能源消耗种类时，我们以煤炭、石油和天然气三种能源为主，把其他能源根据种类和平均发热值合并到三大能源之中，结合我们上表三大能源的碳排放因子，可以计算出我国火力发电行业碳排放的计算公式：

$$C = \sum_{j}^{3} C_j = \sum_{j}^{3} E_j \times r_j$$

式中，C 为火力发电行业的碳排放量；C_j 为第 j 类能源消耗产生碳排放量（直接碳排放和间接碳排放之和）；$j = 1$，煤；$j = 2$，石油；$j = 3$，天然气；r_j 为第 j 中能源的碳足迹因子。

2003~2012 年我国火力发电行业碳排放如表 2 所示，由此可以看出我国火力发电的碳排放总量在持续增长，由 2003 年的 139714.72 万 TCO_2eq 上升到 2012 年的 339944.11 万 TCO_2eq，上升了 2.43 倍。

表 2 2003~2012 年我国火力发电碳排放 单位：万 TCO_2eq

年份	碳排放
2003	139714.72
2004	161006.99
2005	177879.76
2006	161752.63
2007	179207.71
2008	263739.42
2009	277214.03
2010	298343.09
2011	338281.43
2012	339944.11

3. LMDI 分解方法

本文利用 2003~2012 年我国大陆的整体数据，计算出我国火力发电总的碳排放量，基于 Kaya 恒等式理论基础，将温室气体排放的影响因素与人类活动产生的 CO_2 排放量建立联系，并对我国火力发电行业碳排放的影响因素进行分解分析。对数平均 Divisia 因素分解法（LMDI）不产生无法解释的残差项，允许数据中包含零值，应用比较广泛。本文采用 LMDI 进行因素分解，火力发电行业碳排放量分成能源碳排放强度、能源消费结构、能耗比例、能源消费强度、经济水平以及人口几个因素的乘积。

火力发电行业碳排放影响因素分解模型的基本公式如（1）所示：

$$C = \sum_i C_i = \sum_i \frac{C_i}{E_i} \times \frac{E_i}{E_c} \times \frac{E_c}{E} \times \frac{E}{G} \times \frac{G}{P} \times P \qquad (1)$$

式中，C_i 为历年火力发电行业消耗 i 类能源产生的温室气体排放总量，单位：万 TCO_2eq；i 为能源消耗类别，当 $i=1$ 时，代表燃煤，以原煤进行计算；当 $i=2$ 时，代表燃油，以原油进行计算；当 $i=3$ 时，代表天然气；E_i 为火力发电过程中 i 类能源的消耗量，单位为万 tce；E_c 为火力发电过程中能源总的消耗量，单位为万 tce；E 为我国总的能源消费，单位为万 tce；G 为历年国内生产总值（GDP），单位为：亿元；P 为历年人口总量，单位为：亿人。

能源碳排放强度因素，$I_i = C_i/E_i$，即 i 类能源消费的碳足迹排放强度；

火电能源结构因素，$U_i = E_i/E_c$，即 i 类能源占火力发电能源消费总量的比例；

火电能耗比例因素，$S = E_c/E$，即火力发电能耗占我国总能源消费的比例；

能源消费强度因素，$R_i = E/G$，即我国能源消费总量与国内生产总值的比值；

经济水平因素，$Q = G/P$，即人均国内生产总值；

人口因素，P 为人口数量。

由此，我国火力发电行业的碳排放量可以表示为式 2：

$$C = \sum_i C_i = \sum_i I_i \times U_i \times S \times R \times Q \times P \qquad (2)$$

根据对数平均权重 Divisia 分解法，用 t 代表年份，第 t 年相对于基期年（2003 年）的我国火力发电行业碳排放变化可以表示为式（3）：

$$\Delta C = C^t - C^o = \sum_i I_i^t \times U_i^t \times S^t \times R^t \times Q^t \times P^t - \sum_i I_i^o \times U_i^o \times S^o \times R^o \times Q^o \times P^o$$

$$= \Delta C_I + \Delta C_U + \Delta C_S + \Delta C_R + \Delta C_Q + \Delta C_P + \Delta C_{rsd} \qquad (3)$$

式中，ΔC_I、ΔC_U、ΔC_S、ΔC_R、ΔC_Q、ΔC_P 代表各因素变化对火力发电行业碳排变化的累计贡献值。其中，ΔC_I 为碳排放强度效应；ΔC_U 为火力发电能源消费结构效应；ΔC_S 为火力发电能耗比例因素；ΔC_R 为能源消费强度效应；ΔC_Q 为经济水平效应；ΔC_P 为人口因素效应；ΔC_{rsd} 为分解余量。此模型比较全面地反映了碳排放强度、能源消费结构、能源消费强度、经济水平、人口因素对我国火力发电碳排放的影响。

根据上式，按照对数平均权重 Divisia 分解法进行分析，分解结果为：

$$\Delta C_I = \sum_i W'_i \ln \frac{I_i^t}{I_i^o}; \quad \Delta C_U = \sum_i W'_i \ln \frac{U_i^t}{U_i^o}; \quad \Delta C_S = \sum_i W'_i \ln \frac{S_i^t}{S_i^o};$$

$$\Delta C_R = \sum_i W'_i \ln \frac{R_i^t}{R_i^o}; \quad \Delta C_Q = \sum_i W'_i \ln \frac{Q_i^t}{Q_i^o}; \quad \Delta C_P = \sum_i W'_i \ln \frac{P_i^t}{P_i^o}$$

其中，$W'_i = \dfrac{c_i^t - c_i^o}{\ln(c_i^t) - \ln(c_i^o)}$

$$\Delta C_{rsd} = \Delta C - (\Delta C_I + \Delta C_U + \Delta C_S + \Delta C_R + \Delta C_Q + \Delta C_P)$$

$$= C^t - C^o - \sum_i W'_i \left(\ln \frac{I_i^t}{I_i^o} + \ln \frac{U_i^t}{U_i^o} + \ln \frac{S_i^t}{S_i^o} + \ln \frac{R_i^t}{R_i^o} + \ln \frac{Q_i^t}{Q_i^o} + \ln \frac{P_i^t}{P_i^o} \right)$$

$$= C^t - C^o - \sum_i (C_i^t - C_i^o) = 0$$

（三）火力发电碳排放驱动因素分析

1. 我国火力发电碳排放

以 2003 年为基期，运用上述 LMDI 模型对我国 2003~2012 年火力发电产生的碳足迹进行因素分解，得到能源碳排放强度、火电能源结构、火电能耗比例、能源消费强度、经济水平和人口因素的累计效应如表 3 所示。

从表 3 可知，从火力发电碳排放的影响因素的累计贡献值可以看出，能源碳排放效应累积贡献值由负值转为正值。这说明 2008 年以前能源碳排放强度的变化对火力发电碳排放的增长起阻碍作用，但是 2008 年之后伴随着燃煤

表 3　2003~2012 年我国火力发电行业碳排放变化驱动因素累积效应及比重

单位：万 tCO$_2$ eq

年份	能源碳排放强度		火电能源结构		火电能耗比例		能源消费强度		经济水平		人口		总效应/万吨
	效应	比重	效应	比重	效应	比重	效应	比重	效应	比重	效应	比重	
2003~2004	-1523.71	-7.16%	-0.29	0.00%	8037.11	37.75%	356.46	1.67%	13541.34	63.60%	881.36	4.14%	21292.27
2003~2005	-1609.70	-4.22%	7.18	0.02%	7392.51	19.37%	260.28	0.68%	30256.06	79.28%	1858.70	4.87%	38165.04
2003~2006	206.59	0.94%	-1.63	-0.01%	2886.28	13.10%	-29575.11	-134.20%	45958.56	208.54%	2563.21	11.63%	22037.90
2003~2007	-41.58	-0.11%	150.77	0.38%	-5101.51	-12.92%	-27522.91	-69.69%	68493.82	173.43%	3514.39	8.90%	39492.99
2003~2008	215.88	0.17%	656.77	0.53%	-16713.11	-13.48%	33510.58	27.02%	101048.93	81.47%	5305.64	4.28%	124024.70
2003~2009	1135.76	0.83%	901.66	0.66%	-24595.00	-17.89%	33325.72	24.24%	120315.12	87.50%	6416.04	4.67%	137499.30
2003~2010	2113.81	1.33%	1119.94	0.71%	-34207.88	-21.56%	37035.71	23.35%	144892.36	91.34%	7674.43	4.84%	158628.37
2003~2011	1336.98	0.67%	1764.16	0.89%	-76228.30	-38.39%	53312.34	26.85%	209087.43	105.30%	9294.09	4.68%	198566.71
2003~2012	2392.22	1.19%	1840.30	0.92%	-84239.61	-42.07%	44850.28	22.40%	224963.21	112.35%	10422.98	5.21%	200229.39

等能源开采难度上升，燃煤等能源的碳排放缓慢上升，对火力发电碳排放增长起到了拉动作用，随着能源开采技术的进步和能源生产行业节能减排工作的推进，该因素对火力发电碳足迹的拉动作用保持在较低的水平。

火电能源结构效应在 2003~2004 年和 2006 年小于 0，其他年份大于 0。这表明能源结构因素的变化在 2003~2004 年和 2003~2006 年对火力发电的碳足迹的增长起阻碍作用；其他年份该因素对火力发电的碳足迹增长起推动作用。

能耗比例效应在 2003~2006 年为正值，但是贡献的比重在不断下降；2003 年及 2007~2012 年的贡献值为负值，并且比重在逐渐降低。这表明能耗比例因素的变化在 2003~2006 年对火力发电碳足迹的增长起持续拉动作用，但是拉动的作用在逐渐放缓；2003 年及 2007~2012 年，该因素的变化开始对火力发电碳足迹的减排起到了推进作用，并且减排的贡献在日趋增长，该因素是促进火力发电碳减排最主要的因素。

能源消费强度因素的变化对我国火力发电碳足迹的影响较为复杂，但是总体上在 2003 年及 2004~2012 年对我国的火力发电碳足迹增长起拉动作用；在 2003 年及 2006~2007 年该因素的变化对火力发电的减排起到积极的作用，这可能是 2006~2007 年受到经济危机的影响，能源消费的强度有所降低，降低了火力发电行业的碳足迹。但是伴随着能源消费强度的提高，该因素对火力发电增长的贡献在逐渐放缓。

经济水平效应和人口效应对我国火力发电碳足迹的累计贡献值始终为正值，说明这两个因素对火力发电碳足迹的增长主要起推动作用。从表 3 中还可以看出，经济水平效应是我国火力发电碳足迹增长的主要驱动力因素，而且经济水平效应对火力发电碳排放量的贡献值呈现不断上涨趋势。此外，人口效应和能源结构效应对火力发电碳足迹的推动作用都随着时间呈上升趋势，但是数值较小，影响权重非常小。

2. 具体驱动因素分析

（1）能源碳排放因素

煤炭在火力发电能源消耗比例中高达 95% 以上，所以煤炭的碳足迹的变化对火力发电碳足迹的变化有着直接的影响。如图1所示，2004~2012年我国煤炭生产的碳足迹在缓慢波动上升，2004年煤炭的碳足迹为2.03kgCO$_2$eq/kg，2012年以升至2.08kg CO$_2$eq/kg，碳足迹上升了2.5%，这主要由于我国煤炭坑采比例在逐渐上升，开采难度逐渐增大，能耗和碳排放也随之缓慢上升。

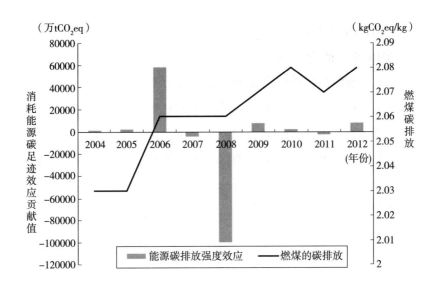

图1 能源碳排放强度效应对我国火力发电碳排放的年度贡献值

把火力发电消耗能源的碳排放强度效应的累计贡献值分解为年度贡献值（见图1）。由图1可以看出，火力发电消耗能源碳排放的贡献值总体随着燃煤的碳排放的变化而变化，煤炭碳排放上升，相应地，该效应对火力发电碳足迹的增长呈拉动作用；燃煤碳排放不变或下降，该效应对火力发电碳足迹的减排就具有积极作用。燃煤的碳足迹在2004~2012年内总体呈现上升趋势，该因素对火力发电的碳足迹的增长总体呈现拉动作用。厉行节能减排，降低燃煤生产过程的碳排放，控制我国火力发电碳排放有直接的作用。

（2）结构因素

从能源消费结构来看，2004~2012年燃煤在能源结构中的比例呈波动变化趋势，2004年的比例为95.92%，至2005年达到最低值95.33%，然后燃煤的比例缓慢上升，至 2008 年达到最大值 97.84%，2012 年又下降为 97.41%，总体来说，呈现先上升后下降的趋势。2008 年以前，煤在火力发电能源消耗中比例上升比较迅速，2008 年之后燃煤的比例开始缓慢下降，原油和天然气的比例上升，表明火力发电的能源结构逐渐改善，但是效果有限，火力发电消耗能源仍然以燃煤为主。

把能源消费结构累计贡献值分解为年度贡献值（见图 2）。2004~2006 年和 2009~2010 年，能源结构效应的贡献值为负值，且年度贡献值较小；2007~2008 年，能源结构效应为正值，且年度贡献值较大；2011~2012 年该因素的贡献又为正值，但是贡献呈逐渐减小的趋势。这说明能源结构的变化对火力发电碳足迹的增减具有重要的影响，燃煤在火力发电消耗能源中的比例越高，其对火力发电碳足迹增长的拉动作用越大，因此降低燃煤在火力发电能源消耗的比例，提升其他清洁能源在火力发电的比例，对控制火力发电行业碳足迹的排放具有积极的意义。

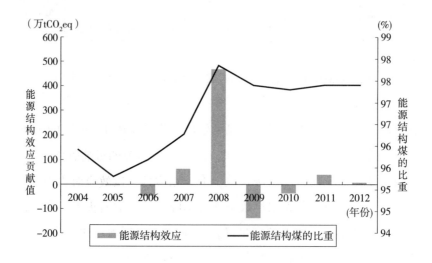

图 2　能源结构效应对我国火力发电碳排放的年度贡献值

（3）能耗比例效应

伴随着我国经济的发展，火力发电量逐年增长，我国火力发电的总能耗在我国工业总能耗的比例波动上升,2004年的火力发电能耗占到国内总能耗的26.54%,到2012年火力发电能耗占我国能耗的比例上升至32.37%,增长了5.83%。

把能耗比例因素的累计贡献值分解为年度贡献值(见图3)。能耗结构比例效应的年度贡献值的变化与火力发电能耗占我国总能耗的比例的变化趋势呈现相关性。能源消费比例下降,该年份此因素的贡献就为负值,对火力发电碳足迹的减排起到积极作用;能耗比例上升,该年度此因素的贡献就为正值,对火力发电碳足迹的增长就起到拉动作用,能耗比例变化越大,对我国火力发电碳足迹的影响就越大。通过时间序列的变化可以看出,我国火力发电能耗在总能耗的比例呈现波动上升趋势,因此消耗比例效应对我国火力发电碳足迹的增长呈拉动作用。我国能源消费总量呈逐年上升趋势,所以火力发电的能耗总量也在逐年增长,燃煤又在火力发电能源结构中保持了非常高的比例,燃煤产生的碳足迹也在逐年增长,所以能耗比例效应对火力发电的碳足迹的增减具有非常重要的作用。由此可见,合理控制火力发电行业能耗总量,改善火力发电能源消耗结构,对控制我国火力发电的碳足迹和我国碳足迹都具有非常积极的意义。

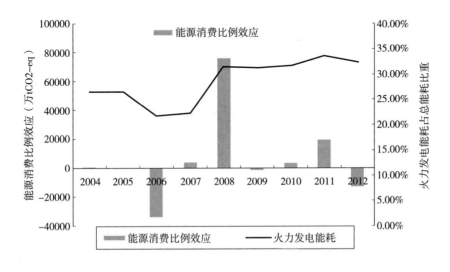

图3 能源消费比例效应对我国火力发电碳排放的年度贡献值

（4）能源消费强度

从能源消费强度因素来看，我国的能耗水平不断降低，2004~2012年的单位GDP能耗水平呈现不断下降的趋势。2004年，我国万元GDP能耗从1.5tce/万元下降至0.98tce/万元，下降了35%，这表明我国的节能减排工作起到了一定的成效。

把能源消费强度效应的累计贡献值分解为年度贡献值，如图4所示。2003~2004年，能源消费强度效应为正值，2005~2012年，该因素效应为负值，且对火力发电行业碳足迹减排的贡献值较大。这说明能源消费强度的变化对于火力发电行业碳足迹的减排具有重要作用。能源消费强度效应的变化趋势也可以分为两个阶段。第一阶段，2004~2009年，该因素的年度贡献值缓慢负向增长，这与该阶段全国节能减排工作开展，单位GDP能耗缓慢降低有直接关系。第二阶段，2010~2011年，该因素的年度贡献值呈加速负向增长，增长速度非常明显，而同时期单位GDP能耗降低17%，这说明"十二五"期间，伴随节能减排工作的深入，单位GDP能耗水平有了明显的下降，这对降低火力发电碳足迹有非常积极的作用。

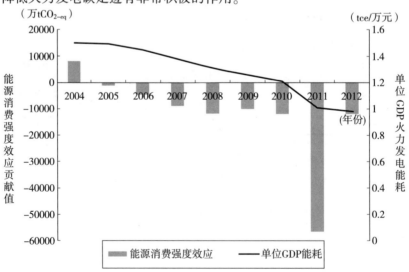

图4　能源消费强度效应对我国火力发电碳排放的年度贡献值

（5）经济因素

从经济水平来看，2004~2012 年的人均 GDP 呈现上升趋势，其中，2004
年人均 GDP 为 1.09 万元，2012 年人均 GDP 为 2.73 万元，与 2004 年相比增
长了 1.50 倍，其中 2009 年之后上涨幅度最为明显。

把经济水平因素的累计贡献值分解为年度贡献值（见图 5）。2004~2012
年，经济水平效应始终为正值，并且年度贡献值较大，这说明经济规模的变
化对于火力发电行业碳足迹的增减具有重要的影响。经济水平效应的变化趋
势可以分为两个阶段。第一阶段，2004~2007 年，经济水平效应年度贡献值
保持缓慢的增长，这与该阶段全国人均 GDP 增长率缓慢增加有直接关系。第
二阶段，2008~2012 年，经济水平受经济危机影响，该因素的年度贡献值呈
现出波动上升趋势，但是伴随着我国经济恢复，该因素的年度贡献值保持快
速增长，特别是 2011 年保持了大幅度的增长。经济水平的快速增长提高了国
内收入水平，但是也消耗了大量的能源和电力。因此，引导和控制火力发电
行业的碳足迹，就必须提升经济增长的质量，降低经济提升所产生的能源
消耗。

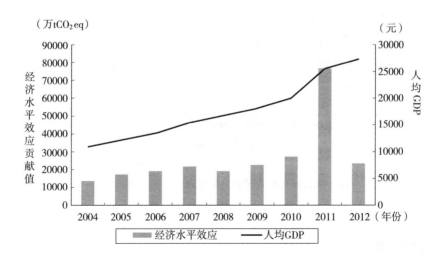

图 5　经济水平效应对我国火力发电碳排放的年度贡献值

（6）人口因素

从人口因素来看，2004~2012年我国人口数量持续呈现上升趋势，人口因素效应始终为正值，并且该因素的年度贡献值伴随着人口数量的上升呈持续增长趋势。2004~2012年，人口数量的增长对我国火力发电碳足迹的累计拉动作用为10422.98万 tCO_2eq，年均拉动作用为1042.30万 tCO_2eq。从时间序列上来看，人口因素对火力发电碳足迹的贡献值会越来越重要，人口数量的不断增长，导致生产和生活的电力消耗会随之上升，其产生的碳足迹也会不断上升。合理控制人口规模以及降低人口增长率对我国火力发电的碳足迹具有积极的意义。

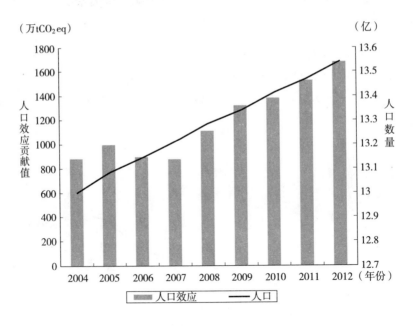

图6 人口效应对我国火力发电碳排放的年度贡献值

（四）结论

利用LMDI分解模型，可以更好地阐述碳足迹强度、能源结构、能源消费比例、能源消费强度、经济水平和人口等因素与我国火力发电碳足迹之间的关系。对我国火力发电碳足迹驱动因素进行深入分析，有助于为我国节能减排、绿色发展和低碳发展战略额度制定提供重要的科学参考。依据本文的分析结果，政府应在制定碳减排政策时，关注我国火力发电碳足迹的动态变化，并统筹考虑人口、经济水平和能源结构等诸多因素的综合影响。

首先，我国火力发电碳足迹的增长趋势需要加强关注。研究期间，我国火力发电行业碳足迹呈现出波动上升趋势，由 2003 年的 139714.72 万 tCO_2eq 增长至 2012 年的 339944.11 万 tCO_2eq，增长了 1.43 倍。预计在能源结构和火力发电能耗占我国能耗比例因素不发生较大的变化情况下，我国火力发电的碳足迹将伴随发电量的增加呈现持续上升趋势，火力发电作为我国主要的能耗部门将需要作为节能减排工作的重要领域持续予以关注。

其次，研究发现，经济水平效应对我国火力发电的碳足迹增长的拉动贡献值最大。经济水平推动了生活和生产对于发电量的需求，发电量的增长将推动本行业能源消耗的增长，进而推动火力发电行业碳足迹的持续增长。经济水平效应的年度贡献值由 13541.34 万 TCO_2eq 上升为 23323.05 万 TCO_2eq，增长了 0.72 倍。能耗强度因素对我国火力发电的碳足迹的减排贡献最大，能耗水平的降低，降低了原材料和能源生产过程的排放，对火力发电的碳足迹减排具有积极的意义。因此，从我国的经济水平和能耗水平来看，应持续引导低碳发展模式，降低生产和生活能耗水平，保持经济高速增长的同时，降低对火力发电量的需求。提升经济增长的质量，关注经济增长方式、产业结构和能源结构对于碳足迹增长的影响，通过提高经济增长质量，逐步实现火力发电行业以及整个社会的去碳化。

最后，其他因素的效应对我国火力发电碳足迹的年度贡献总体上为正值，因此应该注重其他因素的变化趋势，降低火力发电能源消耗量和消耗能源的碳足迹强度，改善火力发电行业的能耗水平，降低火力发电能耗在总能耗的比例。

参考文献

[1] Ang B W. Decomposition Analysis for Policymaking in Energy: which is the Preferred Method? [J]. Energy Policy, 2004, 32 (9): 1131-1139.

［2］ Ang B W. The LMDI Approach to Decomposition Analysis：A Practical Guide［J］. Energy Policy，2005，33（7）：867-871.

［3］ Casler S D，Rose A. Carbon Dioxide Emissions in the US Economy：A Structural decomposition analysis［J］. Environmental and resource economics，1998，11（3-4）：349-363.

［4］ 陈红敏. 中国产业部门的能耗强度特征及节能减排的分类实现路径［J］.资源科学，2009（7）：1226-1232.

［5］ 国家统计局. 中国统计年鉴2003—2012［M］.北京：中国统计出版社，2013.

［6］ 国家统计局能源统计司. 中国能源统计年鉴2003—2012［M］.北京：中国统计出版社，2004-2013.

［7］ Hoekstra R，Van den Bergh J C J M. Comparing Structural Decomposition Analysis and Index［J］. Energy Economics，2003，25（1）：39-64.

［8］ 林卫斌，陈彬，俞燕山. "十二五"及2020年电力需求预测研究［J］.中国人口·资源与环境，2011，21（7）：1-6.

［9］ 侯建朝，谭忠富. 电力生产CO_2排放变化影响因素分解［J］.中国电力，2011，44（11）：39-42.

［10］ 侯建朝，史丹. 中国电力行业碳排放变化的驱动因素研究［J］.中国工业经济，2014（6）：44-56.

［11］ Kawase R，Matsuoka Y，Fujino J. Decomposition Analysis of CO_2 Emission in Long-term Climate Stabilization Scenarios［J］. Energy Policy，2006，34（15）：2113-2122.

［12］ 曲建升，刘莉娜，曾静静等. 中国城乡居民生活碳排放驱动因素分析［J］.中国人口·资源与环境，2014，24（8）：33-41.

［13］ 宋杰鲲. 基于LMDI的山东省能源消费碳排放因素分解［J］.资源科学，2012，34（1）：35-41.

［14］ 孙锌，刘晶茹，杨东等. 家用空调碳足迹及其关键影响因素分析［J］.环境科学学报，2014，34（4）：1054-1060.

［15］徐国泉，刘则渊，姜照华．中国碳排放的因素分解模型及实证分析：1995-2004［J］.中国人口·资源与环境，2006，16（6）：158-161.

［16］魏一鸣，刘兰翠，范英等．中国能源报告2008：碳排放研究［M］.北京：科学出版社，2008.

八、标准化推进农村生活污水
处理设施建设

张　青

摘要：水环境治理是"十三五"环保工作的重点之一，特别是水源污染及农村水环境的治理是环保治理工作的难点和重点。目前，农村水环境状况面临的问题主要有：农业灌溉水污染严重，地下水超采和污染严重，地表水呈不断恶化趋势，逐渐丧失其原有的生态环境功能。2015年末全国行政村污水处理率仅为11.4%。相关标准的缺失是农村生活污水处理设施建设进展缓慢的主要原因。

关键词：标准；水处理设施；农村生活污水

（一）城乡污水排放处理工程的现状及问题

1. 国内城乡污水排放处理的现状

2016年中央一号文件明确要求"采取城镇管网延伸、集中处理和分散处理等多种方式，加快农村生活污水治理和改厕"。2016年国务院发布的《中华人民共和国国民经济和社会发展第十三个五年规划纲要》要求加快建设美丽宜居乡村，开展生态文明示范村镇建设行动和农村人居环境综合整治行动，进一步改善农村的人居环境。农村生活污水处理是改善农村人居环境、提高农村居民生活水平的重要内容，也是农村现代化根本性的重要标志。

2015年，住建部会同中国农业发展银行与吉林、江苏、山东、宁夏、山

214

西 5 省区签订战略合作协议，并在全国选择 100 个县开展农村生活污水治理示范。到 2020 年，新增完成环境综合整治的建制村 13 万个。

2015 年末，全国城市年污水处理总量 428.8 亿立方米，城市污水处理率为 91.90%；县城全年污水处理总量 78.9 亿立方米，污水处理率为 85.22%。行政村污水处理率仅为 11.4%，大量农村生活污水未经处理排出，已成为农村、湖泊和河流富营养化等环境污染的主要原因之一。

2015 年全国 967 个地表水国控断面（点位）水质监测结果，I~III类、IV~V类和劣V类水质断面分别占 64.5%、26.7% 和 8.8%。2015 年山东省 134 个监测河流断面中（除 10 个断流），水质达到及优于III类的 61 个，占 49.2%；IV类的 32 个，占 25.8%；劣V类的 10 个，占 8.1%。化学需氧量平均浓度 23.7mg/L，同比下降 2.0%；氨氮平均浓度 0.91mg/L，同比上升 9.4%。

目前，全国各地积极开展农村生活污水治理工作，但是标准的缺失使农村生活污水处理设施设计、施工、评价、验收、监管等方面存在诸多困难，进展滞后于规划。

2. 山东省城乡污水排放处理的现状

根据《山东省城乡污水处理及再生利用设施建设规划（2013~2015年）》，山东省城乡污水处理的现状是：

（1）城乡污水排放量大

2012 年，全省设市城市和县城供水量 42.19 亿立方米，污水排放量 35.78 亿立方米；到 2012 年底，污水管网长度 2.04 万千米，建成区污水管网密度 3.8 千米/平方千米。2012 年，全省 1062 个建制镇供水量 12.4 亿立方米，污水排放量 10 亿立方米；到 2012 年底，污水管网长度 1 万千米，建成区污水管网密度 1.1 千米/平方千米。

（2）农村生活污水收集及处理率偏低

到 2012 年底，全省设市城市和县城建成污水处理厂 225 座（其中，正常运行的有 212 座、正在调试的有 13 座），形成污水处理能力每日 1103 万立方米，污水集中处理率由 2005 年的 48.39% 提高到 92.48%。全省 1062 个建制镇中，有 292 个建成 332 座污水处理厂，污水处理能力为 157.13 万立方米/

日；27 个将污水并入邻近污水处理厂进行处理；污水集中处理率为 27.28%。全省共建有 5190 个农村新型社区，其中 2346 个建设了小型污水处理设施，污水处理能力为 46.92 万立方米/日。

3. 存在的问题

其一，设市城市和县城污水处理设施总量仍然不足，升级改造任务繁重；建制镇和农村新型社区污水处理设施建设滞后；污水管网配套不完善；污水处理厂污泥处置落后；再生水循环利用进展缓慢。

其二，没有农村生活污水处理排放标准和地方适宜的农村生活污水的处理技术模式规范，项目设计及完成后的验收标准难以统一。

（二）编制农村生活污水排放标准及相关技术规范的必要性

当前，我国并没有制定农村污水处理排放标准，农村污水处理项目设计和建设的排放标准主要参考地表水环境质量标准和城镇污水处理厂排放标准（GB18918—2002）。根据相关要求，部分地区农村连片（集中）污水处理系统的排放标准按照城镇污水处理厂排放标准一级 B 执行。

表1　城镇污水处理厂排放标准基本控制项目最高允许排放浓度（日均值）

单位：mg/L

序号	基本控制项目	一级标准		二级标准	三级标准
		A 标准	B 标准		
1	化学需氧量（COD）	50	60	100	120
2	生化需氧量（BOD_5）	10	20	30	60
3	悬浮物（SS）	10	20	30	50
4	氨氮（以 N 计）	5（8）	8（15）	25（30）	—
5	总氮（以 N 计）	15	20	—	—
6	总磷（以 P 计）2006 年 1 月 1 日起建设的	1	1.5	3	5

如果按照城镇污水处理厂排放标准，处理后的污水中氨氮和磷含量要达到一级 B 的排放标准，这要求必须在传统生物处理工艺的基础上增加脱氮除磷工艺，不仅会增加污水处理的投资与运行成本，同时也增加了运行管理的

难度和工作量，要求有充足的资金和较高的管理水平，这与大部分农村的经济发展水平不相符。另外，农业生产的特点也决定了不能完全采用城市污水排放标准，如排入农田、林地、草地和河塘的污水，其中的氮、磷可作为农作物的营养成分，可根据实际适当调整污水的排放标准，如果采取城市标准，可能导致一部分营养成分流失，这不利于良性的农业生产循环。因此有必要制定符合农村实际情况的相关的标准和规范。

（三）制定地方农村污水排放标准及相关技术标准的意义

2013 年环保部组织制定了农村环境连片整治技术指南（HJ 2031—2013）、村镇生活污染防治最佳可行技术指南（试行）（HJ-BAT-9）。2012 年 11 月 29 日浙江省质量技术监督局批准发布了《农村生活污水处理技术规范》（DB33/T 868—2012）。2011～2013 年宁夏共发布了 5 个污水处理相关的标准：农村生活污水排放标准（DB64/T 700—2011）、农村生活污水处理技术规范（DB64/T699—2011）、农村生活污水分散处理技术规范（DB64T 868—2013）、农村生活污水处理设施运行操作规范（DB64T 869—2013）、农村生活污水处理工程投资指南（DB64T 875—2013）。

表 2　宁夏农村生活污水排放标准基本控制项目最高允许排放浓度（日均值）

单位：mg/L

指标	一级	二级	三级 A	三级 B
COD_{cr}	60	120	150	200
BOD_5	20	50	80	100
SS	20	50	80	100
LAS	1	2	5	8
总氮	20	—	—	—
氨氮	8（15）	25（30）	—	—
PH/无量纲	6-9	6-9	6-9	6-9
粪大肠菌群数（个/L）	10^4	10^4	4×10^4	4×10^4
蛔虫卵数（个/L）	—	—	2	2
全盐量	—	—	10^3（2×10^3）	10^3（2×10^3）
氯化物（个/L）	—	—	350	350

部分地区相关标准的制定和实施推动了当地的农村环保工作。例如，宁夏新农村建设中相关标准的实施促进了农村生活污水处理设施设计、投资和运行管理的系统化、规范化，改善了农村生活污水处理设施管理现状，提升了农村污水处理设施建设的规范化管理水平，提高了污水处理设施的处理效果、使用效率和使用年限，保障了农村环境综合整治项目的顺利实施。

规范和指南的颁布与实施也为宁夏带来了良好的经济效益及社会效益。若宁夏农村污水收集处理率达到 70%，全区 2300 个自然村中约有 1600 个需要建成污水收集治理系统，以每个自然村的环保花费为 80 万元计算，村镇环保产业发展将有 18.4 亿元的市场。预计总 COD、总氮、总磷的年削减量分别约为 3 万吨/年、2500 吨/年、300 吨/年，为黄河流域污染物减排、区域环境保护以及农村生态环境发展做出重大贡献。

（四）结论

水污染排放标准是国家或地方政府环境法规体系中的一个重要组成部分，是环境管理中的重要依据。标准化建设的工作内容主要包括以下两部分：

其一，组织地方农村污水污染源调查与排放标准前期研究。开展省内典型区域农村污水污染源调查活动，摸清整体状况，梳理各区域不同特点；开展农村污水排放标准的研究，逐步完善地方环境标准体系。

其二，建立农村污水排放标准化管理示范区。根据不同地区自然地理情况，有针对性地选取一部分试点地区进行污水排放标准化管理建设，依据实时监测数据对排放标准和相关技术规范进行调整修订，以此推动农村污水治理的标准化建设和管理。

参考文献

[1]《水污染防治行动计划》。

[2]《2015 中国环境状况公报》。

[3]《2015 年山东省环境公报》。

[4]《土壤污染防治行动计划》。

九、云南省森林碳储量动态及碳汇潜力分析

周金杰

摘要：本文采用换算因子连续函数法估算了云南省第二次到第八次森林资源清查的碳储量，对其动态变化进行了分析；在碳储量的基础上，根据数据特点运用灰色预测模型测算了云南省第九到第十一次森林资源清查的碳汇潜力分别为 1.29×10^8 t、1.49×10^8 t、1.72×10^8 t。

关键词：森林碳储量；碳汇；碳汇潜力

云南省是中国的森林大省，自从有森林资源清查以来，森林各方面的统计结果包括森林面积、蓄积、覆盖率，这显示云南省森林一直处于领先的地位，仅以第八次森林资源清查数据为例，云南省森林覆盖率达到 50.03%，位于全国第 7 位，森林面积 1914.19 万公顷，在全国排名第 3 位，森林的蓄积为16.9 亿立方米，位于全国第 2 位，天然林面积为 1335.98 万公顷，位于全国第 3 位，人工林面积为 414.11 万公顷，位于全国第 5 位。本文使用第二次到第八次森林资源清查数据来分析云南省的碳储量的动态变化（由于第一次清查时间较早，数据较难得到），并用 GM（1，1）模型计算云南省的森林碳汇潜力。

（一）相关概念的界定

1. 碳汇

碳汇，一般是指从空气中清除二氧化碳的过程、活动、机制。与它相对应的是碳源，指向大气中释放二氧化碳的过程、活动或机制。

2. 森林碳汇

森林碳汇是指森林植物在生长过程中吸收大气中的二氧化碳并将其固定在植被和土壤中，从而减少大气中二氧化碳浓度的过程，具有自然科学属性。

3. 森林碳储量

森林碳储量是森林在某一时点上吸收固定的二氧化碳的量。在此界定与森林碳汇量的区别，森林碳汇量测度的是一定时期内（例如一年）森林通过光合作用固定的二氧化碳的量减去呼吸作用释放的二氧化碳的量得到的森林吸收固定的净碳量，属于流量的概念，并且是动态的概念，而森林碳储量是静态的，属于存量的一个概念。

同时，森林碳储量与森林碳汇量也存在联系，例如，某一时期森林碳汇量可以用这个时期期末和期初两个时点的森林碳储量之差来表示。假设 t_1 时刻森林的碳储量为 a_1，一年之后的 t_2 时刻该森林的碳储量为 a_2，那么这一年的森林碳汇量为 $\Delta a = a_2 - a_1$，如果 $\Delta a > 0$，即 $a_2 > a_1$，则这一年森林碳储量是增加的，森林发挥碳汇的功能，Δa 为该时期的森林碳汇量；反过来，$\Delta a < 0$，即 $a_2 < a_1$，这一年森林的碳储量是减少的，森林发挥碳源功能，$|\Delta a|$ 为该时期的碳源量。

（二）数据来源与估算方法

数据来源于第二次到第八次森林资源清查数据。目前，国内外广泛开展了森林资源包括碳储量、碳汇潜力在内的研究，研究方法千差万别，笔者整理了森林碳储量的研究方法，在本文中将其主要分成四大类：样地清查法、微气象学法、遥感估算法和模型模拟法。其中，样地清查法包括生物量法、蓄积量法、生物清单法等；微气象学法主要包括涡旋相关法、涡度协方差法、弛豫涡旋积累法和箱式法等。上述各种方法各有优劣，受限于研究条件和资料数据的特点，借鉴方精云等提出的生物量换算因子连续函数法来计算云南省森林碳储量，受基础数据的限制，云南省森林资源碳储量的动态分析采用的是第二到第八次森林资源清查的数据，森林碳汇的潜力采用的是 GM（1，1）模型。下面将具体介绍换算因子连续函数法的思路和计算公式。

生物量换算因子连续函数法符合森林生长的这样一个规律，即林分生物量与林分材积的比值（也就是换算因子 BEF）是变化的，并且随着林龄、林分状况、立地等情况变化，因此该方法能够比较准确地估算国家或地区范围的森林生物量。

生物量换算因子连续函数法的计算步骤为：先根据树种的面积和蓄积计算出它的生物量，每一树种或相似树种有一个碳转换系数，然后用生物量乘以碳转换系数就得到该树种的碳储量。生物量的计算公式为：$B = aV + bA$，B 代表某一树种的生物量，V 代表某一树种的蓄积量，A 为某一树种的总面积，a、b 为各树种的计算参数；碳转换系数 Cc 会随着树种的变化而变化，本文所用数值参照续珊珊的论文中的数据，碳储量 $C = B \times Cc$，即可以得到各树种的碳储量。

云南省经济林、灌木林和竹林碳储量估算也可以采用上述方法，然而第八次森林资源清查数据只有这三类的面积，而没有统计到蓄积，现有可计算碳储量的数据是我国经济林和杂竹、秦岭—淮河以南灌木林单位面积平均生物量，因此这三类生物量的计算方法均采用单位面积平均生物量乘以面积，另外，由于云南省历次森林清查都是统计杂竹面积，没有统计毛竹的面积，所以本文用杂竹生物量代替全部竹林生物量，再计算碳储量。计算公式如表1所示。

这里经济林、灌木林和竹林碳转换系数均取值0.5。此外，本文森林碳储量只研究了森林地上部分的碳储量，虽然根部也储存了大量的碳，但由于数据和方法的限制，没有计算地下部分森林的根储存的碳，所以本文计算的碳储量小于森林全部真实储存的碳总量。

表 1   经济林、灌木林和竹林的计算公式[3]

林地类型	计算方法
经济林	经济林总生物量=单位面积经济林生物量×总面积 单位面积平均生物量=23.7t/hm² （我国经济林的平均生物量）
灌木林	灌木林总生物量=单位面积灌木林生物量×总面积 单位面积平均生物量=19.76t/hm² （秦岭—淮河以南的平均生物量）
竹林	竹林总生物量=单位面积竹林生物量×总面积 单位面积平均生物量=47.86t/hm² （杂竹的平均生物量）

（三）云南省森林碳储量动态变化分析

采用生物量换算因子连续函数法估算了云南省第二次到第八次森林资源碳储量。结果如表 2 所示（其中，碳密度是碳储量与森林面积之比），从表 2 可以看出，从第三次到第八次清查森林的面积、蓄积和碳储量都处于增长中，第二次到第三次清查森林面积、蓄积和碳储量有很大的下降。呈现下降状态的一方面的原因为当时人们注重发展经济，忽略甚至是忽视了森林资源的生态价值，只注意到了经济价值，造成了森林资源的急剧下降；另一方面的原因为，第二次到第三次森林资源清查处于全国森林资源清查体系的初建与发展阶段，第二次清查期间全国范围内刚刚建立了国家森林资源连续清查体系，该体系以省市为单位、以固定样地为主、定期复查，这是一次初查，第三次清查是全国各省市开展连续清查的第一次复查，以后每五年开展了第二到第六次复查，进入了优化与完善阶段，也引入了航天遥感技术，这也是造成第二次清查与后面几次清查数据差距大的一个原因。第三次到第八次清查数据森林面积、蓄积和碳密度基本上是上升的趋势，随着"三北防护林""天然林保护工程"等林业重点工程的实施，森林资源受到较好的保护，同时我国的人工林面积也有很大的增长，因此森林面积、蓄积和碳储量也呈现出增长的态势。

表 2 云南省森林碳储量

清查次数	面积（10^2ha）	蓄积（10^2m^3）	碳储量（10^2t）	碳密度（t/ha）
第二次（1977~1981 年）	6756100	830184100	449123050.4	66.48
第三次（1984~1988 年）	85933	10965683	4757168.4	55.36
第四次（1989~1993 年）	86028	11052818	4891111.024	56.85
第五次（1994~1988 年）	118128	12836494	5418023.318	45.87
第六次（1989~2003 年）	135658	13992916	6477102.915	47.75
第七次（2004~2008 年）	147270	15538009	7233796.917	49.12
第八次（2009~2013 年）	152695	16930919	8553395.066	56.01

（四）云南省森林碳汇的潜力分析

邓聚龙教授 20 世纪 80 年代初提出了灰色系统理论，灰色系统被认为是信息存在不确定因素的系统，信息完全明确的系统是白色系统，而信息完全不明确的系统是黑色系统，灰色系统处于黑色系统与白色系统之间，现实中大部分的系统是灰色系统，有一部分为人知，另一部分还不为人知。灰色预测模型是灰色系统理论的一部分，它对数据的要求比较低，可以通过少量的数据建立一个数学模型，然后就可以做出预测的一种方法，是处理小样本预测问题的有效工具。森林碳储量也属于灰色系统，通过现有的测量数据和相关的方法可以计算出来，另外，计算出来的数据往往做不到全面真实地反映森林的碳储量，并且可用于计算碳储量的数据来源于森林资源清查，数据较少，因此选用灰色预测模型来预测云南省森林的碳储量，在这基础上做潜力分析。本文采用的灰色模型是单系列一阶线性模型，简称为 GM（1，1），这是一种数列预报工具，是基于原始数据列经生成处理或累加或逆累加或取均值或做比例后，所建立的微分方程。将原始数据列 $\{x^{(0)}\}$ 按上述方法进行处理，将会得到一组全新的数据，也被称为生成数，这样处理的目的是减少原始数据随机波动性、得到较为有规律的新数列。本文采用的是累加生成的方法。

223

1. 令云南省第三次到第八次森林资源清查的碳储量为原始数据

对该数列进行一次累加后生成的数列记为 $\{x^{(1)}(k)\}$，式中，$x^{(1)}(k)=\sum_{i=1}^{k} x^{(0)}(i)$。$\{x^{(0)}\}$ 经一次累加生成 $\{x^{(1)}(k)\}$，即 AGO 生成数。AGO 生成数的递增特性将会使森林碳储量数据内在规律表现得更明显。

2. 作 $x^{(1)}$ 均值数列

令 $z^{(1)}=0.5x^{(1)}(k)+0.5x^{(1)}(k-1)$，$k=2$，$3$，$\cdots$，$n$ （1）

$$令 \quad Y=\begin{bmatrix} x^{(0)}(2) \\ x^{(0)}(3) \\ \vdots \\ x^{(0)}(n) \end{bmatrix}, \quad B=\begin{bmatrix} -z^{(1)}(2) & 1 \\ -z^{(1)}(3) & 1 \\ \vdots & \vdots \\ -z^{(1)}(n) & 1 \end{bmatrix}$$

则 $GM(1，1)$ 模型 $x^{(0)}(k)+az^{(1)}(k)=b$ 的最小二乘估计参数列满足 $\hat{a}=(B^{T}B)^{-1}B^{T}Y$，其中 a 为发展系数，b 为灰色作用量。

3. 确定模型

$$\frac{\mathrm{d}x^{(1)}}{\mathrm{d}t}+ax^{(1)}=b \tag{2}$$

时间响应式 $\hat{x}^{(1)}(k+1)=\left(x^{(0)}(1)-\frac{b}{a}\right)e^{-ak}+\frac{b}{a}$ （3）

4. GM（1，1）模型的精度检验

初始模型能否反映序列的客观规律还需要验证。本文采用后验差法：通过计算残差的方差比 C 和小误差概率 P 进行检验。

（1）原始数据的均值与均方差

$$\overline{x^{(0)}}=\frac{1}{n}\sum_{i=1}^{n} x^{(0)}(i) \tag{4}$$

$$s_1=\sqrt{\frac{\sum_{i=1}^{n}\left(x^{(0)}(i)-\overline{x^{(o)}}\right)^2}{n-1}} \tag{5}$$

（2）计算残差绝对值与均方差

$$\overline{\varepsilon^{(0)}} = \frac{1}{n} \sum_{i=1}^{n} \left| x^{(0)}(1) - x^{\wedge(0)}(1) \right| \tag{6}$$

$$s_2 = \sqrt{\frac{\sum_{i=1}^{n} \left(\varepsilon^{(0)}(i) - \overline{\varepsilon^{(o)}} \right)^2}{n-1}} \tag{7}$$

（3）计算方差比 C 和小误差概率 P

$$C = \frac{s_2}{s_1} \tag{8}$$

$$P = \left\{ \left| \varepsilon^{(0)}(i) - \overline{\varepsilon^{(0)}} \right| < 0.6745s_1 \right\} \tag{9}$$

表3 预测精度等级划分

P 值	C 值	预测精度等级	P 值	C 值	预测精度等级
>0.95	<0.35	好	>0.70	<0.65	勉强合格
>0.80	<0.50	合格	≤0.70	≥0.65	不合格

5. 实证分析

第一，应用灰色预测模型软件，输出的结果整理为表4。结合表4的数据及计算的结果可以清楚地看出：第九次森林资源清查期间森林碳储量将高达 9.75×10^8 t，森林碳汇量为 1.29×10^8 t，第十次森林资源清查时森林碳储量将达到 1.12×10^9 t，森林碳汇量为 1.49×10^8 t，第十一次森林资源清查时森林碳储量将达到 1.30×10^9 t，森林碳汇量为 1.72×10^8 t，这些数据说明云南省森林碳汇功能将不断增强，森林的碳汇潜力也越来越大。

表4 云南省森林碳储量预测结果

清查次数	实际碳储量（10^2t）	预测碳储量（10^2t）	相对误差%
第三次	4757168.4	4757168.4	0
第四次	4891111.024	4792415	−2.02

续表

清查次数	实际碳储量（10^2t）	预测碳储量（10^2t）	相对误差%
第五次	5418023.318	5524240	1.96
第六次	6477102.915	6367818	-1.69
第七次	7233796.917	7340215	1.47
第八次	8553395.066	8461101	-1.08
第九次	—	9753152.37	—
第十次	—	11242505.75	—
第十一次	—	12959290.56	—

　　就定性方面来说，近几十年来云南省通过大力开展植树造林活动、增强森林保护力度和管理力度，云南省森林资源实现了快速增长。从第三次森林资源清查到第八次森林资源清查，森林面积由 $8.59×10^6$ha 增长到 $1.53×10^7$ha，森林蓄积由 $1.10×10^9m^3$ 增长到 $1.69×10^9m^3$。方精云等运用 20 世纪 70 年代中期以后的森林资源清查数据，得出中国各省总平均生物量与总平均蓄积量之间呈现良好的正的线性相关关系。由此可以看出，云南省森林蓄积量的增长意味着碳储量的增长。

　　森林不同龄组生长的规律是：处于幼龄林时期的林木生长较为迟缓，同时碳累积较慢；处于中龄林时期的林木生长速度在各龄组中最快，相应地碳累积也最快；处于近成熟林时期的林木生长速率趋缓，同时碳累积缓慢，而处于过熟林时期的林木走下坡路，逐渐衰老甚至呼吸作用大于光合作用。森林在进入成熟期之前，林木在生长过程中还能够固定一定量的 CO_2。根据第八次云南省森林资源清查数据分析，幼龄林、中龄林、近熟林、成熟林、过熟林面积分别占总面积的 34.92%、28.32%、16.56%、12.63%、7.57%；从单位面积蓄积量来看，幼龄林为 52.22m^3/ha、中龄林为 92.18m^3/ha、近熟林为 128.29m^3/ha、成熟林为 182.75m^3/ha、过熟林为 293.31m^3/ha，很明显，中幼龄林单位面积蓄积量较成熟林差距很大，还有很大的发展空间，而云南省中幼龄林面积占比 63.24%。也就是说，以中幼林为主的云南省森林将拥有巨大的碳累积潜力。同时，随着人们环保意识的增强，公众对森林的保护意识也将越来越强，再加上集体林权改革制度的完成，林农生产积极性得到了极大提高，对森林的抚育和管理的强度无疑也会加大，所以预测云南省森林碳汇的潜力很大。

第二，误差检验。运用后验差法进行检验可得，原始数据的均方差为 $s_1 = 1489133.22$，残差的均方差 $s_2 = 157101.87$，方差比值 $C = 0.11$，小误差概率 $P = 1$，预测精度等级好、可靠性高，该预测模型可用于云南省森林碳储量的预测。

上面的结果显示云南省的森林碳汇潜力较大，并且森林碳汇潜力正处于增长阶段，但是计算结果处于理想化的状态，直接通过计算得出的，没有考虑外部因素像是火灾、病虫鼠害、泥石流以及人为破坏等因素对森林生长的影响，而这些因素常常影响到森林碳储量的估算，进而影响到森林碳汇潜力。

（五）小结

因历史原因和森林清查体系原因造成云南省第二次清查比第三次清查碳储量减少，森林资源发挥碳源的作用，后来又因为现代林业思想的指导和公众逐渐意识到森林的作用，云南省的森林一直发挥碳汇的功能。在碳储量的基础上运用灰色预测模型 GM（1，1）预测云南省第九次、第十次、第十一次森林资源清查的碳汇潜力分别为 $1.29 \times 10^8 t$、$1.49 \times 10^8 t$、$1.72 \times 10^8 t$。

参考文献

[1] 李怒云. 中国林业碳汇[M]. 北京：中国林业出版社，2007：3.

[2] 张琪，秦会艳，黄颖利. 森林碳汇计量方法综述——基于黑龙江省的选择[J]. 资源开发与市场，2013，29（9）：982-983.

[3] 李亮. 云南省1992~2007年森林植被碳储量动态变化及其碳汇潜力分析[D]. 云南财经大学，2012.

[4] 方精云，陈安平，赵淑清，慈龙骏. 中国森林生物量的估算：对Fang等Science一文的若干说明[J]. 植物生态学报，2002，26（2）：243-249.

[5] 季元元. 中国碳汇林业发展前景研究[D]. 南京林业大学，2012.

[6] 党耀国，刘思峰，王正新，林益. 灰色预测与决策模型研究[M]. 北京：科学出版社，2009：39-42.

[7] 续珊珊. 我国乔木林碳储量及碳汇动态分析[J]. 资源开发与市场，2015，31（8）：968-969.

[8] 陈雪峰. 试论国家森林资源连续清查体系的建设[J]. 林业资源管理，2000（2）：5-6.

[9] 方精云，陈安平. 中国森林植被碳库的动态变化及其意义[J]. 植物学报，2001，43（9）：967-973.

第三部分　产业经济

一、中国房地产业发展分析

徐立平

摘要：通过对中国大中城市房地产价格走势进行分析，得出 2015 年以来房价的上涨带有非常强的结构性，通过对新开工面积等指标的分析得出本轮房价上涨对经济的拉动作用不大。从政策放松和土地供给政策角度对本轮房价上涨做出了解释并分析了影响未来房价走势的几个重要因素。

关键词：房价；结构性；上涨原因；影响因素

（一）全国房价走势分析

从 2015 年年中开始，70 个大中城市新建住宅价格环比不断上涨，进入 2016 年房地产市场呈现火爆状态，截至八月，70 个城市新建住宅价格月度环比上涨 1.2%，创出 2009 年以来的新高。全国一、二线城市涨声一片，尤其是一线城市房价持续暴涨，根据最新统计数据显示，与 2014 年末相比，深圳二手房价累计涨幅为 66%，上海二手房价累计涨幅为 39%，北京二手房价累计涨幅为 48%。

房价的暴涨也引起中央高层的关注，国庆期间，已有包括北京、天津、上海、深圳、郑州、济南、南昌、成都、苏州、无锡、合肥、武汉、南京、南宁、广州、佛山、珠海、福州、惠州、厦门、东莞在内的 21 个城市出台了楼市限购政策，各城市纷纷发布了力度不一的楼市调控政策。

对 100 个大中城市，分为一、二、三线城市，对住宅平均价格进行统计，其中一线城市包括北京、上海、广州、深圳，二线城市包括天津、重庆、杭州、南京、武汉、沈阳、成都、西安、大连、青岛、宁波、苏州、长沙、济南、厦门、长春、哈尔滨、太原、郑州、合肥、南昌、福州，共 22 个城市。三线城市包括百城中除一线城市、二线城市之外的其他 74 个城市。

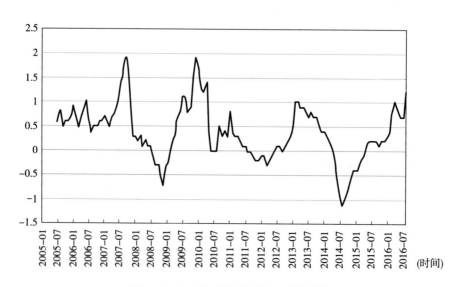

图 1　70 个大中城市新建住宅价格指数

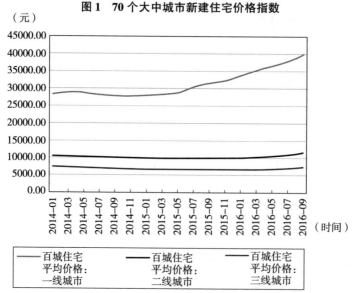

百城住宅平均价格：一线城市	百城住宅平均价格：二线城市	百城住宅平均价格：三线城市

图 2　一、二、三线城市平均价格

我们首先观察本轮房价上涨的城市结构。房价的猛烈上涨主要集中在一线城市，二线城市相对温和，更多的三线城市基本上没涨。根据单个城市的数据显示，二线城市中南京、苏州等城市房价涨幅也较大，但是东北、西北的省会城市房价涨幅基本很小，使总体的二线城市数据涨幅比较温和。如果观察 70 个城市新建住宅价格数据，2015 年初到 2016 年 8 月，房价累计涨幅超过 6%的城市一共有 20 个，包括北京、上海、广州、深圳、天津、杭州、南京、无锡、武汉、石家庄、济南、宁波、长沙、厦门、合肥、郑州、南昌、福州、南宁、惠州。

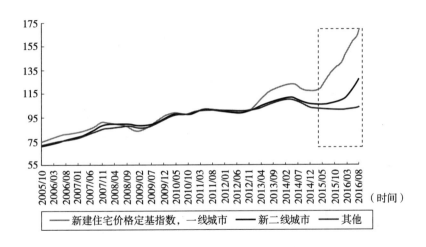

图3 一线城市、新二线城市及其他住宅指数

如果把这些房价涨幅较大的二线城市作为新的二线城市组，把二线城市组中东北、西北等省会城市放入其他城市中，我们可以清晰地发现 2015 年以来的本轮价格上涨，一、二、三线城市房价开始出现分化。2015 年至今，其他 50 个城市的房价涨幅接近 0，如果同 2014 年的高点相比，广大三线城市的房价仍为负增长。

我们发现 2015 年以来的房价的上涨带有非常强的结构性。猛烈上涨主要集中在有限的 20 个左右的一、二线城市，除此之外的广泛地区，房价总体涨幅非常有限。

对全国房地产开发投资完成额和本年度购置土地面积进行统计发现，房地产开发投资完成额虽然从 2015 年底开始回升，但是回升的势头并不强劲，从 2016 年 5 月，房地产开发投资额同比开始出现了下降，投资并没能持续增长。而从本年度购置面积看，2016 年的土地购置面积相比 2015 年目前还处于负增长的状态，广大的房地产商拿地的积极性并不强烈。

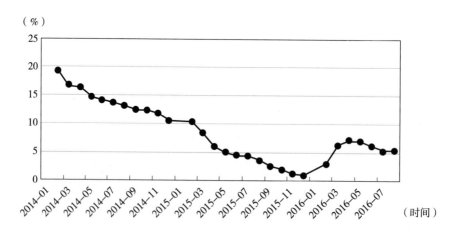

图 4　房地产开发投资完成额

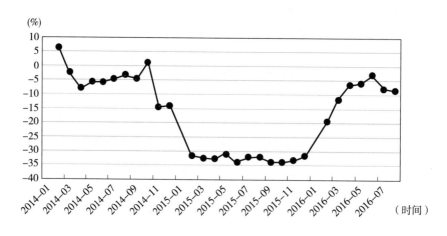

图 5　本年购置土地面积累计同比

从全国范围内来看，一线城市和部分二线城市的上涨并没有带动全国范围内的投资增速，并显著地拉动经济增长。房价快速上涨的地区的房地产投资恢复较强，但是占了全国开工面积的接近 80%，全国更广泛的三、四线城市的房地产企业由于房价表现不温不火，导致开工意愿不强。

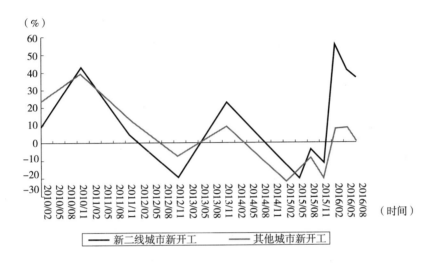

图 6　新二线城市开工及其他城市开工增速

（二）本轮房价上涨的原因

1. 政策放松

货币指标和中国房价走势高度相关，无论是广义货币 M2 增速，还是全国总存款增速，其走势都和全国房价走势高度一致。

而从 2015 年开始的全国房价上涨，一个重要原因是 2015 年由于央行政策放松，央行在 2015 年扩展了存款口径，同业存款纳入到一般存款，导致 2015 年 1 月的总存款新增加了接近 9 万亿元，全年比 2014 年多增了 10 多万亿元，导致新增存款接近 22 万亿元，远高于 2014 年新增存款 9.5 万亿元。由于银行的信贷投放受到 75% 贷存比的限制，将同业存款纳入以后，贷存比下降到了 68.4%，这意味着银行信贷能力大幅提高。

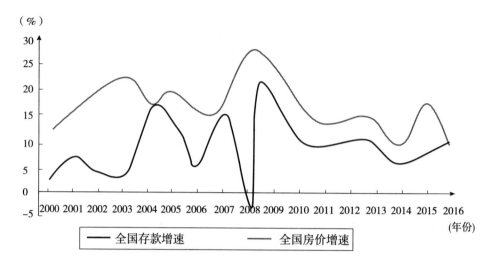

图7　全国存款增速与全国房价增速对比

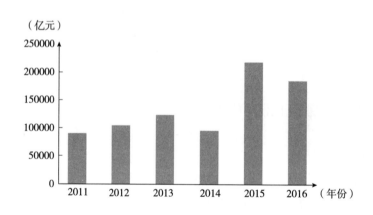

图8　年度新增存款

　　从 2016 年开始，北京、上海、深圳的存款增速就出现了快速下滑，且部分月份北京、上海、深圳的存款增速已经"零增长"。

　　从 2014 年开始，央行连续 6 次降息，1 年期贷款利率从 6% 降至 4.35% 的历史新低，利率下降增加了信贷需求。而货币信贷的回升在 2015 年推动了全国房价的回升。

2. 土地的供给制度，是中国高房价最基本的原因

城镇住宅建设用地供应量过少。一方面各地政府为了吸引企业投资，纷纷提供大量低价的工业用地来招商引资，另一方面中央政府又三令五申保护18亿亩的耕地红线。最终导致中国只有0.89%的土地被用作城镇建设用地，仅0.3%的土地可用作建设住宅，相比之下，美国只有1.4%的土地用作建设住宅，日本有3%的土地可以用来建设住宅。中国的住宅用地供给严重不足。

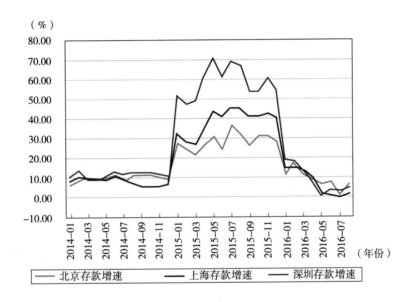

图9　北、上、深存款增速

以北京为例，北京面积1.641万平方千米。其中，农业用地1.15万平方千米，占比70%；上海面积为6340平方千米，其中，农业用地3100平方千米，占比49%。土地供给不足是导致房价暴涨的根源。2015年北京商品住宅新开工面积1199.2万平方米，同比下降8%。其中，城六区占20%，80%的新建住宅基本在六环外。城六区新开工面积200多万平方米，以平均户型100平方米计算，大概只提供了2万多套新建住宅。

一线城市供地特别少，卖住宅用地比较多的是三、四线城市。比较合理的解释是从地方政府的税收来源来讲，一线城市税收来源相对更广，对土地

财政的依赖较小，另外一线城市的土地价格高，政府没有动力供应更多的土地。

（三）未来影响房价走势的因素

1. 居民负债情况

截至 2016 年 6 月底，中国房贷存量为 16.8 万亿元人民币，占过去 GDP 的 24%。日本在 20 世纪 90 年代为 30% 以上，2014 年为 41%。美国 2007 年房贷占 GDP 比率为 73%，2015 年底为 53%。中国房贷存量占居民总储蓄的 29%，日本在 1996 年为 25%，2014 年为 22%，美国 2007 年达到 140%，目前为 88%。本轮一线城市房价暴涨，整个居民经历了加杠杆的过程。以北京为例，2016 年 5 月末住户人民币存款余额 27253.5 亿元，比年初增加 512.9 亿元，房贷出现了 902 亿元的增量。

从目前全国的居民负债情况看，目前的居民负债相比日本、美国还有上升空间。虽然经历了一轮居民的加杠杆，但是全国而言总体的负债情况还处于可控状态。

2. 人口情况及户籍政策

中国青年人口拐点已现。从中国各年龄段人口变化来看，老龄化趋势十分明显。目前中国 60 岁以上人口约有 2.2 亿，占比超过总人口的 16%。到 2050 年，中国的劳动力将减少 23%。25～44 岁是消费住房、汽车等耐用品的主力人群，该年龄段人口 2015 年已达到峰值的 4.49 亿人，之后将长期下行。虽然去年开始实施二孩政策，但是该政策无法在短期内带来人口红利。二孩政策对不断萎缩的劳动力以及快速老龄化的人口所带来的潜在红利至少要有 20 年时间。从总人口的情况看，对消费住房的需求已经逐步下滑。但是考虑到中国城市化的进程还有上升的空间，中国目前有 23% 的人口生活在超过 100 万的城市，而日本目前达到了 65%，美国也达到了 45%。

国务院办公厅日前印发了《推动 1 亿非户籍人口在城市落户方案》，如果中国能逐步取消二元户籍政策，那参考其他国家的城市化发展进程，70% 的人口将落户城市，这将能催生大量的住房需求。未来城市的需求主要来自非户籍人口落户及改善性的需求。

3. 土地政策

历次的房地产调控政策都显示，限购限贷并不是好的政策。抑制房价的关键还是在供给端加大土地供给力度。本次房地产上涨出现的出现分化，虽然可以从政策及信贷宽松等角度解释，但是考虑到三线城市并没有因为信贷政策的放松出现飙涨，那更合理的解释就是一线及二线部分城市供给不足及人口流入带来的需求增长导致。近年来，重庆的房价一直比较平稳，其中重要的原因是重庆的土地制度走在全国最前面，实行了地票制度的改革和创新。坚持 18 亿亩耕地红线，从粮食安全的角度来看也许是必要的。但是在北京、上海这样的大都市维持 50% 以上的耕地面积，导致供地不足引起房价飙涨，最终也会在长期带来严重的社会和经济影响。

4. 房产税

未来从土地财政逐渐转向税收财政，是中国地方政府财政收入结构调整的必然选择。房地产税改革已进入立法通道，房地产税法也已列入 2016 年全国人大的立法工作计划，由全国人大常委会预算工作委员会和财政部牵头研究。房地产税的立法估计将成为十九大以后的立法重点。但是中国的房地产结构的复杂性决定了房地产税的推出需要更长的时间。中国目前存在大量的小产权房、军管房及农村的宅基地等住房。如何做到公平征税是一个难点。另外，从国外的经验看，房地产税的推出能减少房地产市场的波动，但是并不能从根本上解决高房价问题，更有效的方法是设计良好的公共住房政策。

参考文献

[1] 高善文，郭雪松. 旬度经济观察[R]. 北京：安信证券，2016-09-21.

二、山东省第三产业发展区域差异分析[①]

赵南哲[②]

摘要：第三产业的发展程度是衡量一个地区经济发展水平的重要标志，也是新时期评判一个地区经济结构是否合理的重要尺度。在当下供给侧改革、经济结构调整的大背景下，本文通过比较分析法来分析山东省第三产业发展情况，研究山东省及其下属地市第三产业的聚集度与比较优势，并在此基础上提出相关的思考。

关键词：第三产业；山东省；区域差异

（一）引言

随着中国经济进入新常态，人口红利减少，劳动力成本增加，原有粗放的发展方式不可持续，供给侧改革和经济结构调整日益重要。在这一大环境下，大力发展第三产业，优化经济结构，对当今中国经济健康稳定发展有着重要的意义。山东省作为经济大省，其第三产业在全国占有相当的份额，发展第三产业以及实现第三产业的区域合理分工，有利于山东省整体经济的优化提升，达到淘汰落后产能、提高经济效益的目的。

---

① 基金项目：山东省科学院创新工程科技智库专项《基于超级计算的山东省宏观经济分析技术研究平台及平台构建》。
② 作者介绍：赵南哲（1990—），男，任职于山东省科技发展战略研究所，经济与产业研究室。

近年来，有关产业结构优化和区域第三产业发展的学术研究较多。如马胜春（2014）研究了我国不同区域间产业结构与就业结构的差别及造成差别的原因；吴建民等（2012）从产业结构和地区结构角度，分析了我国第三产业和第三产业各内部行业对经济增长的贡献率，及其在不同地区的差异。杨凤娟（2014）研究了河南省第三产业的发展情况，分析了河南省第三产业及其内部各行业的竞争力，并提出相关建议；谢敏等（2015）研究了浙江省第三产业的产业聚集情况，并分析了影响产业聚集的因素，在此基础上提出相关建议；张海鹏、曲婷婷（2013）通过对比我国第三产业与经合组织中其他国家的不同之处，找出我国的薄弱环节。目前，研究山东省第三产业的文献相对较少。

（二）山东省第三产业发展现状分析

1. 产值情况分析

（1）产值增长情况

新时期以来，山东省第三产业稳步发展。截至 2015 年，山东省第三产业增加值达到 28537.35 亿元，比 2010 年增长了 49.74%，占当年全国第三产业增加值的 8.29%，比 2010 年高出 0.41 个百分点。从第三产业增加值占地区生产总值比例来看，2015 年，山东省第三产业增加值占地区生产总值的 45.3%，比 2010 年高出 8.68 个百分点，但低于当年全国 50.2%的水平。总的来说，山东省第三产业产值增长速度较快，但与全国平均水平仍有一定的差距，如图 1、图 2 所示。

（2）山东省第三产业内部各行业增长情况

2010 年以来，山东省第三产业内部各行业的发展情况各有不同，发展较快的行业产值增长率在 200%以上，而发展较慢的只有 27%，行业间发展速度有明显差距。相比较来说，传统的、绝对产值较大的服务业如交通运输、仓储和邮政业以及房地产业增长速度较慢，而新兴的、绝对产值较小的服务业增长速度较快，新兴服务业有迎头赶上的趋势，如表 1 所示。

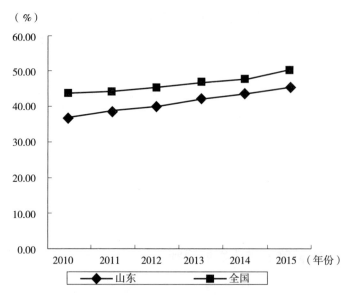

图 1　山东省与全国第三产业产值占总产值比重对比

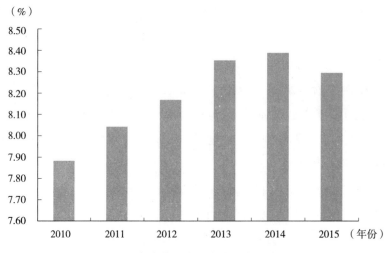

图 2　山东省第三产业产值占全国的比重

资料来源：《山东统计年鉴》2005～2015，《中国统计年鉴》2005～2015。

242

表 1　2010 年、2015 年山东省第三产业分行业产值情况①

行业	2015 年（亿元）	2010 年（亿元）	增长率（%）
批发和零售业	8416.13	4257.4	97.68
交通运输、仓储和邮政业	2503.65	1971	27.02
住宿和餐饮业	1301.36	670.97	93.95
信息传输、软件和信息技术服务业	1061.97	474.59	123.77
金融业	2994.66	1361.45	119.96
房地产业	2592.67	1622.15	59.83
租赁和商务服务业	1478.4	443.41	233.42
科学研究和技术服务业	974.87	262.45	271.45

资料来源：《山东统计年鉴》2011 年、2016 年，《中国统计年鉴》2011 年、2016 年。

（3）省内各地市第三产业增长情况

从省内各地市第三产业发展情况来看，除省会济南外，第三产业产值较高的城市集中在胶东半岛地区，这与地区的经济发展程度相匹配。2010 年以来，鲁中地区的第三产业产值增长速度最慢，鲁北、鲁西地区较快，省会济南没有起到足够的辐射带动作用，如表 2 所示。

表 2　2010 年、2015 年各地市第三产业产值情况

地区	2015 年（亿元）	2010 年（亿元）	增长率（%）
济南	3487.84	2057.9	69.49
青岛	4909.63	2630.58	86.64
淄博	1756.53	994.89	76.56
枣庄	806.7	426.1	89.32
东营	1102.28	560.36	96.71
烟台	2681.77	1457.48	84.00
潍坊	2224.63	1040.13	113.88

---

①　由于山东与全国统计口径不一致的原因，卫生和社会工作，公共管理、社会保障和社会组织两个行业未计算在内，以下情况相同。

地区	2015 年（亿元）	2010 年（亿元）	增长率（%）
济宁	1662.8	865.94	92.02
泰安	1427.52	756.92	88.60
威海	1362.21	703.73	93.57
日照	717.14	363.27	97.41
莱芜	268.95	177.54	51.49
临沂	1729.58	929.69	86.04
德州	1109.23	547.76	102.50
聊城	986.98	476.65	107.07
滨州	987.63	548.73	79.98
菏泽	863.44	358.37	140.94

资料来源：《山东统计年鉴》2011 年、2016 年，《中国统计年鉴》2011 年、2016 年。

2. 山东省第三产业发展带动就业情况

2015 年，山东省第三产业就业人员 2331.3 万人，比 2010 年增长了 14.16%，增长率落后全国 10.55 个百分点，就业人员占全国比重呈下降趋势。第三产业就业人员占山东省总就业人员的 35.15%，比重落后全国 7.25 个百分点。虽然山东省第三产业就业人员占总就业人员比重一直在提高，但与全国相比仍然较低，且 2012 年后有进一步拉大的趋势，体现出山东省近年来就业结构调整较慢，第三产业就业吸收能力不强，如图 3、图 4 所示。

从山东第三产业行业内部就业情况看，2010 年以来，传统服务业如批发和零售、住宿和餐饮、教育等行业的就业人员增长率较低，占总就业人员的比重在下降；反之，金融、房地产等新兴行业的就业人员增长率较高，占总就业人员比重日益提高。未来，新兴服务业将成为带动山东省就业的重要行业。

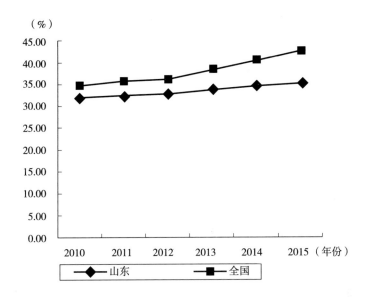

图3 2010~2015年山东省与全国第三产业就业人员占总就业人员比例

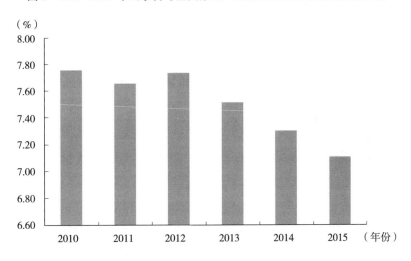

图4 山东省第三产业从业人员占全国比例

资料来源：《山东统计年鉴》2011年、2016年，《中国统计年鉴》2011年、2016年。

3. 山东省第三产业投资支持情况

2015年，山东省第三产业固定资产投资22390.4亿元，比2010年增长了96.54%，增长率落后全国28.91个百分点；占当年全国第三产业固定资产投资的 7.28%，比重较 2010 年降低了 1.07 个百分点。总的来说，在新时期全国固定资产投资整体快速增加的大背景下，山东省第三产业固定资产投资在总量上有很大的提升，但相比于全国提升速度较慢，第三产业投资力度有待加强，如图 5、图 6 所示。

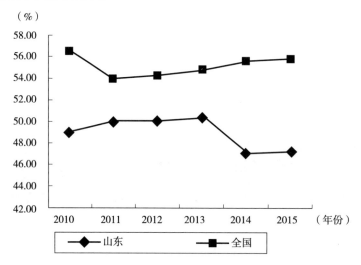

图 5　2010~2015 年山东省与全国三产投资占总投资比重

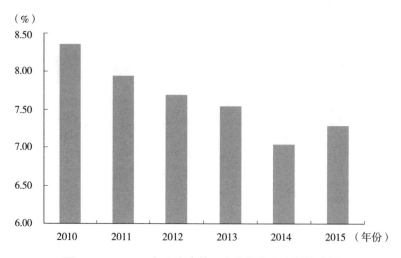

图 6　2010~2015 年山东省第三产业投资占全国的比例

资料来源：《山东统计年鉴》2005~2015，《中国统计年鉴》2005~2015。

从第三产业行业内部的投资情况来看，2010年以来，房地产业的投资增长率较低，体现出政府对房地产市场的管控力度加大，租赁与商业服务、科研与技术服务、信息技术等新兴行业增长率较快，也体现了政府和社会各界对新兴服务业的重视。但从绝对投资额来看，山东省第三产业固定资产投资的主体部分仍然在传统行业，虽然新兴服务业的投资增加较快，但短时间内难以形成规模，很难起到调整经济结构的作用。

(三) 山东省第三产业发展区域差异化分析

1. 各地市第三产业比较优势分析

采用美国经济学家贝拉·把萨拉提出的"显性比较优势指数"来衡量山东省内各地市的第三产业比较优势情况，即通过山东省内各地市第三产业产值和总产值的比重，分别除以全国和山东省的第三产业产值与总产值的比重。计算公式为：$RCA_{ij} = (X_{ij}/X_i)/(W_j/W)$，其中 X_{ij} 表示 i 地区 j 产业产值，X_i 表示 i 地区总产值，W_j 表示全国或全省的 j 产业产值，W 表示全国或全省的总产值。如果 $RCA_{ij}>1$，则表示 i 地区的 j 产业具有较强的比较优势和地区竞争力；反之如果 $RCA_{ij}<1$，则表示 i 地区的 j 产业没有比较优势，且地区竞争力较弱，通过计算得出表3。

表3　山东省17地市第三产业 RCA 比较

	2015 年		2010 年	
	全国	山东	全国	山东
山东省	0.902		0.831	
济南市	1.139	1.262	1.194	1.437
青岛市	1.052	1.165	1.053	1.268
淄博市	0.847	0.939	0.787	0.948
枣庄市	0.791	0.877	0.710	0.854
东营市	0.636	0.705	0.539	0.648
烟台市	0.829	0.918	0.759	0.913
潍坊市	0.857	0.950	0.764	0.919
济宁市	0.826	0.915	0.773	0.930
泰安市	0.900	0.998	0.837	1.008
威海市	0.904	1.002	0.821	0.988

续表

	2015 年		2010 年	
	全国	山东	全国	山东
日照市	0.855	0.948	0.804	0.968
莱芜市	0.805	0.892	0.737	0.887
临沂市	0.916	1.015	0.879	1.058
德州市	0.803	0.890	0.750	0.902
聊城市	0.738	0.818	0.667	0.802
滨州市	0.835	0.926	0.802	0.966
菏泽市	0.716	0.794	0.663	0.798

资料来源:《山东统计年鉴》2011 年、2016 年,《中国统计年鉴》2011 年、2016 年。

由表 3 分析可知,5 年间,山东省的第三产业在全国的 RCA 指数有明显上升,但仍然小于 1,说明虽然山东省第三产业 5 年来取得了一定进步,在全国范围内仍然没有比较优势。17 地市中,济南、青岛两市在全国和全省均具有较大的第三产业的比较优势,但较之 5 年前优势有所下降,威海、烟台、东营等半岛城市群和菏泽、聊城等鲁西北地区城市的 RCA 指数有明显提高。总体来看,2010 年以来山东省各地市第三产业发展差距有逐步缩小的趋势。

2. 分行业各地市的第三产业空间聚集度比较

进一步采用区位熵法分析山东省 17 地市第三产业中各行业的专业化水平和空间聚集度,通过比较就业人员空间上的分布来分析山东省各地市第三产业中具体行业的竞争力情况。其中计算公式为 $LQ_{ij} = (L_{ij}/L_i)/(L_j/L)$,其中,$LQ_{ij}$ 为区位熵,表示 i 地区 j 行业在就业上的空间聚集程度和专业化程度,L_{ij} 表示 i 地区 j 行业的劳动就业人数,L_i 表示 i 地区总的就业人数,L_j 表示全国或全省 j 行业的就业人数,L 表示全国或全省的总就业人数。如果 $LQ_{ij}>1$,表示相对于全省或全国,i 地区在 j 行业上具有较强的空间聚集度和专业化水平;反之,如果 $LQ_{ij}<1$ 则说明相对于全省或全国,i 地区在 j 行业上空间聚集度较弱,专业化水平不高。通过计算 2015 年城镇单位就业人员数据,计算得出表 4。

表4　2015年山东省17地市第三产业分行业区位熵

	批发和零售业		交通运输、仓储和邮政业		住宿和餐饮业		水利、环境和公共设施管理业		房地产业		教育	
	全国	山东	全国	山东	全国	山东	全国	山东	全国	山东	全国	山东
山东	0.99		0.83		1.19		0.98		0.91		0.99	
济南	1.64	1.66	0.74	0.89	2.07	1.74	0.70	0.91	1.38	1.51	0.83	0.84
青岛	1.14	1.16	1.07	1.29	1.54	1.29	0.88	2.66	1.07	1.17	0.87	0.88
淄博	0.82	0.83	0.34	0.41	0.84	0.71	0.83	0.46	0.60	0.65	0.79	0.80
枣庄	0.73	0.74	0.45	0.54	0.67	0.56	0.84	0.84	0.73	0.80	0.99	1.00
东营	0.65	0.66	0.29	0.35	1.67	1.41	0.60	0.91	0.49	0.54	0.59	0.60
烟台	0.74	0.75	0.98	1.19	1.10	0.92	0.88	0.76	1.48	1.62	1.12	1.13
潍坊	1.01	1.02	0.61	0.73	1.33	1.12	3.11	0.46	0.80	0.87	1.21	1.23
济宁	0.79	0.80	0.51	0.61	1.07	0.90	0.60	0.45	0.54	0.59	0.98	1.00
泰安	1.12	1.13	0.52	0.63	1.00	0.84	0.45	1.63	0.77	0.84	0.94	0.95
威海	0.82	0.82	0.59	0.71	1.28	1.07	1.38	1.39	1.35	1.48	0.61	0.62
日照	1.06	1.07	1.70	2.06	1.02	0.85	0.43	0.00	0.70	0.76	0.94	0.95
莱芜	0.80	0.81	0.83	1.00	1.17	0.84	0.37	2.23	1.69	1.85	0.58	0.59
临沂	1.28	1.30	0.56	0.68	0.78	0.66	1.06	0.85	0.74	0.81	1.24	1.26
德州	1.20	1.21	0.64	0.77	1.30	1.10	0.94	1.42	0.92	1.01	1.26	1.27
聊城	0.73	0.74	0.93	1.13	1.10	0.93	0.97	0.00	0.64	0.70	1.33	1.35
滨州	0.66	0.67	0.40	0.49	0.60	0.50	0.38	0.76	0.58	0.63	0.75	0.76
菏泽	0.63	0.64	0.65	0.79	0.61	0.51	1.40	0.77	0.67	0.73	1.86	1.89

	信息传输、软件和信息技术服务业		金融业		租赁和商务服务业		居民服务、修理和其他服务业		科学研究和技术服务业		文化、体育和娱乐业	
	全国	山东	全国	山东	全国	山东	全国	山东	全国	山东	全国	山东
山东	0.73		1.00		0.66		0.60		0.64		0.69	
济南	3.25	4.47	1.74	1.74	1.01	1.53	0.55	0.91	1.07	1.67	1.47	2.14
青岛	0.48	0.66	1.15	1.15	0.69	1.03	1.60	2.66	0.79	1.24	0.89	1.29
淄博	0.24	0.33	0.68	0.68	0.74	1.12	0.28	0.46	0.30	0.47	0.97	1.42
枣庄	0.22	0.30	0.57	0.57	0.32	0.49	0.51	0.84	0.28	0.44	0.51	0.75

249

	信息传输、软件和信息技术服务业		金融业		租赁和商务服务业		居民服务、修理和其他服务业		科学研究和技术服务业		文化、体育和娱乐业	
	全国	山东	全国	山东	全国	山东	全国	山东	全国	山东	全国	山东
东营	0.47	0.65	0.68	0.68	3.39	5.11	0.55	0.91	0.80	1.25	0.28	0.40
烟台	0.49	0.68	0.88	0.88	0.51	0.77	0.46	0.76	0.92	1.44	0.81	1.18
潍坊	0.65	0.90	0.62	0.62	0.31	0.46	0.28	0.46	0.46	0.71	0.42	0.61
济宁	0.29	0.40	1.35	1.35	0.30	0.46	0.27	0.45	0.30	0.47	0.41	0.60
泰安	0.42	0.58	0.77	0.77	0.62	0.94	0.98	1.63	0.54	0.84	0.33	0.48
威海	0.27	0.37	0.72	0.72	0.33	0.50	0.83	1.39	1.07	1.67	0.42	0.61
日照	0.33	0.46	0.86	0.86	0.25	0.37			0.28	0.44	0.39	0.57
莱芜	0.29	0.40	0.50	0.50	0.21	0.32	1.34	2.23	0.25	0.38		
临沂	0.49	0.68	0.92	0.92	0.74	0.51		0.85	0.61	0.95	0.52	0.75
德州	0.46	0.63	1.00	1.00	0.54	0.82	0.85	1.42	0.43	0.63		
聊城	0.33	0.45	1.94	1.94	0.24	0.36			0.28	0.43	0.76	1.11
滨州	0.39	0.54	0.62	0.62	1.02	1.53	0.46	0.76	0.25	0.39	0.46	0.67
菏泽	0.40	0.55	1.03	1.03	0.22	0.33	0.46	0.77	0.51	0.79	0.70	1.02

资料来源：《山东统计年鉴 2016》。

由表 4 可知，山东省除住宿和餐饮、金融两个行业外，其他行业的全国区位熵均小于 1，整体上专业化水平和空间聚集度不强。就各行业的情况来看，批发和零售、住宿和餐饮等传统服务业区位熵大于 1 的城市较多，省内发展相对平均；信息传输、软件和信息技术服务业，租赁和商务服务业等现代服务业区位熵大于 1 的城市较少，且集中在少数城市。房地产业集中在省会和沿海经济发达地区。可以看出，随着经济的发展，省内各地市在传统服务业方面的差距有缩小的趋势，但受人才、区位等条件的限制，新兴服务业聚集度较高。

进一步地，对表 4 中各个城市的区位熵情况进行汇总，得出表 5。

表5　山东省17地市第三产业中聚集度较高的产业数

类别	城市	范围	个数	类别	城市	范围	个数
I	济南	山东	8	II	菏泽	山东	3
		全国	8			全国	3
I	青岛	山东	10	III	淄博	山东	2
		全国	6			全国	0
I	德州	山东	7	III	枣庄	山东	1
		全国	4			全国	0
II	烟台	山东	5	III	东营	山东	3
		全国	3			全国	2
II	潍坊	山东	3	III	济宁	山东	1
		全国	4			全国	2
II	威海	山东	5	III	泰安	山东	3
		全国	4			全国	2
II	聊城	山东	4	III	日照	山东	2
		全国	3			全国	3
II	临沂	山东	2	III	滨州	山东	1
		全国	4			全国	1
II	莱芜	山东	3				
		全国	3				

表 5 中列举了 17 地市在全国范围内和山东省范围内区位熵大于 1 的行业数，以此对 17 地市进行分类，其中济南、青岛、德州在全国或省内区位熵大于 1 的行业有 6 个以上，为第 I 类，是第三产业发展聚集度很高、专业化水平很高的城市；烟台、潍坊、威海、临沂、莱芜、聊城、菏泽六个城市在全国或省内区位熵大于 1 的行业有 3~5 个，是第三产业聚集度一般、专业化水平一般的城市，为第 II 类；淄博、枣庄、东营、济宁、泰安、日照、滨州 7 个城市在全国或省内区位熵大于 1 的行业在 3 个以下，属于第三产业聚集度较低、产业内行业发展不平衡、专业化水平较低的城市，为第 III 类。从上述

分析可以看出，17 地市中将近半数的城市第三产业发展程度较低，除济南、青岛外，没有能够在全国形成比较优势和高度空间聚集的城市，山东省的经济结构尤其是淄博、枣庄、滨州等传统工业城市的经济结构有待进一步优化。

（四）结论与思考

1. 本文结论

第一，从山东省第三产业发展整体情况看，山东省第三产业整体体量很大，但发展程度不高，虽然进步速度较快，但与全国平均水平仍然有较大的差距，主要体现在比较优势薄弱和空间聚集度不强。行业内部发展差异巨大，传统服务业产值较高、就业人数较多、固定资产投资量较大，但发展速度相对缓慢；新兴服务业产值较小、就业人数较少、固定资产投资较少，但是增速较快、发展潜力大。

第二，从各地市第三产业发展情况看，山东省 17 地市第三产业发展程度差异明显，济南、青岛两市具有很强的比较优势和空间聚集度，淄博、滨州、枣庄等传统的工业城市的第三产业发展程度较低，其空间聚集度不强。各地市之间新兴服务业发展水平有进一步拉大的趋势。

第三，从山东省第三产业行业内部来看，存在着具体行业在个别地市集中分布的特点，如济南的信息传输，计算机服务和软件业在全省区位熵高达 4.47，东营的租赁和商务服务业在全省的区位熵高达 5.11，未来新兴服务性行业区域集中发展将成为趋势。

2. 相关思考

（1）加大第三产业投资力度，以投资促进产业结构调整

针对山东省第三产业产值占比较低、吸纳劳动力就业相对比例、投资相对比例较低的特点，政府和社会各界应当加大对第三产业的投资力度，着重投资科技含量高、环境污染少、资源消耗低的新兴服务业，通过投资来刺激第三产业发展。同时，要发挥政府投资的带动效应，鼓励有实力的实体经济企业投资第三产业，针对企业的需求进行第三产业开发，从而达到产业结构优化调整的目的。

（2）推进传统服务业合理配置、鼓励新兴服务业发展

针对山东省第三产业发展中存在的传统服务业体量大、增速慢，新兴服务业体量小、增速快的特点，应当发挥地区间的比较优势，推进服务业在省内不同地区之间的合理配置。如批发零售业、住宿和餐饮业等传统的服务业，进入门槛低，需要的劳动力资源较多，应当鼓励劳动力资源丰富、成本低且文化资源丰富的鲁西南、鲁西北地区大力发展，以建设旅游目的地、物流中心等项目为依托，大力改善当地的基础设施建设。而信息传输、计算机服务和软件业，金融业，科学研究和技术服务业等新兴行业所需的资本较多、对劳动者素质要求较高，应当鼓励济南、青岛两个区域中心城市，以自身资本、高校和科研院所的优质资源为依托，发展技术含量高、文化内含丰富的现代服务业，并辐射带动周边地区。

（3）发挥龙头城市带动作用，调整工业城市产业结构

针对传统工业城市第三产业发展水平较低的特点，应当发挥省内中心城市的优势，鼓励济南、青岛两市对淄博、滨州和枣庄进行"输血"式的产业支援。针对传统工业城市面临的产能过剩问题，应当就近发展以工业企业为服务对象的服务业，从工业产品的研发、设计、营销、后期服务、宣传等一系列的环节上对当地工业企业进行支持，从而提高工业产品的附加值，达到调整当地产业结构的目的。

（4）统筹规划山东省第三产业发展，打造区域最优合理发展模式

要将山东省第三产业发展从政策层面进行统筹规划，确立每个地区的核心行业与重点扶持行业，避免资源重复利用和不必要的内部竞争。各个地市制定第三产业发展规划时，要注重与邻近地市的互动，注重从济南、青岛引进获取优质资源，从而实现原有的比较优势较强的行业发挥辐射作用，比较优势一般的行业得到巩固发展，没有比较优势的行业获得其他地区的有效支持。

参考文献

[1] 马胜春. 中国区域产业结构与就业结构的差异和变动趋势分析[J].

经济研究参考，2014（64）：35-44.

[2] 吴建民，丁疆辉，李颖. 行业结构、地区结构与我国第三产业的发展[J]. 地域研究与开发，2012（5）：6-10.

[3] 杨凤娟. 河南省第三产业发展状况及竞争力实证研究[J]. 河南大学学报（社会科学版），2014（5）：13-18.

[4] 谢敏，赵红岩，朱娜娜，谢高. 浙江省第三产业空间集聚特征与成因[J]. 经济地理，2015（9）：96-102.

[5] 张海鹏，曲婷婷. 第三产业发展的国际比较及启示[J]. 经济纵横，2013（5）：99-103.

[6] 李江帆. 中国第三产业的战略地位与发展方向[J]. 财贸经济，2004（1）：65-74.

[7] 李淑芳. 中国各地区第三产业发展及其结构差异分析[J]. 地域研究与开发，2005（3）：6-10.

[8] 陈学刚，李晓东，夏富强. 新疆各地区（州、市）第三产业发展水平综合评价[J]. 干旱区地理，2004（4）：622-627.

三、山东省制造业创新分析和思考

李晓力　白全民

摘要：山东省是制造业大省，制造业技术创新水平的高低对一个区域的产业发展水平是有代表性的，也是值得深入研究的。本文采用 2014 年全国和山东省企业创新调查数据，对山东省制造业创新开展活跃度、创新投入规模和强度、知识产权、新产品销售收入等进行了行业比较分析，研究了不同行业的创新特点，总结了山东省制造业现阶段创新方面存在的主要问题，探讨了制造业的创新与经济效益的关系，在此基础上，提出了提高山东省制造业创新水平的建议，以期为有关部门采取相关措施提供一定的参考。

关键词：制造业；创新活跃度；创新投入；创新产出

2014 年，山东省制造业有 39273 个规模以上的企业，从业人员 829.91 万人，主营业务收入 131822.7 亿元。按照行业分类，制造业下包括 31 个行业，其中烟草制品业，皮革、毛皮、羽毛及其制品和制鞋业，化学纤维制造业，其他制造业，废弃资源综合利用业，金属制品、机械和设备修理业 6 个行业的主营业务收入占制造业总量的比重均在 0.5% 以下，这些行业规模偏小，数据跳跃性大，参考价值不大且容易产生干扰，在此不作研究，重点对其他 25 个行业展开分析。

（一）创新活跃度

1. 山东省制造业创新活跃度和成功率均低于全国平均水平

2013~2014 年，山东省制造业开展创新活动的企业占全部企业的比重为 37.76%，成功实现创新的企业所占比重为 35.90%。从全国制造业平均水平来看，开展创新活动的企业占比为 48.2%，成功实现创新的企业占比为 46.2%，山东省均低于全国平均水平 10 个百分点以上。产品创新和工艺创新是对企业影响更大的创新，尤其对制造业而言更是如此，山东省制造业开展产品或工艺创新的企业占全部企业的比重为 27.6%，实现产品创新的企业占比为 19.3%，实现工艺创新的企业占比为 19.8%；全国制造业开展产品或工艺创新的企业占比为 35.4%，实现产品创新和工艺创新的企业占比均为 26.1%。山东省比全国平均水平低 6.3~7.8 个百分点。

2. 高技术行业创新活跃度和成功率相对更高

山东省仪器仪表制造业、医药制造业、计算机通信及其他电子设备制造业有创新活动的企业占比和成功实现创新的企业占比居制造业前三甲，且比重均在 50% 以上。这三个高技术行业的创新活跃度和成功率远高于制造业平均水平。从图 1 可以看出，有创新活动的企业占比居前 10 位的产业中，除酒、饮料和精制茶制造业及石油加工炼焦核燃料加工业（其中，核燃料加工属高技术产业）技术含量较低外，其他均是高技术产业或技术含量较高的行业。从图 1 中可以看出，山东省传统行业的企业创新活跃度明显偏低，由于这类企业数量众多，这应是造成山东省制造业企业整体创新活跃度偏低的重要原因。

（二）研发经费

1. 研发经费投入总额与产业性质和规模有关

2014 年，山东省制造业有两个行业的 R&D 经费内部支出额在 100 亿元以上，分别是化学原料和化学制品制造业、电气机械和器材制造业。这两个行业虽然不是高技术产业，但也属于技术含量较高的行业，同时也是制造业中行业规模较大的行业。50 亿元以上的有汽车制造业，计算机、通信和其他电子设备制造业，通用设备制造业，医药制造业，有色金属冶炼和压延加工业，专用设备制造业 6 个行业，其中有色金属冶炼和压延加工业是山东省传统的优势产业，其他均是高技术产业或技术含量较高的行业，具备较强的创新资源投入能力。应该说，R&D 经费规模一方面与产业性质有关，同时也与产业规模有一定的关系。

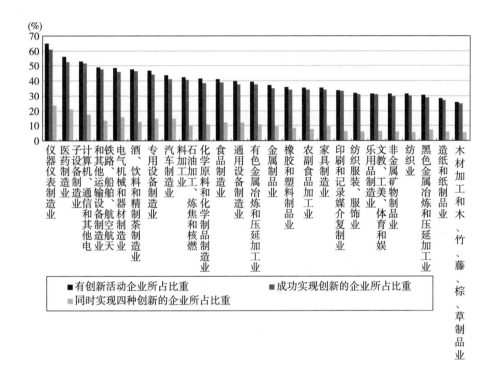

图 1　山东省制造业各行业有创新活动和成功实现

创新的企业占全部企业的比重

2. 山东省制造业技术密集度低于全国平均水平

R&D 经费占主营业务收入比重是国际上公认的衡量产业技术密集度的重要指标。山东省制造业 R&D 经费占主营业务收入的比重为 0.83%，全国制造业这一比重为 0.91%，山东省比全国平均水平低 0.08 个百分点。山东省制造业技术密集度偏低，应与山东省制造业的产业结构有较大关系。

3. 高技术行业技术密集度明显高于其他行业，传统低技术行业是造成制造业整体技术密集度不高的重要原因

山东省制造业 R&D 经费占主营业务收入比重在 1.5% 以上的有 4 个行业，分别是医药制造业（1.83%），计算机、通信和其他电子设备制造业（1.68%），仪器仪表制造业（1.67%），电气机械和器材制造业（1.59%）。此外，铁路、船舶、航空和汽车制造业的技术密集度也以较大优势领先其他行业。技术密集度明显偏低的行业是家具制造业、木材加工业，仅在 0.11%~0.12%。山东省产业规模较大的纺织业，石油加工、炼焦和核燃料加工业，非金属矿物制品业，农副食品加工业的技术密集度均在 0.5% 以下。一方面，这些行业的产业特点决定了其技术密集度不会太高；另一方面，这些产业的规模比高技术产业的规模大得多，这也是造成山东省制造业整体技术密集度不高的重要原因。

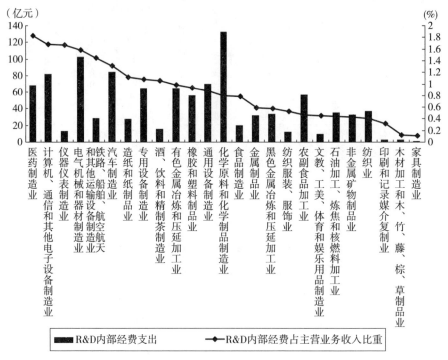

图 2　2014 年山东省制造业各行业 R&D 内部经费支出及其占主营业务收入的比重

注：按 R&D 经费占主营业务收入比重从高到低排序。

（三）发明专利

1. 山东省制造业每万名从业人员拥有有效发明专利数不到全国平均水平的 60%

企业拥有有效发明专利数量是衡量企业创新产出的重要指标，发明专利本身是创新含量较高的专利类型，而有效发明专利又是值得企业出资进行持续保护的专利，因此是更有代表性的创新产出指标。2014 年，山东省制造业每万名从业人员拥有有效发明专利 29.4 件，全国制造业每万名从业人员 50.5 件，山东省制造业仅相当于全国平均水平的 58.2%。

2. 有效发明专利更多集中在高技术和技术含量较高的行业

山东省制造业有效发明专利拥有量最高的是化学原料和化学制品制造业，为 3446 件；医药制造业，通用设备制造业，计算机、通信和其他电子设备制造业，专用设备制造业，电气机械和器材制造业 5 个行业有效发明专利拥有量在 2000 件以上，这些都是高技术行业或技术含量较高的行业。汽车制造业在 1000 件以上。山东省产业规模第二位的农副产品加工业，有效发明专利数不到千件，产业规模第三位的纺织业有效发明专利数不到 300 件，此外，非金属矿物制品业，石油加工、炼焦和核燃料加工业，有色金属冶炼和压延加工业等山东传统优势产业拥有的有效发明专利也不高。

3. 每万名从业人员拥有有效发明专利数，行业差别明显

山东省仪器仪表制造业和医药制造业每万名从业人员有效发明专利数分别为 153.0 件和 125.1 件，遥遥领先于其他行业，且处于明显的第一集团。计算机、通信和其他电子设备制造业，电气机械和器材制造业，专用设备制造业，化学原料和化学制品制造业每万名从业人员有效发明专利数在 50 件以上。农副食品加工业，木材加工和木、竹、藤、棕、草制品业，纺织业，纺织服装、服饰业，印刷和记录媒介复制业，家具制造业等传统的低技术含量行业每万名从业人员有效发明专利数在 10 件以下。可以看出，这一排序与前面的行业技术密集度具有较高的相关性，多数技术密集度高的行业，每万名

从业人员拥有的发明专利数也比较高；反之亦然。

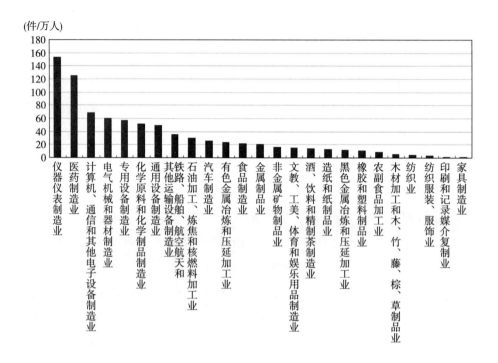

图3　2014年山东省制造业各行业每万名从业人员

拥有有效发明专利数

（四）新产品

1. 山东省制造业新产品销售收入占主营业务收入比重低于全国平均水平

2014年，山东省制造业总共实现新产品销售收入14234.3亿元，占主营业务收入比重为10.80%，其中达到国际市场新的产品占主营业务收入的比重为1.03%，仅国内市场新的产品占主营业务收入比重为4.20%，仅本企业新的产品占主营业务收入比重为5.58%。从全国制造业来看，新产品销售收入占主营业务收入比重为14.5%，其中达到国际市场新的产品占主营业务收入的比重为 1.9%,仅国内市场新的产品占主营业务收入比重为 5.3%,仅本企业新的产品占主营业务收入比重为 7.4%。相对而言,山东省制造业达到国际新水平的产品占比与全国平均水平差距是更为突出的。事实上,能够生产出达到国际新水平的产品,无论该企业是属于高技术产业还是属于传统产业,都说明其在产业链前端具备一定的竞争能力,这一指标也是代表产业核心竞争能力的重要指标,在某种程度上,它是比高技术产业增加值更能代表产业技术创新能力的指标,因为高技术产业中部分企业处于产业链的低端,并不具备高技术含量的特征。山东省这一指标偏低是应该引起重视的。

2. 山东省多数行业国际新产品销售收入占主营业务收入的比重偏低

铁路、船舶、航空航天运输设备制造业达到国际市场和国内市场新的产品占主营业务收入的比重均居各行业之首,分别为 8.38% 和 19.68%,以较大优势领先于其他各行业。电气机械和器材制造业,计算机通信和其他电子设备制造业两个行业国际市场新的产品占主营业务收入的比重均在 5% 以上,达到国内市场新的产品占主营业务收入比重也较高,分别为 7.15% 和 8.35%,产品创新的行业优势较为突出。造纸和纸制品业表现也较为突出,其达到国际市场新的产品占主营业务收入比重为 2.61%,国内市场新的产品占 7.35%。这些均属于国际国内市场产品创新表现均较好的行业。医药制造业表现也较为突出,国际市场新的产品占主营业务收入比重为 1.46%,居第 5 位,国内市场新的产品所占比重为 10.06%,在各行业中居第 2 位。橡胶和塑料制品业、专用设备制造业国际市场新产品占主营业务收入比重居第 6 位和第 7 位,均在 1.2% 以上,这两个行业产品达到国内新水平的所占比重也较高。除上述达到国际新的产品所占比重较高的行业外,还有一些行业国际新水平的产品所占比重虽然不高,但达到国内市场新的产品所占比重较高,如有色金属冶炼和压延加工业,汽车制造业,酒饮料和精制茶制造业等。但从多数行业来看,国际新水平产品销售收入占主营业务收入的比重微乎其微,制造业有 13 个行业国际新水平的产品销售收入占销售收入总额比重在 0.5% 以下,差距十分明显。

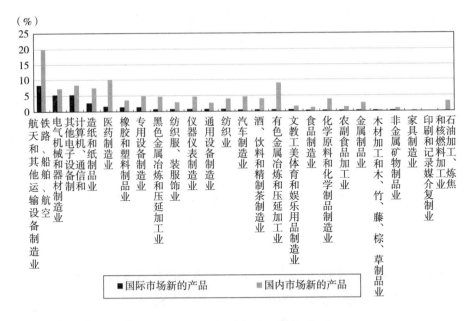

图4　2014年山东省制造业国际和仅国内新的

产品销售收入占主营业务收入的比重

注：按国际新产品销售收入占主营业务收入比重从高到低排序。

（五）经济效益

1. 传统产业经济效益并不低

企业经营的最主要目标是利润，无论是开展创新还是其他经营手段，均是为了追逐短期或长期的收入或利润。制造业各行业的利润与创新之间存在何种关联关系有必要研究。从人均利润额来看，有色金属冶炼和压延加工业遥遥领先，该行业创新经费投入强度和有效发明专利拥有量等均排名不高，但经营状况却相当良好。医药制造业，化学原料和化学制品制造业，石油加工、炼焦和核燃料加工业，三个行业的人均利润额居第二位至第四位，处在14.46~15.82万元/人，属于第二集团。其中医药制造业属于高技术产业，创新投入和产出均名列前茅。化学原料和化学制品制造业属于山东省优势产业，产业规模大，创新投入和产出均表现得不错。石油加工、炼焦和核燃料加工业属于资源型行业，该行业主营业务收入高、利润高，但创新投入产出较低，这与其资源型行业的特点是有密切关系的。此外，橡胶和塑料制品业也表现较好，与有色金属加工业情况类似。从各行业人均利润的排序看，并没有出现明显的高技术产业人均利润率高于传统产业的情况，计算机、通信和其他电子设备制造业，仪器仪表制造业等高技术产业尚未具备高投入高产出的特征。

2. 创新与产业链地位和效益的关系

传统产业的经济效益不低，那么是否能够得出创新不重要，不开展创新照样可以获得相应的收入和利润的结论呢？实质上，一个行业的经济效益与多种因素相关，如石油加工业的经济效益高与其资源类行业的特殊性质有关。而从普遍来说，在一个行业内部，企业能不能获得较高的利润往往与其在该产业链中所处的位置有重要关系。即无论是高技术产业，还是传统产业，只有处于产业链中上游的位置，才有可能获取高额利润。如若不然，即使是身处高技术产业，但处于组装或代工的产业链低端位置，也只能赚取微薄的利润。而要竞争产业链中上游的位置，离开创新是万万不能的。

3. 山东省传统产业转型升级的压力

山东省制造业在国内具备行业优势的多数是传统产业，这既是优势，也可能是其转型不力的重要阻力。以有色金属冶炼和压延加工业，石油加工、炼焦加工业，非金属矿物制品业等为例，这些行业均属于资源和能源消耗型产业，其生存和发展依赖了山东省的资源优势，在一定的时期内这些产业也许能够继续维持良好的效益，但其发展周期与资源存量和环境的承受能力等是息息相关的，资源是不可能无期限使用的，未雨绸缪、提早布局创新才是可持续发展之路。而从环境承受力来看，在国家预计 2030 年碳排放达到峰值，2035 年能源消耗达到峰值的背景下，山东省这些对环境和资源造成较大压力的行业，一方面要采取措施减少过剩产能，同时建立更严格的行业准入标准，避免盲目投资；另一方面加大创新尤其是工艺创新节能减排，提升改造是十分必要的，而从现阶段的创新投入力度来看，科技对产业的提升和带动作用力度是需要进一步加强的。

（六）对策建议

从前述分析可以看出，山东省制造业存在的主要问题是传统产业具备规模优势但转型压力较大，且创新投入强度低、产出薄弱。高技术产业创新虽然相对活跃，但产业规模偏小，对经济发展的支撑力度远远没有达到应有的重要程度，且现阶段部分高技术产业尚未具备高技术的特征，也未带来明显的高效益。为此，提出以下对策，为创新驱动山东省制造业产业升级提供参考。

1. 集中力量突破行业共性技术，为制造业升级提供创新支撑

一是继续构建产业技术创新战略联盟，集中力量对技术"瓶颈"进行联合攻关，尽快攻克制约行业转型升级迫切需要的关键共性技术，可采用企业先期投入，财政根据绩效给予后补助的形式，鼓励骨干企业通过创新驱动做大做强，掌握行业关键核心技术、实现产业优化升级。二是以省科学院为重点，整合行业骨干科研院所，建设集技术研发、企业孵化和产业培育为一体的新型重大研发机构，作为推进产业整体技术升级的重要载体和研发平台。

2. 通过市场与标准双重机制引导传统产业投入资源开展创新活动

要进一步通过财政政策与行政法规等手段对高消耗、高污染产业建立更严格的技术标准与行业标准，并通过市场与标准双重机制来刺激企业的创新需求，引导企业投入更多的资源开展创新活动，还通过增强技术创新和管理创新能力，提高传统产业整体素质和层次水平。

3. 鼓励企业开展产业驱动型基础和应用研究，突破高技术产业发展"瓶颈"

要实现高技术产业的突破性创新，必须着眼长期目标，不是一蹴而就的。从国内和山东省现阶段企业开展研发活动的特点看，均是以开展试验开发类的活动为主，2014 年制造业试验发展经费占研发经费总量的比重达 97.15%，这类性质研发活动的产出往往是渐进式创新多，重大突破性创新少，而高校和科研机构的基础研究和应用研究大多是自由探索或自上而下的计划研究，

与产业需求不能很好地吻合。可支持有条件的大型、特大型企业与高校和科研机构合作开展有产业需求的基础研究和应用研究，在产业前沿领域超前部署，厚积薄发，追求长期效应，为企业的未来发展和取得重大突破性创新积累力量和基础。

4. 激励中小型企业开展创新活动，提高企业创新活跃度

山东省制造业中绝大多数的小型企业属于传统产业，创新不活跃，产出效率不高，技术创新活跃的科技型小型企业数量偏少。一是应针对产业技术创新需要，搭建区域技术服务平台，提供质量检测、设计服务和科技信息服务等，为小型企业开展创新活动提供技术支撑。二是要吸引高铁沿线高校院所的专家学者和高校毕业生来山东高铁沿线高新区或经济区创新创业，实现由产业特点、交通优势、生活成本低廉等优势形成的双创人才的聚集，推动山东省中小微企业的创新。

参考文献

[1] 国家统计局社会科技和文化产业统计司. 2014 年全国企业创新调查统计资料 [M]. 北京：中国统计出版社，2016.

[2] 柳卸林，何郁冰. 从科技投入到产业创新 [M]. 北京：科学出版社，2014.

四、甘肃省高新技术
发展的现状及问题

高 婷

摘要：文章通过对甘肃省高新技术企业2014～2015年的统计数据，对甘省高新技术的发展现状和相关研发领域做出分析，并发现甘肃省高新技术企业存在投入不足等问题，并结合甘肃省发展现状提出加大投资等建议。

关键词：甘肃；高新技术；现状；问题

（一）甘肃省高新技术发展现状

高新技术产业是指通过高新技术，进行研发、生产再到新商品，最后逐步形成产业的一种形式。根据《2014年甘肃科技发展报告》的数据统计，截至2013年底，甘肃省高新技术企业共有259家，其中2013年新认定的有38家。兰州高新区内高新技术企业共有107家，高技术企业科技活动人数2979人，主营业务收入1295.8亿元。其中，内资企业105家，港澳台资企业1家，外资企业1家。

按行业划分，医药制造企业84家，航天器、航空及设备制造企业59家，电子及通信设备制造企业13家，医疗器械设备及仪器仪表制造企业7家。另外，白银高新区有高技术企业12家，高新技术开发区以外另有高新技术企业130家。

从表1中看出，2013年甘肃省新认证的38家高新技术企业拥有专利293

件，其中排名前十的企业平均专利持有量为 8.8 件，这些高新技术都集中在生物技术、电子信息和新材料这三大领域中。其中，发明专利和实用新型占的数量颇多，这也是高新技术的特点，突出了新发明和实用性。

表1　2013 年甘肃省新认定高新技术企业拥有专利排名前十

名称	所属领域	合计专利	发明专利	实用新型	外观设计
兰州吉利汽车工业有限公司	高新技术改造传统产业	88	13	75	0
甘肃洮河拖拉机制造有限公司	高新技术改造传统产业	31	11	20	0
天水长城电工起重电气有限公司	高新技术改造传统产业	19	2	15	3
甘肃路桥建设集团养护科技有限责任公司	新能源及节能技术	14	2	12	0
瓜洲亿得生物科技有限公司	生物与新医药技术	12	5	0	7
甘肃赫原生物科技有限公司	生物与新医药技术	12	8	4	0
兰石海兰德泵业有限公司	高新技术改造传统产业	11	5	6	0
武威大禹节水有限责任公司	新能源及节能技术	9	0	9	0
兰州威特焊材炉料有限公司	高新技术改造传统产业	8	6	2	0
华羚酪蛋白股份有限公司	生物与新医药技术	8	6	2	0

资料来源：《2014 甘肃科技发展报告》。

表2 显示了两年间甘肃省高技术产业各项指标的变化情况，2013 年，甘肃省高新技术产业化指数较 2012 年下降约 6 个百分点，高新技术产业化效益下降了约 13 个百分点，可是名次却都有所提高，这也反映了 2013 年的全国高新技术产业化指数呈整体下降的趋势。另外，从表 2 中看出高技术产业增加值率在数据上与前一年一样，但在全国排名上却十分靠前，这说明甘肃省高新技术产业还是有很大的进步和提高。

表2　甘肃高新技术产业化监测指标和位次与上年比较

指标名称	监测值		位次	
	2013 年	2012 年	2013 年	2012 年
高新技术产业化	34.46	40.40	26	27
高新技术产业化水平	17.51	16.50	25	25
高技术产业增加值占工业增加值比重	2.49	2.17	25	26

续表

指标名称	监测值		位次	
	2013 年	2012 年	2013 年	2012 年
知识密集型服务业增加值占生产总值比重	8.44	8.11	20	20
高技术产品出口额占商品出口额比重	7.43	5.98	22	22
新产品销售收入占主营业务收入比重	7.65	7.70	16	16
高新技术产业化效益	51.41	64.30	24	28
高技术产业劳动生产率	17.81	14.21	23	27
高技术产业增加值率	40.01	40.01	3	6
知识密集型服务业劳动生产率	17.48	15.61	31	30

资料来源：《中国科技统计资料汇编》（2014）。

（二）高新技术发展重点领域

1. 现代农业技术

农业是社会发展的基础产业，甘肃省作为农业大省，农业技术也随着发展更新换代，高新技术在农业中的应用也越来越广泛。主要领域有：现代农业机械设备、生物农业、智慧农场等。2014 年甘肃省科技成果统计数据显示，现代农业领域的成果数量为 238 项，占全省成果数量（459 项）的 51.9%；2015 年甘肃省现代农业领域的成果数量为 414 项，占全省成果（819 项）的 51%，可以看出，现代农业领域已经成为甘肃省高新技术发展的重要组成部分，也充分利用了甘肃省土地面积广阔的优势。今后的发展应该以大中型拖拉机及谷物、棉花等联合收获机械为重点，加快应用数字技术、网络技术等改造提升装备性能，并对机械实现远程监测和自动控制，推动农业向智能化、自动化发展。同时，加快精密播种机、精密施肥机等配套农机的技术改造，促进农业技术向高端智能转变升级。另外，重点加强动植物品种选育、基因工程和生物疫苗、农药等高技术的研发和产业化，争取培养一批特色突出的农业生物产品和示范基地。

2. 生物医药与医疗器械

近年来，甘肃省紧跟国家生物技术发展的前沿，加快建立了高水平的生物技术研究开发体系，极大地提升了生物医药和生物制造领域的自主创新能力。主要研究领域有：生物医药、生物医学工程、生物制造等，通过技术创新，培育生物经济的新增长点，全面提升甘肃省生物产业的发展。2014 年，甘肃省生物医疗与医药器械所取得的成果共计 126 项，2015 年，生物医药与医疗器械领域取得成果 164 项，同比增长 30.1%。甘肃地区中药材储备丰富，被确定为全国唯一的中医药发展综合改革试点示范省，应加大现代中药和创新药物的研制开发，加快建设国家重大新药创新平台体系。同时重点推进生物人工器官、医学电子仪器、高性能诊疗设备、康复工程技术装置等的研发，努力构建网络化、数字化、移动化的现代诊疗系统。

3. 电子信息

甘肃省地域辽阔，东西跨度大，且处于中国西北地区，发展较为闭塞，因此，推动信息技术发展、建立新一代信息技术体系尤为重要。从 2014 年到 2016 年，甘肃省电子信息产业发展稳步上升，收入快速增长，新兴领域业务稳中趋升。天水华天电子集团 IGBT 器件封装与测试技术研发及产业化、大片宽引线框架研发及产业化、正威电子信息产业园、四联光电西北高新技术产业基地等一批重点项目进展顺利。电子制造、软件产品、信息系统集成服务、新兴领域数据处理与储存服务、信息技术咨询服务等作为重点发展领域。天水电子信息制造业已逐步形成微电子、通信设备集聚发展，兰州软件服务业产业占全省 80% 以上，集聚态势明显。

4. 新能源

甘肃省拥有丰富的太阳能、风能等资源，并起着连通宁夏、青海、新疆等能源资源的重要作用。对于新能源产业的良好发展前景，甘肃省应把握机会，加大风能、太阳能等新能源的产业化。一方面，发展适合甘肃省风能资源和气候条件的风力发电机组，发展能源检测与应用装备；另一方面，利用太阳能发展储能材料、热发电产品；最后，瞄准国际国内新能源汽车的市场需求，加强技术创新，推动新能源汽车产业发展。

5. 智能制造

随着国务院《中国制造 2025》、甘肃省政府《中国制造 2025 甘肃行动纲要》等政策的出台，智能制造成为制造业转型升级的焦点。甘肃省的一些装备制造业也已经开始智能装备研发和智能化升级并取得了一定成果。兰州兰石集团实施了数字化车间、智能工厂散离制造示范工程，天水星火机床有限责任公司实施了星火乐高产品个性化定制平台建设以及推广项目。电子工业和机械工业作为省重点支柱产业，增速明显，为甘肃省装备制造转型升级提供了基础。

6. 新材料

甘肃省是我国有色金属工业的重要基地，在省第十次党代会上，省委将建设有色金属新材料基地提了出来，并纳入了西陇海兰新经济带甘肃段的开发规划中。目前，甘肃省通过实施新技术装备提升、主导产品升级换代、原材料深加工、信息技术与制造技术融合等技改项目，传统有色金属产业增效明显。另外，金昌有色金属新材料产业区域集聚发展，有色金属新材料等创新创业示范园区逐步完成建设，甘肃稀土系材料股份有限公司、兰州金川新材料科技有限公司等骨干企业也快速发展，努力构建具有国内竞争力的有色金属新材料产业体系，进而加快经济发展和产业升级。

（三）高新技术发展存在的问题与对策建议

第一，科技投入仍然不足。科研经费投入虽然逐年增加，但总体数量仍不够，所占财政比重仍然不高，与全国其他地区相比差距较大。高新技术企业研发支出少，所占销售额比重也很低。因此，加大对科技创新的投入，并从政策上保证投入力度。设立专项资金，从财政中取出一定比例作为科技投入资金，以此推动技术引进再创新。

第二，政府应转变职能，合理配置科技资源。目前的科技资源配置是政府主导型，政府所属的科研院所和高校占总研发经费 70%以上，研发人员占全省 60%以上，企业只占 30%，企业未能成为科技创新的主体。产学研发展虽然得到提升但效果并不尽如人意，主要是因为利益分配不均衡，高校和院所认为自己是发明者，企业认为自己是成果转化的完成者和风险承担者，很多产学研联合都流于形式。因此，落实企业的创新主体地位，支持企业建立技术研发中心；扶持企业创新项目，降低纳税，并给予补贴；加快企业研发设备更新换代，并从应纳所得税中提取未来投资准备金、风险基金和科研准备金。

第三，政策支持不够。甘肃省在对高新技术及其产业上缺乏强有力的扶持和保护政策，对研究、人才队伍等的培养和安排不够重视，高新技术企业为了提高利润，大多通过短、平、快的技术引进进入市场，盲目跟踪已研发的高新技术，缺乏自主创新能力，不具备强大的竞争力。另外，过度地依赖技术引进，容易受到新技术的冲击。因此，高新技术的政策环境有待进一步改善，并加强技术预见研究。综合重点研发方向，优化配置科技资源，加强科技计划和管理工作，提高科技战略和规划水平。重视未来科技发展的走向，并结合甘肃省的经济、产业发展基础，确定重点支持方向并给予相关政策支持。

第四，继续完善加强高新技术产业开发区、高新技术示范园区建设。通过高科技工业园区，加快产业集聚，增强创新能力与自主研发能力，促进科技成果转化并形成产业化，有效推动区域经济发展。加快酒泉、金昌高新技术开发的完善和等级提升，对于天水高新技术工业园、白银高新技术产业园以及兰州高新区等一批国家级园区，应进一步优化环境，拓展功能，扩大科技产业发展的新基地，突出特色，明确产业定位。

参考文献

［1］倪志敏，田愉.2012年甘肃省高新技术企业成长分析［J］.甘肃科技，2013，29（16）：3-10.

［2］杨盛菁.高新技术产业发展现状及对策研究——以甘肃省为例［J］.生产力研究，2011（4）：148-150.

［3］樊元，段大勇.甘肃省高新技术产业发展的约束条件与对策研究

[J].甘肃省经济管理干部学院学报，2007，20（3）：12-21.

　　[4] 魏晓蓉.甘肃新能源产业发展综论[J].丝绸之路，2011（22）：64-65.

　　[5] 倪志敏，屈非.甘肃省高新技术产业研究与对策[J].甘肃科技，2014，30（13）：3-5.

　　[6] 高天云.提高甘肃省高新技术企业经营管理能力的对策研究[J].甘肃科技，2004，20（6）：4-5.

　　[7] 杨守业，卢平，王昱.甘肃发展高新技术产业的重点与措施[J].甘肃省经济管理干部学院学报，2001，14（3）：17-21.

五、传统产业地区如何创新驱动发展的体制机制研究

——以滨州市打造区域创新中心为例

李海波[①]　汝绪伟　李　钊　陈　娜　高　婷

摘要：本文围绕滨州市传统产业发展现状，提出建设滨州市区域创新中心，主要通过集聚创新要素和优化创新创业环境，利用区位优势和文化特色，全面提升滨州市的区域创新能力。另外，综合滨州市高新技术产业，建设六大产业集群，从而全面加快经济发展。

关键词：传统产业；区域创新中心；产业创新

（一）滨州打造区域创新中心的必要性与重要意义

1. 打造区域创新中心对提升黄河三角洲地区全面创新整体水平具有重要支撑、辐射、引领、带动作用

滨州市是黄河三角洲地区面积最大、人口最多的行政区域，是黄河三角洲高效生态经济区开发建设的主战场。建设区域创新中心有利于强化黄河三角洲地区的科技创新软硬件设施，完善区域创新服务体系，优化创新创业环境，构建高效生态经济新模式，再造区域经济发展新优势，对于培育"两区

---

① 作者介绍：李海波（1981—），男，山东潍坊人，山东省科技发展战略研究所研究室主任、副研究员，博士。研究方向：区域创新与高技术产业化、创新驱动与科技体制改革。联系方式：0531-68606121。

两圈"重要增长极、建设国家级生态文明先行示范区、京津产业转移"新高地"、省会城市群经济圈重要出海通道、循环经济产业示范区、京津冀和省会城市群优质农产品生产供应基地，更有力地支撑"蓝黄"两区经济建设，打造服务滨州和"黄三角"、辐射"两区两圈"的区域创新高地，引领、带动区域经济、社会、生态统筹协调发展具有重大而深远的意义。

2. 打造区域创新中心对于加快山东省传统产业占主导优势的地区产业结构调整与转型升级具有重要示范带动意义

从滨州产业结构来看，传统产业仍占主导地位，转型升级压力较大，而新兴产业总体规模仍偏小，战略性新兴产业的规模以及占经济总量的比重偏低，对地方经济的带动性不是很强。主导产业转型升级动力不足等问题还比较突出。创建区域创新中心对于带动整个黄三角地区传统产业转型升级、培育壮大新兴产业规模起着至关重要的作用，同时这对于山东省传统产业比重大、转型升级压力大的城市和地区依靠科技创新，实施创新驱动发展战略，打造经济增长新动能具有重要示范带动意义。

3. 打造区域创新中心可为科教创新资源相对匮乏的地区集聚创新资源，推进创新驱动发展提供重要借鉴意义

滨州市仅有滨州学院、滨州医学院（滨州校区）、滨州职业学院等为数不多的高等院校，缺少优质高校和高端科研机构，自主创新能力较低，这在一定程度上制约了企业创新发展。近年来，滨州积极探索创新产学研合作新模式与机制，与清华大学、中国科学院金属研究所、天津工业大学、青岛农业大学等国内优秀高校院所加强产学研密切合作，充分运用高校、科研院所在人才、技术和科技信息方面的优势，企业的技术创新能力和市场竞争力得到不断提高，科技力量薄弱、技术储备不足、新产品开发缓慢、高新技术产业进程不快的状况正在逐步改变。建设区域创新中心对于省内科教创新资源相对匮乏、自主创新能力不强地区，进一步集聚国际国内优势创新资源，打造有国际、国内影响力的优势特色产业自主创新平台，以科技创新引领区域经济、社会、生态协调发展具有重要意义。

（二）滨州市打造区域创新中心的基础与优势

1. 综合实力稳步增强，科技创新能力不断提升

2015 年全市研究与试验发展经费投入占 GDP 的比重达到 2.57%，列全省第三位。科技竞争力逐步提高，涌现出一批重要的自主创新成果。滨州市被列入国家知识产权试点城市、国家知识产权质押融资试点城市行列，并连续两年荣获"全国科技进步先进市"殊荣。全市专利申请量由 2010 年的 2124 件增长到 2015 年的 4871 件，年均增长 18.06%；专利授权量由 2010 年的 1380 件增长到 2015 年的 3268 件，年均增长 18.82%，专利成果产出能力与水平显著提升。

2. 创新要素资源集聚，创新创业环境持续优化

全市共拥有国家级创新平台 5 家、省级创新平台 12 家、市级 43 家，拥有国家级企业技术中心 4 家、省级企业技术中心 79 家、市级企业技术中心 119 家，初步形成了较为完备的企业技术创新体系。全市共引进千人计划人选 1 名、泰山学者 18 名，各类高层次人才共计 740 余人。

3. 地理区位条件优越，交通网络日趋完善

滨州位于黄河三角洲腹地，处于黄河三角洲高效生态经济区和山东半岛蓝色经济区"两大国家级战略"区域和环渤海经济圈、济南省会都市群经济圈"两区两圈"叠加地带，具有得天独厚的区位优势、资源禀赋和开发基础。港口、铁路建设快速推进，滨州港 2 个 3 万吨级码头通航，德大铁路建成通车，海陆交通实现并进发展，枢纽型网络化交通体系正在形成。

4. 产业集群优势凸显，高效生态经济特色突出

滨州高新区已成为全国重要的铝产品加工制造基地、全国最重要的汽车活塞研发生产基地、我国汽车零部件产业示范基地。铝产业大力发展铝材深加工和装备制造，打造聚集世界级铝产业先进生产力基地。纺织产业以棉纺、家纺、印染、产业用纺织品为重点，打造纺织家纺国家级创新型产业集群。突出高效生态，加快农业现代化进程，构建了国家省市三级园区梯次推进的

"金字塔"式农业科技创新体系，农业科技创新能力得到大力提升。

5. 历史文化资源丰富，文化品牌效应逐步形成

滨州历史文化悠久，是黄河文化和齐文化的发祥地之一，也是渤海革命老区中心区、渤海区党委机关驻地。滨州的文化资源丰富而独特，特别有代表性的是孙子文化和我国对美学者唯一长期开放农村调查点的智库文化，滨州孙子文化品牌的效应已基本形成，而且具有很好的社会基础。

（三）滨州市打造区域创新中心的总体思路

以贯彻落实创新驱动发展战略为宗旨，以支撑产业转型升级、打造区域经济增长新动力为主线，以破除创新资源分割壁垒、整合区域创新资源为突破口，按照"一个总目标+一个主抓手+四大主要任务+六大产业创新集群"总体框架，实现创新创业引领滨州全面创新为总目标。以滨州市经济技术开发区创新发展为主抓手，以创新集聚化、协同园区化、产业集群化、体制改革化为主要任务，聚焦新材料、生态纺织与服装设计、生物产业、生态农业与绿色食品加工、生态化工、高端装备制造六大产业的转型升级和新产业培育，努力把滨州区域创新中心建设成为以滨州经济技术国家级开发区为核心区，引领带动黄河三角洲高效生态经济区，辐射山东省和京津冀地区的特色区域创新中心。

（四）滨州市打造区域创新中心的主要任务

调研组通过大量的调研发现，滨州市区域创新中心重点要依托滨州市国家级经济技术开发区，全力推进"四核"建设。

第一，以滨州市经济开发区为核心建设区，推进滨州市科学技术城建设。筹建滨州市科学技术研究院，整合创新资源，集聚创新要素，以院促城建设，把滨州科学技术城打造成为"创新研发、人才集聚、创业孵化、成果转化"四位一体的综合性创新物理空间载体。

第二，以滨州市经济技术开发区为核心园区，构建"一区多园"的创新地理格局，以滨州市经开区为核心园区，将滨州各核心城区、经开区、高新

区、工业园区多位创新园，采取"一区多园、协同发展"的模式，政策共享、资源共享，承接滨州市科学技术城的科技成果转移转化与产业化。

第三，以滨州市经济技术开发区为核心，加快布局打造具有国际竞争力的高性能复合材料（铝合金）、生态纺织与服装设计两大产业创新集群。以依靠创新领军企业、龙头骨干企业来推动产业集群向中高端升级，提升产业核心竞争力。

第四，以滨州市经济技术开发区为核心，以破除创新创业体制机制障碍为主攻方向，打造以体制机制改革为突破口的黄河三角洲——高效生态经济区传统产业转型升级的全面创新改革试验地。

（五）滨州市打造区域创新中心的六大产业集群

围绕高性能复合新材料、高端装备制造、生态纺织与服装设计、生态农业与绿色食品加工、生态化工、生物产业六大产业领域重点打造六大产业创新集群。到2020年做强高性能复合新材料、生态纺织材料与服装设计，全力推动升级为在国际上有影响力的国际级新材料产业创新集群；到2020年做优高端装备制造产业、生态化工产业，逐步推进成长为全国智能制造与绿色生态新型产业集群；到2020年大力发展生态农业与绿色食品加工、生物产业，重点建设成为全国生态经济特色产业创新集群。

1. 高性能复合新材料产业创新集群

充分发挥现有魏桥创业、齐星集团、渤海活塞、西王特钢、鲁丰铝箔等龙头骨干企业的辐射带动作用，培育高性能铝合金、镁合金及高端钢材等有色金属新材料产业集群；重点依托魏桥创业集团强大的铝生产能力，大力发展铝材深加工和装备制造，打造高端铝产业集群与世界级合金新材料产业基地。充分发挥益谦金属、邹平大展、金澳科技、纳瑞环保及金刚新材料等骨干企业的辐射带动作用，培育以非晶金属材料、先进高分子、高性能复合和先进陶瓷等材料为主的新材料创新型产业集群。

2. 生态纺织与服装设计产业创新集群

充分发挥现有魏桥集团、亚光集团、华纺股份、愉悦家纺等龙头企业的辐射带动作用，培育集棉花收购、加工、纺纱、织布、染整、针（复）织、巾被（服装、装饰面料）一条龙发展的家纺纺织创新型产业集群。深化与天津工业大学、青岛大学、中国纺织科学研究院、山东省纺织设计院等国内外重点高校院所的产学研合作，大力推进协同创新，加大高仿真纤维、功能性纤维、高技术纤维、可再生物质纤维等新材料关键技术的研发力度，不断地提高服装、面料等产品技术含量和附加值，提升企业的核心竞争力。

3. 高端装备制造产业创新集群

充分发挥渤海活塞、山东裕航、滨奥飞机、齐星铁塔、力丰机床和华兴机械等骨干企业的辐射带动作用，培育高端汽车零部件、高速轨道及通用航空设备、轮船装备、高端智能及数控装备等产业为主的高端装备制造业创新型产业集群，进而打造千亿级先进装备制造业基地。

4. 生物产业创新集群

充分发挥西王药业、民强生物、绿都生物、蔚蓝生物、恩康药业、农兴种业和颐兴器械等骨干企业的辐射带动作用，培育以生产化学原料药、生物制品、生物农药、生物育种和医疗器械等为主的生物技术与医药创新型产业集群。继续支持西王集团、三星集团在食用葡萄糖、无水葡萄糖、麦芽糊精、玉米胚芽油等方面生产规模亚洲最大的地位，以蔚蓝生物、博莱威生物、鲁北制药、天顺药业等骨干企业为依托，大力发展动物疫苗等生物医药。强化"蜂胶疫苗""纯植物萃取类脂疫苗佐剂"的世界领先优势，兽用生物制品的国内领先优势，积极推进畜禽用蜂胶疫苗、胚胎工程的研究与产业化，加快海洋保健品、药物的开发和产业化，建成国内一流的集新型生物药品研发、中试、产业于一体的生物工程集散地、国内有重要影响的海洋生物医药产业基地。

5. 生态农业与绿色食品产业创新集群

以打造国家优质农产品生产基地为核心，以滨州国家农业科技园区和七个首批省级农业科技园区为引领，充分发挥泰裕麦业、国丰农业、鑫诚农业和博华农业等龙头企业的辐射带动作用，围绕农牧循环农业、盐碱地特色农

业种植、种养加循环农业山药科学种植与加工、食用原料林栽培与深加工等
产业特色打造现代高效生态农业创新型产业集群。以西王集团、三星集团全
产业链玉米深加工产业为龙头，借助国家级企业技术中心、国家玉米油产业
研发基地、国家认可实验室等创新平台，开展植物油精深加工等关键技术的
研发，打造绿色安全、高端健康的食品粮油基地。同时，充分发挥西王食品、
渤海实业集团、三星玉米、香驰粮油等骨干企业的辐射带动作用，培育以大
豆和玉米精深加工为主的绿色食品深加工创新型产业集群。突出发展绿色种
植业、生态渔业和生态畜牧业，做大做强区域品牌，打造服务京津冀和省会
城市群的"菜篮子""果盘子""米袋子"。

6. 绿色化工产业创新集群

充分发挥现有滨化集团、京博集团和鲁北集团等大型企业集团的辐射带
动作用，培育石油化工、盐化工和油脂化工为主要产业框架的油盐化工创新
型产业集群。依托京博石化、滨化集团、铁雄集团、鑫岳化工、滨农科技、
鲁北企业集团等骨干化工企业，发挥骨干企业示范引领作用，建设"环境友
好型企业"，积极推进企业转型升级和产品结构调整，发展循环经济延长产业
链，打造千亿元级新型生态化工基地。引导产业区规划布局，在滨化、京博、
鲁北等大型化工骨干企业领办工业园的基础上，促进化工产业向园区化、基
地化布局、集约化发展，规范布局化工园区，促进产业集聚发展。

参考文献

[1] 管银屏，夏江宝，王再清等. 山东省滨州市旅游资源分类及其评价
[J]. 山东林业科技，2011（3）.

[2] 刘建玲. 生态文明视阈下美丽乡村建设——以滨州为例[J]. 环渤海
经济瞭望，2015（12）.

[3] 王修达. 评《城乡统筹下的城郊经济发展研究》[J]. 北京农业职业
学院学报，2010（2）.

[4] 李淑霞，王兆松. "十三五"时期培育一批创新型产业集群[N]. 滨
州日报，2016-02-04.

［5］王洛林，魏后凯．中国西部大开发政策［M］.北京：经济管理出版社，2003.

［6］钱克明．农业经济与科技发展研究［M］.北京：中国农业出版社，2003.

［7］李保国．我市新增10家省级企业技术中心［N］.鲁北晚报，2015-08-31.

［8］李默，张莉，王栋．对接滨州特色文化资源发掘和宣传推广工作［N］.滨州日报，2015-08-19.

六、山东省高新技术产业发展研究：现状、问题及对策

汝绪伟① 李海波 李 钊

摘要：近年来，山东省紧紧围绕省委、省政府战略部署，坚持稳中求进、改革创新，深入实施创新驱动发展战略，高新技术产业实现较快发展，各项工作取得显著成效，对全省经济社会的支撑带动作用不断增强。"十三五"时期，山东省保持经济平稳持续发展面临新的挑战，为此，必须适应、把握和引领新常态，进一步贯彻落实创新驱动战略，加快高新技术产业发展，构建经济发展新动力、培育驱动发展新动能，全面促进山东省经济提质增效、产业转型升级。

关键词：高新技术产业；创新驱动；转型升级

（一）山东省高新技术产业发展现状与成效

1. 产业规模不断增大，半岛自主示范区集聚示范成效显著

高新技术产业结构进一步优化，其产值占规模以上工业产值比重稳步提升。2015 年，全省规模以上高新技术产业实现产值 47718.8 亿元，同比增长 10.5%，占规模以上工业产值比重为 32.5%，比"十一五"末期提高了

---

① 作者简介：汝绪伟，男，山东省科技发展战略研究所副研究员。研究方向：区域创新与地理。联系方式：13793159662。

6.4%。截至 2015 年底，山东省经科技部、财政部和税务总局联合认定的国家级高新技术企业总数达到 3903 家。其中，青岛 2015 年新认定高新技术企业有 279 家，同比增长 84.8%，全市有效期内高新技术企业总数达到了 964 家，增幅居全国 15 个副省级城市第一位。高端装备制造、生物医药、新材料等一批高新技术产业蓬勃发展，一大批高新技术产业创新型领军企业在各自产业领域不断地突破产业关键技术、稳步扩大企业规模、着力延伸产业价值链条，实现了创新驱动下的跨越式发展。全省 17 个市高新技术产业产值与上年比均实现增长，重点城市带动作用明显。如山东半岛国家自主创新示范区的青岛、烟台、东营、潍坊、淄博、威海 6 个城市高新技术产业产值总计达到了 28856.8 亿元，占全省高新技术产业产值的比重达到 60.5%，六市高新技术企业数量共达到 2245 家，占全省高企数量的 57.5%。

2. 产业投入不断加大，企业创新能力不断提升

2015 年，全省研究与试验发展经费投入占 GDP 的比重达到 2.23%，比"十一五"末期提高了 0.51 个百分点，有力支持了山东省高新技术产业发展。根据专项统计数据得出，超过 80% 的高新技术企业研发投入占主营业务收入的比重都在 3.5% 以上，部分企业高达 10%，在不同产业领域涌现出一批代表和引领行业发展的创新型领军企业，取得一批引领全国乃至世界创新水平的先进技术和科研成果。在高端装备制造领域，中集来福士是国内唯一一个同时拥有半潜平台、自升平台、海工特种船舶三大系列线的海工公司。潍柴动力股份有限公司的潍柴动力重型发动机、法士特重型变速箱和株洲火花塞销量全球第一，公司的林德液压技术全球领先，以此形成了品牌集群效应。在生物医药领域，荣昌生物的抗癌新药"恩度"突破了大规模蛋白质复性这一国际性难题，成功研发了世界首例血管内皮抑制素抗肿瘤药物；福瑞达的眼科用药占国内市场 20%，销售及市场占有率居全国第一，透明质酸占据国内 60% 以上的市场份额，施沛特占国内 70% 以上的市场份额。在新材料领域，烟台万华集团成功突破了"MDI 制造技术"，年产能由最初的 1 万吨增加到 164 万吨，规模全球第一，产品质量达到国际领先水平，国内市场占有率连续十年居第一；东岳集团已经成长为亚洲规模最大的氟硅材料生产基地。鲁阳

公司是亚洲最大、世界第三的陶瓷纤维生产基地。在电子信息产业领域，浪潮集团服务器销量全球第五、中国第一。歌尔声学股份有限公司在微型麦克风领域市场占有率居国际同行业之首，在微型扬声器/受话器领域，稳居国际同行业前两位。取得授权专利2899项，在中国电子元器件行业遥遥领先。在节能环保领域，力诺集团的高硼硅3.3玻璃管产量居世界第一，占据国内市场60%的份额；全玻璃真空镀膜管生产规模居世界第一，占据国内中高端市场的70%以上。

3. 产业创新平台支撑作用显著增强，创新集聚效应逐步凸显

在高新技术前沿领域，培育建立了一大批高新技术创新平台，为高新技术产业可持续创新发展提供了重要平台条件和有力创新支撑。"十二五"期间，全省65%以上的大中型企业已建立技术研发机构，企业创新主体地位加快确立。全省拥有国家工程实验室、工程技术研究中心、重点实验室等各类国家级创新平台超过260家，其中国家企业技术中心166家，总量居全国第一。创新平台建设有效地促进了企业自主创新能力的不断提升，对加快高新技术产业关键技术研发步伐、促进科研成果向现实生产力转化发挥了重要促进作用。伴随着高新技术产业竞争优势逐步提升，产业创新集聚效应逐步凸显。以"产业链构建，集群化发展，园区化承载"模式，围绕"一圈一带、蓝黄两区"布局，集聚形成一批特色鲜明的高新技术产业基地载体，目前，山东省拥有国家级高新技术产业化基地13家，拥有国家火炬特色产业基地61家。拥有淄博市新型功能陶瓷材料、临沂市高端液压元件及系统两大国家级战略性新兴产业区域集聚发展试点城市；潍坊光电、济南智能输配电、烟台海洋生物与医药、济宁高效传动与智能铲运机械4个产业集群成为国家创新型试点产业集群，形成青岛新型数字家电、潍坊动力机械、东营石油装备、淄博新材料5个千亿元高技术产业集群。

4. 产学研合作体制机制不断创新，协同创新体系逐步完善

山东省不断完善企业与高校、科研院所的协同创新体制机制，全面强化与国际、国内知名高校院所的产学研精准对接，推动先进技术成果在山东省转移转化。"十二五"以来，围绕山东省重大技术需求，累计承担国家、国际

科技合作计划项目111项，在国际前沿技术领域实现重大突破，打破了国外技术封锁和垄断。国际科技合作平台建设取得了突出成效，创建国家级国际科技合作基地34家，数量位居全国前列。省内各市也积极推动产学研合作的深度融合，不断地创新体制机制。如滨州市西王集团成为国内首家与中科院全面合作的民营企业，成为全省创新转型范例。济宁市通过招大引强，积极引进惠普、中兴、甲骨文等一大批国内外知名IT企业以及中科院计算所、中科院深圳先进技术研究院等国内高端研发机构，打造信息产业集群优势。烟台市通过招研引技、招院引所，不断深化产学研合作，实现了全市90%的规模以上企业与大学和科研单位建立了合作关系。淄博市在美国硅谷、德国慕尼黑建立了海外科技孵化器，开创了我国产学研合作的新模式、新业态。

5. 高层次创新创业人才引进培养力度不断加大，人才队伍规模不断壮大

近年来，山东省不断强化对院士及其创新团队、千人计划人才、长江学者、泰山学者、泰山产业领军人才等高端人才的引进培养力度，截至目前，全省拥有"千人计划"人才131人，两院院士41人，科技领军人才数量位居全国前列。全省科技人才数量和质量均有较大幅度的提升，2014年全省科技活动人员约有43万人，较"十一五"末期增加了57.04%。"十二五"期间，依托国际科技合作基地累计引进3100多人次高层次海外专家，取得1335项高技术成果。高层次创新创业人才队伍的不断壮大，为山东省高新技术产业加快发展提供了智力支撑。

（二）存在的问题

总的来看，"十二五"以来，山东省高新技术产业发展成效显著，产业规模和层次取得较大提升，涌现出一批具有国内外产业核心竞争力的创新领军企业和特色产业集群。但同时也存在着一些困难和问题，亟须在今后工作中着力解决，主要表现在以下几个方面：

1. 高新技术产业规模不强，企业数量较少

一是产业规模方面，2015年山东省规模以上高新技术产业实现产值约

4.8 万亿元，比 2014 年增长 10.5%，但低于江苏省的 6.1 万亿元和广东省的 5.3 万亿元。2015 年山东省高新技术产业产值占规模以上工业总产值的比重为 32.5%，低于江苏省的 40.1%、浙江省的 37.2%。二是企业数量方面，2015 年山东省高新技术企业为 0.39 万家，远低于广东省的 1.11 万家、江苏省的 1 万家和浙江省的 0.79 万家。与江苏、浙江、广东等先进省份相比，山东省高新技术企业数量明显偏少，而且无论是在经营思想、创新理念，还是在创业活力、研发能力上都存在不小差距。三是结构布局方面，区域内高新技术产业结构不够合理，各产业之间发展不均衡。以淄博市为例，产业结构明显不均衡，2014 年在淄博市 38 个行业大类中，规模以上高新技术产业仅 15 个，占全部行业的 39.47%。

2. 高新技术产业附加值低，产业创新集聚不强

一是产业分布方面，山东省高新技术产业大多分布在价值链的中低端，资源型、劳动密集型等传统产业所占比重偏高，技术含量、产品附加值不高。多数高新技术企业只是利用一些高新技术对产品进行改造和升级，在一定程度上提高产品附加值，但真正具有自主知识产权的高新技术产品较少。二是产业链条方面，没有形成从原材料、加工到成型全环节的配套齐全、功能完备、分工合作的产业链条，难以建成规模较大的高新技术产业链，从而制约了高新技术产业的技术产品升级。以烟台市为例，该市聚氨酯、芳纶等新材料的产量居世界前列，但下游产品的产业化较多地分布在江浙一带，产业链条在本地延伸不够，严重影响了烟台市打造我国区域特色产业集群建设。三是产业创新集聚方面，虽然山东省的高新技术产业集聚区快速扩张发展，但有些高新技术产业集群内的企业还只是数量上的简单会合、空间上的地理聚集，并没有形成良好的产业创新要素关联、科研仪器设备共享、重大关键技术协同攻关，产业创新集聚的规模效应还没有得到充分发挥。

3. 自主创新能力不强，产业创新体系不健全

自主创新能力是高新技术产业发展的关键所在。一是企业创新意识方面，企业普遍存在创新意识不强的问题。对于技术研发的重视程度不够，研发经费投入少，用先进技术改造提升传统产业的动力不足，导致企业创新能力薄

弱，产品技术含量低、产品附加值不高。二是产业投入方面，全社会对高新技术产业投入不足。由于高新产业投资风险大、回报周期长等原因，社会各类投资主体对高新产业的投资意愿不强。以青岛市为例，近两年高新产业投资分别为691.3亿元、772.4亿元，占全部投资的比重为12%、11.8%，同比增长6.9%、12.7%，低于该市投资增速的9.2个和4.8个百分点。没有高比重的高新技术产业投资，难有高比重的高新技术产业结构，高新技术产业投入不足，使其后续发展支撑乏力。三是产业人才方面，人才缺乏是高新技术产业发展中存在的共性问题，也是最大的"瓶颈"。尤其是高层次、复合型的技术带头人和技能型人才严重不足问题尤为突出，企业人才引进难、留住难的问题依然存在。与苏州市的86.1%、无锡市的95.5%的企业研发人员相比，山东省企业研发人员所占比例明显偏低，以潍坊市为例，硕士以上高层次人才主要集中在行政机关、事业单位，企业仅占22.5%。四是创新体系建设方面，以企业为主体，产学研紧密合作，支撑高新技术产业发展的区域创新体系建设还不够完善，工程（重点）实验室、工程（技术）研究中心等各类创新平台作用尚未充分发挥，以众创空间为代表的新型孵化器尚未形成成熟专业化运营模式。

4. 产业发展环境形势严峻，产业政策仍需改善优化

一是经济形势方面，当前宏观经济形势吃紧，受市场和订单情况、科研投入回收期较长等因素的影响，企业投资意愿不高，一些高技术、新兴企业的在建项目建设期拉长，部分重点项目延迟投产或缩减建设计划。近年来，能源、原材料价格波动，企业用工成本上涨等因素都给企业带来了很大的经济压力。二是产业融资方面，融资难是高新技术企业面临的首要难题。首先，在当前市场形势下，企业融资成本增加，投资意愿下降，尤其是银行谨慎贷款，企业抵押或担保贷款更加困难。其次，金融体系对高新技术产业的支撑力度不足，造成企业融资过度依赖间接融资，股权、债券等直接融资发展较为滞后，直接融资的"短板"成为高新技术企业发展壮大的掣肘因素。三是产业政策方面，山东省激励扶持高技术产业的创新创业政策存在一定程度上的"打架冲突"问题，存在高新技术产业税收优惠、研发费用加计扣除优惠

政策存在不同地方落实情况不一、落实不到位现象突出等问题，使得普惠性激励创新的政策难以发挥应有的作用，这亟须在省级层面加强创新创业政策的顶层设计和协调督察。此外，高新技术产业项目的高投入和高风险，在一定程度上影响了部分地方政府招商引资的积极性，对高新技术产业项目等同于一般项目，也没有特殊的鼓励政策和措施。

（三） 加快山东省高新技术产业发展的对策建议

1. 推动产业创新政策环境全面优化

一是全面落实《中共山东省委、山东省人民政府关于深入实施创新驱动发展战略的意见》，加大政策督导力度，有效统筹、着力推进产业的新业态、新技术、新模式、新机制的全面创新。抓好已制定出台各项实施方案的推进落实，精准发力，充分释放政策红利，拓宽产业发展空间。二是抓好高技术项目投资工作。重点做好战略性新兴产业、"互联网+"、电子商务等领域的高技术项目建设，提高高技术产业投资占全社会固定资产投资的比重，以投资结构的优化带动产业结构调整，提高高技术产业占比。三是抓好产业招商工作，并对高技术项目采取针对性更强的优惠性政策，确保更多的项目进入产业盘子，放大产业总量。

2. 推动高新技术产业创新集聚发展

以领军企业为抓手，以特色园区、产业基地为载体，加快全省高新技术产业创新集聚发展。围绕新一代信息技术、海洋开发、高端装备制造、节能环保、生物技术、新材料和新能源等产业，依托行业创新型领军企业，精心设计实施一批重大创新工程，争取突破一批重大关键共性技术，加快形成一批具有自主知识产权的明星产品和重大装备，带动形成一批具有配套能力的中下游企业，实现延伸产业链条、提高产业附加值目标。促进产业园区集聚化发展，努力推进创新资源聚合和创新功能深化，进一步聚集海内外高层次研发机构、项目成果、科技人才等创新资源，完善产业配套体系，以此提升产业整体创新能力。

3. 发挥创新型领军企业的龙头带动作用

实施"创新百强"工程，借助"互联网+"、大数据、生物医药等国家重大专项工程的开展，精心设计实施一批重大科技项目，力争将更多企业项目纳入国家重大专项支持范围。采取"一企一政策"机制，提高企业的技术创新与管理创新、组织创新、商业模式创新能力，构建企业从技术研发、制造过程、营销模式到组织管理的全面创新生态链，推动一批企业成为具有全球影响力的创新领军企业，并示范带动全省企业创新发展。

4. 发挥产业创新平台基地的创新引领支撑作用

创新改进山东省工程实验室（工程研究中心），企业技术中心、重点实验室、工程技术研究中心的申报认定工作，统筹优化创新平台的功能定位与产业布局。加快推动区域性创新中心建设，将其作为协同整合区域内产学研等创新资源、形成创新政策合力和人才集聚优势、打造创新创业生态环境的抓手，进而培育区域发展的新引擎、新动能。继续强化国家高技术产业化基地建设，有序地推进山东省战略性新兴产业示范基地建设，不断发挥新兴产业集聚区创新协同整合、产业引领示范作用。

5. 发挥创新人才、金融资本的核心支撑保障作用

创新人才是高技术产业发展的关键，在稳步扩大人才数量的同时，把提高人才质量放到核心位置。落实督察山东省科技成果转化收益分配政策，鼓励科研人员技术入股，充分释放科研院所创新活力。改进高级技能人才的培养模式，加大完善现代职业教育体系力度，实现技术工人量与质齐升。实施招商引资与招商引智同步推进工程，优先引进一批带项目、有成果的创新创业团队落户山东省。探索推进金融创新，以政府为主导，鼓励社会资本参与，探索采用PPP模式，为企业新项目、好项目、大项目建设提供融资支持。扩大新兴产业创业投资引导基金规模，建立政府引导基金和社会资本共同支持初创科技型企业发展的风险投资机制，鼓励引导科技型中小企业通过中小板、创业板、"新三板"等实现上市融资。同时，完善投贷联动机制，积极推动科技信贷发展。加大知识产权质押融资扶持政策实施力度，推动知识产权质押融资加快发展。

参考文献

[1] 余泳泽. 我国高技术产业技术创新绩效及其影响因素研究——基于价值链视角下的两阶段分析[J]. 经济科学，2009（4）.

[2] 许庆瑞，吴志岩，陈力田. 转型经济中企业自主创新能力演化路径及驱动因素分析[J]. 管理世界，2013（4）.

[3] 吴晓波，陈小铃等. 战略导向、创新模式对企业绩效的影响机制研究[J]. 科学学研究，2015（1）.

[4] 肖仁桥，钱丽，陈忠卫. 中国高技术产业创新绩效及其影响因素研究[J]. 管理科学，2012（5）.

[5] 戴魁早，刘友金. 市场化进程对创新绩效的影响及行业差异——基于中国高技术产业的实证检验[J]. 财经研究，2013（5）.

[6] 李广瑜，史占中，赵子健. 中国高技术产业创新的影响因素研究[J]. 经济管理研究，2016（2）.

七、构建中国经济
新动能的基本分析

崔英英

摘要： 在我国经济增长率逐步放缓的背景下，本文对我国 1979～2015 年的动能转换进行基本概述，介绍和总结了美国、日本、韩国构建经济新动能的经验，在此基础上，从信息、通信和技术领域的前沿创新、注重技术创新导向的民间资本设备投资、新型开放和提升国内居民消费、实现质量导向的农业现代化和深度工业化四个方面提出构建中国经济新动能的可能方向。

关键词： 经济；新动能；技术创新

世界经济在深度调整中曲折复苏，上一轮科技进步和产业革命提供的动能面临消退，新一轮经济增长的动能尚在孕育之中。我国经济增长率在 2011 年之后出现逐步放缓，抛开短期冲击的原因，最主要的是由于长期潜在增长率的持续下降，这将对未来我国持续发展构成严重的挑战。在新旧动能转换的关键时期，中国经济能否实现持续稳定增长、跨越"中等收入陷阱"，是我们当前面临的重要节点。为此，我国需要找到新的长期增长来源。

（一）中国经济增长历程中的动能转换

改革开放以来，1979～2015 年我国潜在增长率一直维持在较高的水平，但同时也有较高的波动性，1988 年、1993 年、1998 年、2003 年、2011 年出现了五次结构性的断点。这表明在不同的时期，我国经济增长的动力出现了不同程度的变异，这些变异预示了经济潜在增速水平的持久性变化。这些变化有劳动和资本贡献率的原因，但最主要的原因是全要素生产率（TFP）的增长出现了波动（见表1）。

表1　各阶段全要素生产率[①]

时间	全要素趋势增长率%	全要素生产率成因
1979~1987 年	1.12	改革红利（农业联产承包责任制、包字进城等）；工业化红利（乡镇企业异军突起等）；居民消费维持高位；全球化红利（经济特区等）
1988~1992 年	0.67	治理整顿降低总需求；工业化基本停滞；经济开放度进一步提高
1993~1997 年	0.77	改革红利（建立社会主义市场经济体制）；城镇化红利初步释放；经济开放水平较为停滞；工业化相对停滞；第二产业内部生产率增速下滑
1998~2002 年	0.97	城镇化红利持续释放；经济开放度提升；工业化水平下降；第二产业内部生产率增速上升
2003~2010 年	1.57	经济开放水平迅速提高；工业化红利再现；改革红利（民营经济发展）
2011 年至今	0.93	工业化速度变慢；全球化红利逐步消失；改革红利消失

1979~1987 年，全要素生产率增长出现了第一次高峰，主要源于经济组织模式的变革和初步快速工业化，最重要的是农业经营体制的改革。

1988~1992 年，面对经济过热，从 1988 年第三季度开始，我国开始治理经济环境，整顿经济秩序，导致总需求空间缩窄，企业资源配置效率下降。

1993~1997 年，中共十四大明确建立社会主义市场经济体制，再次释放改革红利，但是在投资和消费上升的同时，对外开放水平增长放缓，降低了全要素生产率的提高。

1998~2002 年，1998 年面对亚洲金融危机，经济增长出现了减速，停止福利分房，住宅市场迅速发展，同时对外开放水平上升，这加快了全要素生产率的提高。

2003~2010 年，对外开放的程度加深，通过对国际前沿技术的学习与模仿提升了我国全要素生产率，同时非公有制经济得到迅猛发展，也提升了资源配置效率。

2011 年至今，国际市场规模扩张有限，深度改革基本停滞，全要素增长率背后的传统动能衰竭，经济潜在增速下滑，经济步入新常态。

（二）构建新动能的国际经验

1. 美国

1840 年前后，英国率先完成工业革命，美国充当欧洲国家的原材料进口国。随着经济增长动力的转变，美国于 20 世纪初超越英国，人均 GDP 位列世界第一，并长期保持经济增长。在这一过程中，美国实现对英国的赶超，主要源于美国国内生产结构与前沿技术的一致性，以及国内市场扩大带来的规模效应。

技术一致性。19 世纪美国国内要素结构与前沿技术形式极度契合，相对英国更有先天优势。在原材料和初级产品的市场上，美国丰富的自然资源禀赋和低成本开采技术使得美国原材料和初级产品价格相对英国较低，工资水平相对较高，但劳动力成本上升。因此，企业通过引进欧洲国家资本密集型的前沿技术，用相对廉价的资本和资源替代更加昂贵的劳动力，降低生产成本，并充分享受前沿技术进步对生产率的拉动。

规模效应。美国在国际市场上的价格优势和国内市场扩大共同保证了规模效应的实现。一是美国地理优势，运输成本较低。同时资源开采的成本相对较低，具有较强的价格优势。二是美国工资水平高于欧洲国家，有助于扩大国内消费，收入分配更加平等，中产阶级比重较高，在国内铁路等交通网络的支持下，形成了国内规模化、同质化的消费需求，保证了生产规模。

2. 日本

日本是第一个赶超西方国家的亚洲国家，其历史进程分为德川时期、明治时期、帝国主义时期和高速发展时期四个阶段（见表 2）。

表 2 日本发展阶段[①]

1603～1868 年	德川时期	劳动密集型技术进步
1868～1905 年	明治时期	借鉴欧美标准模式推行经济现代化： 废除领地间的关税建立全国性市场，修建铁路网；普及教育改造欧美资本密集型技术类型为劳动密集型技术，适应本国廉价劳动力的要素结构

续表

1905～1940 年	帝国主义时期	建立重工业 全面执行欧美标准模式
1950～1990 年	高速发展时期	"大推进"式工业化发展，建立投资拉动型增长模式 1945～1950 年，战后重建时期 1950～1970 年，高速增长时期 1980～1990 年，泡沫经济时期 20 世纪 90 年代，经济增长停滞

其一，从供需方来看，供给上，日本在高速增长时期，资本贡献逐渐上升，劳动贡献逐渐下降，TFP 贡献快速上升后来居上，资本积累和 TFP 提高成为经济增长的主要动力。需求上，中产阶级力量的壮大带来的内需和私人投资是日本高速发展阶段的有效需求的主要来源。在这一过程中，资本积累和技术进步带来的生产能力提高以及需求规模扩大的共同作用使规模效应在日本赶超进程中发挥了重要作用。

其二，创新驱动成为日本高速增长后期的主要增长极。日本十分注重教育和人力资本的投资，通过终身雇佣制、资历制工资体系等人才激励系统，有效地激发了员工的创新动力。同时以丰田生产方式为代表的精益化生产方式，交叉持股等公司治理模式和组织模式创新提高了经济效率。另外，日本私人部门投资使得渐进式创新和突变式创新在开拓未知市场上更具优势。

3. 韩国

韩国是技术创新取代原有动能的典型代表，发展初期以出口为导向，经历了从廉价劳动力比较优势向资本密集型重化工业的转变，经济增长动力则由劳动力驱动转向投资驱动，逐渐转向技术创新驱动。其技术创新发展战略的成功在于强调宏观政策和制度框架、教育投入和人力资本积累、研发和创新激励、信息化建设之间的协同作用，保持教育和科技政策、产业政策与政府发展战略相匹配（见表 3）。

表3 韩国赶超进程①

年代	发展阶段	发展导向	宏观政策框架	教育和研发
20世纪60年代	要素驱动	出口导向型轻工业扩张	法律制度支持	提高教育普及度，基础设施建设
20世纪70年代	投资驱动	促进重化工业发展	加强政府干预，建立社会先行资本，扩大政府优惠贷款	增加技能培训和工程专业大学生数量，建立大德科学园区等政府部门科技组织
20世纪80年代	投资驱动	技术密集型行业	稳定宏观经济，减少出口补贴，扩大进口自由度，加强自主性和市场竞争	扩大高等教育体系，建立私人部门研发中心
20世纪90年代	创新驱动	促进高科技行业自主创新	贸易自由化，金融市场改革，经济结构性改革	发展信息技术产业、生物科技产业等战略领域的高技能人力资本积累，发展终身教育系统，信息化建设，高科技R&D项目

（三） 构建中国经济新动能的可能方向

1.ICT（信息、通信和技术）领域的前沿创新

我国从1978年以来，通过开放学习国外先进的生产技术、管理经验和企业组织模式，维持较高的全要素生产率。但是仅仅依靠模仿不能再实现较为快速的技术进步，因此若想进一步推动技术进步，新的动能使我们需要在前沿技术上进行研发。当前国际技术前沿发展趋势表明，技术创新还主要集中在信息技术领域，未来一段时间内，世界主要前沿技术进步仍将集中于信息和远程通信时代的ICT技术，而我国企业主要在信息通信技术相关的4个技术类别具有优势，包括"电信、数字通信、基础通信和计算机技术"，我国的技术优势领域正好吻合当前的世界技术发展趋势，这将为中国未来的技术自主创新提供基础，具有较好的增长潜能。

2. 注重技术创新导向的民间资本设备投资

模仿赶超转化为创新引领，对物质资本投资方式和投资主体提出了与以

往完全不同的要求。要想落实技术前沿创新，需要能够通过投资将技术具体物化在实际生产过程中，因此保持一定的高投资也是必要的。例如，为了发挥 ICT 技术的作用，无论是传统产业改造还是新产业和新业态，都需要购买更加先进的计算机和通信产品，通过固定资产更新和提高生产率。目前，我国的投资主要是建筑安装投资，其中基础设施投资占比更是维持了高水平，超过设备更新投资。但是自 2015 年以来，我国基础设施建设对经济的拉动作用大不如从前，因此，我们需要调整固定资产投资的结构，从基础建设投资为主向设备投资转变，发挥设备投资对物化技术的直接作用。同时，将设备投资的主体交由民营企业来完成。

3. 新型开放和提升国内居民消费

在出口总量扩张速度趋势性下降的背景下，需要提高出口的国内增加值含量，以提升出口增长对国内增值活动的拉动作用。这就需要两个方面的变化，一是不断向全球生产价值链的上游环节移动，提供中间产品的能力不断提高，下游最终产品的加工和组装环节向外转移，通过全球价值链上位置的提升，促进我国制成品出口中包含的国内增加值含量。二是挖掘对外经济合作现有潜力，拉动我国收入增长，借助于"一带一路"倡议，拓展对外经济合作的空间。

目前，我国总需求的模式是利润驱动型，这种模式已经随着资本边际报酬递减难以为继，需要向工资推动型转变，通过初次分配中工资性收入的提高，扩大中产阶级比重，提高消费，为增长创造需求空间。但是这种转型非常困难，因为高工资会导致出口成本上升，降低一国的出口优势，使出口增长停滞，从全球化中获得收益降低，这会导致一国陷入中等收入的陷阱。

4. 实现质量导向的农业现代化和深度工业化

首先要继续推动制造业高端化和智能化，目前中国正处于由工业低端化向中高端化的关键转折期，尚未真正意义上完成工业化，制造业与主要发达国家相比存在巨大的差距，因此实现制造业的高端化进程是今后相当一段时期内中国经济新动力形成的核心来源。其次是借助现有的技术平台提升农业生产率，通过逐步改革来促进中国农业部门劳动生产率的稳步提升，进而释放较大的投资空间。最后是实现三产融合，以农业为基本依托，通过产业联动等方式，将资本、技术和资源要素进行配置，将农业生产、农产品加工和销售及其他服务业有机整合起来，推动农村第一、第二、第三产业的融合发展，培育农村经济新的增长点。

参考文献

［1］刘凤良，闫衍，于泽．全球技术进步放缓下中国新动力的构建［R］．中国人民大学宏观经济论坛，2016（3）：39．

［2］姜红德．新动能、新机遇［J］．中国信息化，2016（4）．

［3］周文其，章利新，扶庆，王琳琳，吴晶晶．科技创新孕育中国经济新动能［J］．青海科技，2016（2）．

［4］林念修．积极推进"互联网+"行动培育中国经济发展新动能［J］．中国战略新兴产业，2016（1）．

［5］姜巍．探求未来中国经济与企业发展的新动能——"国研智库论坛·2016中国资本峰会"综述［J］．中国发展观察，2016（13）．

［6］霍建国．"十三五"中国经济增长的新动能［J］．全球化，2016（4）．

［7］谭保罗．寻找中国经济新动能［J］．南风窗，2015（23）．

［8］余南平．亚洲新愿景下的中国新动能［J］．时代青年，2016（4）．

［9］李丹．金融"施展拳脚"培育经济新动能［J］．中国金融家，2016（6）．

八、区域产业关联测量、结构分析及产业选择[①]

尹　翀[②]

摘要：产业间的经济技术关联是一种经济基本关系，也是产业系统结构演化与技术创新扩散的重要基础。在当前国家大力推动供给侧结构性改革背景下，研究基于产业关联性的经济产业结构分析方法，识别关键性产业，进而为产业技术创新支持和经济结构改革政策研究提供支持，具有重要的理论意义与现实价值。本文改进虚拟消去法（HEM），对区域产业间关联效应进行测量，并构建包含初始投入结构、最终需求结构、供给技术结构、需求技术结构等结构因素的基本模型，探索从产业关联效应变动的一致性或发散性趋势上进行产业结构分析和具有不均衡特征的关键性产业识别的方法。最后利用我国2012年区域投入产出数据，以山东省为实例，并结合江苏省和广东省，进行了综合性的验证应用分析，对山东省多类关键性产业进行判别。

关键词：产业关联；产业结构分析；产业选择；虚拟消去法（HEM）

---

①　基金项目：山东省科学院创新工程科技智库专项《基于超级计算的山东省宏观经济分析技术研究及平台构建》。

②　作者介绍：尹翀（1981—），男，山东省济南市人，山东省科技发展战略研究所博士/助理研究员。研究方向：产业经济、数量经济。

（一）引言

当前我国经济发展进入新常态，国家着力实施供给侧结构性改革，经济增长将从依靠需求拉动、生产要素高投入的推动转换为更多地依靠技术创新和技术进步来驱动。产业系统是一个经济技术系统，由相互间具有高度复杂性技术关联关系的产业所组成。技术创新首先不均衡地出现在一个或少部分产业上，这些产业的技术创新和生产力提高能够借助产业间关联关系向其他产业进行扩散，进而通过要素投入的优化和需求的带动作用推动其他产业技术进步，最终实现整体产业系统的优化和升级。因此，从产业关联角度进行经济产业结构分析，识别关键性产业，进而为产业技术创新和经济结构改革政策研究提供支持，具有重要的现实价值。

从产业关联视角进行经济发展战略研究始于 Hirschman（1958）创建的"非均衡"增长理论。随后，围绕主导产业的"赫希曼基准"界定，很多学者在投入产出模型（Input-Output，IO）基础上应用矩阵解析技术（Matrix Decomposition Technique），进行产业前向/后向（FL/BL）和直接/完全（DL/TL）关联效应强度指标的研究，基于投入产出系数（A、B、L、G）矩阵的 C&W/Hirschman/Rasmussen 系列模型及基于虚拟消去法（Hypothesis Extraction Method，HEM）的 Strassert/Cella/Clements/Sonis/Dietzenbacher 等系列模型和应用成果，共同形成了产业关联效应测量的经典研究范式（Cai and Leung，2004；Miller and Blair，2009；陈锡康和杨翠红，2011；尹翔，2016）。但是，这种思路侧重从产业绝对效应强度上考虑，通过关联效应绝对数值的比较进行产业排序和选择。产业关联效应无疑是选择非均衡增长产业的重要依据，但一般来说，具有强关联效应的产业部门未必等同于关键性的结构"非均衡"因素，而经典研究局限在关联效应的非结构性上和静态性分析上。对此，一方面可基于如图论、网络技术等对关联效应进行结构性解析（尹翔，2015，2016；Yin，2016），建立产业关联网络模型，从网络关系及其结构的同质性与异质性上揭示区域经济竞争力形成及产业结构升级的内在原因。另一方面也可尝试基于产业关联效应强度的动态性分析进行结构研究，以实现"非均衡性"的关键产业判定。

本文借鉴并改进 HEM，测量区域产业间关联效应，构建包含初始投入结构、最终需求结构、供给技术结构、需求技术结构等结构因素的基本模型，探索从产业关联效应变动的一致性或发散性趋势上分析产业结构影响作用的方法，以此识别结构转换中的关键性产业。进而以山东省为例，并结合江苏省和广东省进行比照，进行了综合性应用验证分析。本文发展了产业关联与产业结构的基本分析理论与模型，能够为我国经济与科技政策研究提供理论方法的支持。

（二）原理与方法

采用虚拟消去法测量产业关联效应，并进行供给与需求结构变换，通过综合比较，从产业关联效应变化的基本趋势性上识别结构关键因素和"不均衡"性产业。

1. 主要方法

虚拟消去法（Hypothetical Extraction Method，HEM）是对传统基于产业关联系数［投入系数（A）、列昂惕夫逆矩阵（L）等］的矩阵解析方法的改进，其基本思想是将特定产业从产业系统剥离或者进行外部进出口替代，考察假定特定产业部门在产业系统中"消失"而对区域经济带来的影响效应。HEM首先由 Strassert（1968）所提出，并经 Dietzenbacher（1997）进行重要改进。本文借鉴虚拟消去法的思路并结合结构因素模型，提出一种基于产业关联效应变动以实现产业结构分析和关键产业选择的方法。

以投入产出行模型为例，x 为区域经济产业系统总产出，L 为列昂惕夫逆矩阵（体现需求性产业技术关联结构），f 为最终需求（包括消费、投资和进出口等），A 为投入系数矩阵，则：

$$x = Lf = (I + A + A^2 + A^3 \cdots) = (I - A)^{-1}f$$

根据 Schultz（1977），假定第 j 个部门被"消去"，以 $\overline{A}_{(j)}$ 表示删除 j 部门对应行与列之后的投入系数矩阵［Dietzenbacher（1997）认为可以不删除，对应元素以 0 来代替］，其总产出向量为 $\overline{x}_{(j)} = [I - \overline{A}_{(j)}]^{-1}\overline{f}_{(j)}$，而包含 j 部门的总产

出向量为 $x=(I-A)^{-1}f$，因此 $TL_j=e'x-e'\overline{x}_{(j)}$（其中，$e$ 是元素全部为 1 的标准单位列向量，e' 则为其转置的行向量）是 j 部门引起的经济改变量，这是对 j 部门重要性或者其总关联效应的一种测量。同理，也可以采用列模型，$x'=b'G=b'(I+B+B^2+B^3\cdots)=b'(I-B)^{-1}$，则 $TL_j=x'e-\overline{x}'_{(j)}e$。其中，$G$ 为戈什逆矩阵（体现供给型产业技术关联结构），b 为初始投入向量（包括劳动者报酬、生产税净额、固定资产折旧和营业盈余等）。

本文以 Dietzenbacher（1997）的 HEM 分析思路作基础，并做了两点改进：一是 f 和 b 中的第 j 个元素不作删除，第 j 部门作为"外区域"部门对待，区域内中间投入与产出实现区域外输入或者进口替代（使用竞争性投入产出表）；二是 f 和 b 不仅仅使用单位标准向量，同时采用区域实际最初投入与最终需求的结构向量，以进行关联效应变动的综合比较。

2. 基本思路

基于产业关联效应变化的产业结构分析与关键产业识别的研究过程如下：

（1）区域产业关联效应测量

分别采用行模型和列模型计算山东、江苏和广东三省各产业的产业关联效应，包括后向关联（BL）、前向关联（FL）和总关联（TL）。计算中 f 与 b 分别采用标准结构向量（同结构向量、单位向量）和实际结构向量（区域实际的初始投入结构和实际的最终需求结构）。

（2）关联效应的结构因素独立分析

计算山东、江苏和广东最终需求与初始投入的标准结构形式同实际结构形式的相似性。分析山东、江苏和广东三省使用标准和实际两种结构向量下的结构异质性影响。同时，对比山东省各产业关联效应强度的排序变动情况，考察供给和需求结构变动对各产业的具体影响，重点关注关联效应位次发生较大变化的产业。

（3）关联效应的结构因素交叉分析

采用双因素分析模型，将山东省的最终需求与初始投入向量替换为江苏、广东的实际结构向量。建立趋势回归方程，分析山东省产业关联效应变动的收敛和发散特征。考察最终需求结构、初始投入结构、需求技术结构与供给技术结构对于产业关联效应影响的作用及趋势。

（4）山东省结构关键性产业识别

将关联效应受到最终需求和初始投入变动影响作用显著的产业和具有结构变动非同趋势的产业界定为结构关键性产业，进而识别出山东省相应的结构关键性产业。

（三）实例与应用分析

1. 数据来源与部门分类

数据来源于《中国地区投入产出表2012》中山东、江苏和广东三省42部门的投入产出数据，42个部门类别及标号见附表1。具体来讲，1号为农业，2~5号为采掘业，6~10号为轻工业，11~24号为重工业，25~27号为二次能源行业，28号为建筑业，29~35号为生产性服务业，36~42号为公共服务业。

2. 区域产业关联测量

首先基于HEM，采用L模型和G模型，在标准（或共同）与实际最终需求与初始投入下，分别计算山东省各产业的后向关联效应、前向关联效应与总关联效应（见附表2~附表5）。进一步分别采用L模型和G模型计算江苏和广东省的后向关联效应与前向关联效应，利用两省最终需求与初始投入结构交叉计算山东省的后向关联与前向关联效应（见附表6~附表9）。

3. 关联效应的结构因素独立分析

（1）最终需求与初始投入结构相似性分析

设两个描述经济结构的向量 X 和 Y，$X = \{x_1, x_2, \cdots, x_i, \cdots, x_n\}$，$Y = \{y_1, y_2, \cdots, y_i, \cdots, y_n\}$，则 X 同 Y 的结构相似指数为 $r = \dfrac{\sum\limits_{i=1}^{n} x_1 \times y_1}{\sqrt{\sum\limits_{i=1}^{n} x_i^2}\sqrt{\sum\limits_{i=1}^{n} y_i^2}}$。

r 的数值介于0~1，值越高，两个结构向量的相似性则越高。

山东同江苏、广东的最终需求结构与最初投入结构的相似性指数如表1

所示。实际同标准最终需求结构的相似性指数由高到低依次为广东、江苏、山东。江苏的投入与需求结构同广东高度相似，都在0.9以上。山东除与江苏的投入结构相似系数在0.9以上，其他都低于0.8。

表1　结构相似性指数

结构	标准 f	标准 b	山东 f	山东 b	江苏 f	江苏 b	广东 f	广东 b
标准 f	1	—	0.5511	—	0.5940	—	0.6247	—
标准 b	—	1	—	0.6849	—	0.7208	—	0.7354
山东 f	0.5511	—	1	—	0.7919	—	0.6943	—
山东 b	—	0.6849	—	1	—	0.9102	—	0.8380
江苏 f	0.5940	—	0.7919	—	1	—	0.9445	—
江苏 b	—	0.7208	—	0.9102	—	1	—	0.9317
广东 f	0.6247		0.6943	—	0.9445	—	1	—
广东 b	—	0.7354	—	0.8380	—	0.9317	—	1

（2）结构异质性影响

采用共同结构向量（标准结构向量）与实际结构向量的影响作用的关联分析结果如图1所示。

主要回归的趋势方程如下：

实际需求结构山东 BL=−0.00115+1.0480 同需求结构山东 BL

实际需求结构江苏 BL=0.00452+0.8100 同需求结构江苏 BL

实际需求结构广东 BL=0.00114+0.9520 同需求结构广东 BL

实际供给结构山东 FL=0.01689+0.2905 同供给结构山东 FL

实际供给结构江苏 FL=0.01473+0.3817 同供给结构江苏 FL

实际供给结构广东 FL=0.00712+0.7010 同供给结构广东 FL

从产业关联效应的分布模式来看，在最终需求结构的影响作用上山东、江苏与广东都较为接近，都大幅度高于结构向量本身的关联性；山东需求结构内在的差异性最强，但实际结构与标准结构在影响效应变化上的关联性最高（也出现负偏移量），需求结构已不是对产业结构演化发生内在作用的最重要因素。山东与江苏在初始投入结构影响作用上较为相似，但都大幅低于广东，广东省两种初始投入结构影响效应的变化关联性上远远高于山东和江苏，接近于产业间初始投入结构的相似性。由此可见，三省产业需求结构（最终需求）异质程度高，但影响作用趋同；三省产业供给结构（初始投入）同质性强，但影响效应的异质化特征明显。

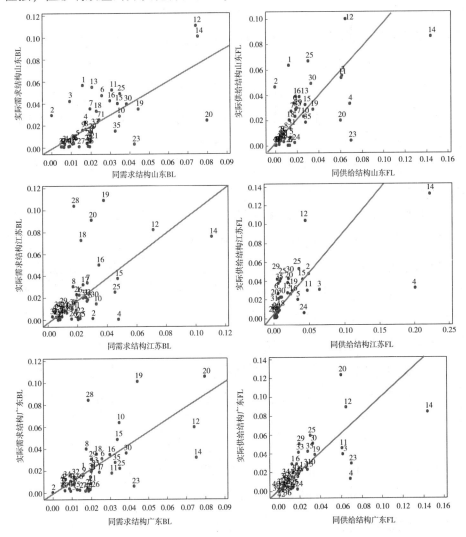

图1　实际与相同最终需求结构与初始投入结构的影响

（3）结构变动敏感性产业

分别基于 L 矩阵和 G 矩阵从产业技术关联角度具体考察山东省最终需求结

构与初始投入结构影响的产业分布情况。基于 L 矩阵采用共同最终需求向量条件下（见附表2），BL、FL 和 TL 数值排序前五位的都为 14 号产业、12 号产业、25 号产业、11 号产业和 16 号产业。两种最终需求结构变换中，各行业关联效应位次变化如图 2（A）所示。受最终需求结构变化影响较大的产业分布于坐标图较外围位置，主要为农业、食品等轻工业和二次能源等需求导向性产业。基于 G 矩阵采用共同初始投入向量（实际最初投入结构）下（见附表4），BL 和 FL 数值排序前五位的为 14 号、12 号、11 号、25 号和 13 号，14 号、3 号、12 号、11 号和 23 号；在实际初始投入向量下（见附表5），BL、FL 和 TL 数值排序前五位的分别为 12 号、14 号、11 号、25 号和 6 号，12 号、14 号、25 号、1 号和 3 号，12 号、14 号、25 号、1 号和 11 号。相对最终需求结构的变化影响，除个别产业，初始投入结构变化的影响较小，上下变动在十位以内。

分别在最终需求结构变动和初始投入结构变动中，将 BL 变动大于五位和 FL 变动大于十位的产业分别界定为需求敏感性产业和供给敏感性产业，即图 2（A）、图 2（B）圈外在坐标系四个象限的分布产业。山东省最终需求结构的变动程度较高于初始投入结构变动，产业最终需求的异质程度高于产业初始投入，而需求结构变动的影响作用也高于初始投入的结构变动影响。初始投入结构变化趋势较为集中，多数在五位以内，而需求结构的变化较为分散，有较多行业高于十位。特别需要注意的是，图 2（A、B）第 1 象限产业为最终需求或初始投入的敏感性双强产业；图 2（A、B）第 3 象限为产业最终需求与初始投入敏感性双弱产业。由此来看，最终需求与初始投入倾向于对产业后向关联与产业前向关联同时发生作用，且山东省产业技术关联结构对于初始投入结构变动的调整能力较弱于对最终需求结构变动的调整。

4. 关联效应的结构因素交叉分析

（1）双因素比较分析

主要是通过多省结构交叉的综合比较，分析山东省产业关联效应变动的主要结构影响因素。采用如下双因素分析公式：

$$\Delta E = S_p \times T_p - S_q \times T_q = S_p \times T_p - S_q \times T_p + S_q \times T_p - S_q \times T_q$$
$$= S_q \times (T_p - T_q) + T_p \times (S_p - S_q)$$

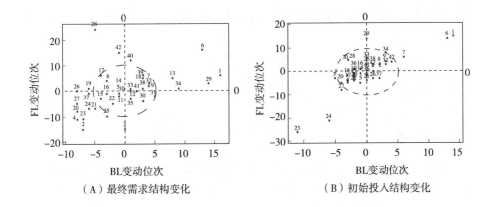

（A）最终需求结构变化　　　　　　　　（B）初始投入结构变化

图 2　最终需求与初始投入结构变化的影响

其中，ΔE 表示产业关联效应变化[①]，S 表示最终需求结构（f 向量）或者初始投入结构（b 向量），p 代表山东省，q 代表江苏省或者广东省。

首先将 S 固定为江苏或广东的最终需求或初始投入结构，对比两省技术结构影响的差异，进而将 T 固定为山东的技术结构，对比广东和江苏同山东的最终需求或初始投入结构影响差异。山东省同江苏省和广东省的综合交叉性结果如图 3、图 4 所示。以回归曲线描述各产业关联效应分布的基本趋势线。其中的 $S_{江苏}\times(T_{山东}-T_{江苏})$ 具有分段的趋势线[②]。主要回归趋势方程如下：

江苏需求结构山东 BL = 0.00166 + 0.9087 实际需求结构江苏 BL

江苏需求结构山东 BL = 0.00977 + 0.5680 实际需求结构山东 BL

江苏供给结构山东 FL = 0.00357 + 0.8499 实际供给结构江苏 FL

江苏供给结构山东 FL = 0.00373 + 0.8436 实际供给结构山东 FL

广东需求结构山东 BL = 0.00473 + 0.7933 实际需求结构广东 BL

广东需求结构山东 BL = 0.01043 + 0.5540 实际需求结构山东 BL

[①] 不需要实际区域间产业关联效应强弱比较，而是通过对结构因素的比较，识别出非同趋势产业。

[②] 采用分段回归效果会更加明显，但此处不分段不影响产业关联效应主要的趋势变化。

广东供给结构山东 FL=0.00615+0.7414 实际供给结构广东 FL

广东供给结构山东 FL=0.00294+0.8763 实际供给结构山东 FL

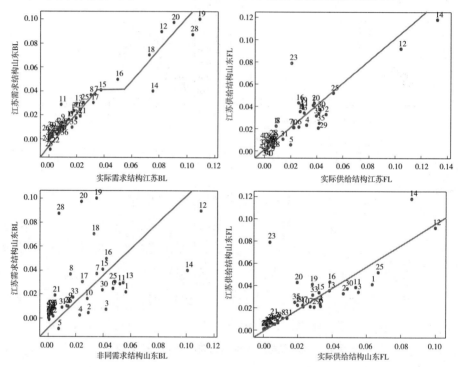

图3 山东省同江苏省关联效应变动综合比照

从山东同江苏的比较看，仅两者最终需求结构的影响作用关系系数低于0.8；从山东同广东的比较看，仅两者的初始投入结构关系系数高于0.8。山东同江苏需求与供给技术结构以及初始投入影响的相似性比较强，差异的收敛性比较明显。而山东同广东省只在初始投入结构的影响上相似，而其他因素影响具有明显的发散性特征。

（2）结构不均衡关键产业

将回归模型中具有高残差和异常的观测值定位为结构不均衡产业。这些产业在结构转换中具有非同变化趋势，存在成为先导产业、主导产业甚至"瓶颈"产业的可能性。

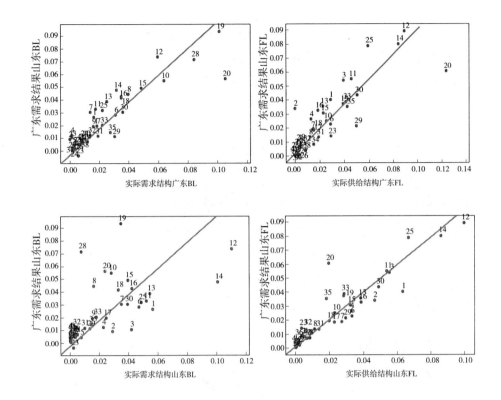

图4　山东省同广东省关联效应变动综合比照

5. 山东省结构关键性产业

将关联效应受到最终需求和初始投入影响作用显著的产业和具有结构变动非同趋势的产业界定为结构非均衡关键性产业。进一步从山东省自身及同苏、粤两省的比较选择山东省需要重点关注的产业。山东省供给与需求结构变动敏感产业及结构非均衡产业分别如表2、表3所示。

表2　山东省需求与供给结构敏感性产业

象限	Ⅰ象限	Ⅱ象限	Ⅲ象限	Ⅳ象限
需求结构变动影响敏感产业	1-6-13-29-34-40	19-26-28-42	2-4-20-21-23~25-27-37	3
供给结构变动影响敏感产业	1-6-7-34-29	—	3-23-24-27	—

表3　山东省需求与供给结构非均衡产业

	最终需求	初始投入	需求技术结构	供给技术结构
比较江苏	12 14 19 20 28	12 14 23	11 14 19 20 28	12 14 23
比较广东	12 14 19 28	1 12 14 20	12 19 20 28	2 12 14 20 25

识别出的山东省需求与供给结构敏感性产业其中的1号、6号、23号、24号、27号、29号和34号产业同时出现在需求敏感和供给敏感产业类别中。结构非均衡产业中的12号、14号是所有结构变动中共同出现关联效应变异情况的产业。需求因素中的19号、20号和28号，供给因素中的20号、23号也是重要共同性变异产业。初始投入中的农业（1号），供给技术结构中的煤炭（2号）、需求技术结构中的石油加工（11号）也需要给予特别关注。上述产业都具有关联效应变动的不均衡性特征。

（四）研究结论

本文借助虚拟消去法测算山东省产业关联效应，探索从产业关联视角对区域产业结构进行分析，识别关键性产业，并以山东省作为实例进行了应用和验证，可以获得以下基本结论：①通过改进的虚拟消去法能够有效实现产业后向关联、前向关联和总关联效应的测算，有效区分产业的静态关联特性。②三省的投入与需求结构同标准结构的相似指数在0.5～0.8。江苏省同广东省具有较高的初始投入与最终需求产业结构。山东省同两省的初始投入与最终需求结构的相似性较低。而从关联效应变动的结构分析上发现，三省产业需求结构异质程度高，但影响作用趋同；三省产业供给结构同质性强，但影响效应的异质化特征明显。山东同江苏需求与供给技术结构，以及初始投入影响的相似性比较强，差异的收敛性比较明显。而山东同广东省只在初始投入结构的影响上相似，而其他因素影响具有明显的发散性特征。③实现了从关联效应角度对关键产业进行识别，区分出需求变动强敏感产业和投入变动强敏感产业以及结构变动影响的不均衡性产业两大类关键性产业。

由此可见，经济产业竞争优势较强的山东、江苏和广东的产业关联动态比较分析能够揭示出我国经济产业结构转化的一般规律，即需求结构因素的影响逐渐趋同，而供给结构的影响对各省具有差异性作用，虽然三省初始投入结构的相似性高，但供给技术结构对于要素使用效率的差异成为当前区域经济绩效差异的重要原因，供给侧结构改革具有重要的理论合理性与现实必要性。因此，山东省需求与供给需要"两手抓"，重视优化产业最终需求结构和供给技术结构，并选择关键性产业作为着力点（如 12 号产业、14 号产业不仅自身具有关联强效应，而且在结构转换中存在明显的多重结构不均衡性特征，以及具有供给结构不均衡性的 1 号、20 号、25 号等可以是山东省产业结构研究中需要重视的关键性产业），通过产业、科技、人才等政策措施，从加快产业技术创新、产业组织优化、产业人才培育等方面着力支持，由此加速结构转换升级。

总之，从产业关联效应变动角度能够以新的思路分析和认识经济结构转换的主要影响因素并识别产业与科技政策需要重点关注的关键性产业，能够为产业结构研究以及供给侧结构性改革背景下的产业政策与创新政策分析提供理论与方法的重要支持。

参考文献

[1] Cai J, Leung P. Linkage Measures: A Revisit and a Suggested Alternative [J]. Economic Systems Research, 2004, 16 (1): 65-85.

[2] Dietzenbacher E, Linden J A V D. Sectoral and Spatial Linkages in the EC Production Structure [J]. Journal of Regional Science, 1997, 37 (2): 235-257.

[3] Hirschman A O. The Strategy of Economic Development [M]. New Haven: Yale University Press, 1958.

[4] Jackson M O. Social and Economic Networks [M]. Princeton: Princeton University Press, 2008.

[5] Miller R E, Blair P D. Input Output Analysis: Foundations and Extensions [M]. Cambridge: Cambridge University, 2009.

［6］ Schultz S. Approaches to Identifying Key Sectors Empirically by Means of Input‐output Analysis［J］. Journal of Development Studies, 1977, 14（1）: 77-96.

［7］ Yin C, Yang Z Y. The Inter‐Industrial Linkage Indicators（Iili）: A Contribution for The Measurement of The Industrial Structure Evolution in China （2002, 2007）［J］. Applied Econometrics & International Development, 2016, 16（1）: 193-214.

［8］ 陈锡康, 杨翠红. 投入产出技术［M］.北京: 科学出版社, 2011.

［9］ 国家统计局国民经济核算司. 中国地区投入产出表2012［M］.北京: 中国统计出版社, 2015.

［10］ 刘志彪, 安同良. 现代产业经济分析［M］.南京: 南京大学出版社, 2009.

［11］ 夏明, 彭春燕.20世纪末期中国产业关联变动和结构升级［J］.上海经济研究, 2004（3）: 14-23.

［12］ 项俊波. 结构经济学——从结构视角看中国经济［M］.北京: 中国人民大学出版社, 2009.

［13］ 尹翀, 杨志媛. 产业关联强度与结构的区域异质性分析——以"粤苏鲁"为例的一项比较研究［J］.产经评论, 2015, 6（3）: 5-24.

［14］ 尹翀. 基于产业复杂网络的产业关联结构指标研究［J］.科学与管理, 2016, 36（4）: 43-55.

［15］ 张平, 王树华. 产业结构理论与政策［M］.武汉: 武汉大学出版社, 2009.

附　录

附表 1　42 部门产业分类及标号

1	农林牧渔产品和服务	8	纺织服装鞋帽皮革羽绒及其制品	15	金属制品	22	其他制造产品	29	批发和零售	36	科学研究和技术服务
2	煤炭采选产品	9	木材加工品和家具	16	通用设备	23	废品废料	30	交通运输、仓储和邮政	37	水利、环境和公共设施管理
3	石油和天然气开采产品	10	造纸印刷和文教体育用品	17	专用设备	24	金属制品、机械和设备修理服务	31	住宿和餐饮	38	居民服务、修理和其他服务
4	金属矿采选产品	11	石油、炼焦产品和核燃料加工品	18	交通运输设备	25	电力、热力的生产和供应	32	信息传输、软件和信息技术服务	39	教育
5	非金属矿和其他矿采选产品	12	化学产品	19	电气机械和器材	26	燃气生产和供应	33	金融	40	卫生和社会工作
6	食品和烟草	13	非金属矿物制品	20	通信设备、计算机和其他电子设备	27	水的生产和供应	34	房地产	41	文化、体育和娱乐
7	纺织品	14	金属冶炼和压延加工品	21	仪器仪表	28	建筑	35	租赁和商务服务	42	公共管理、社会保障和社会组织

附表2　山东省产业关联效应（L矩阵&同需求）

序号	原始值			相对值			序号	原始值			相对值		
	BL	FL	TL	BL	FL	TL		BL	FL	TL	BL	FL	TL
1	5.4490	7.5568	8.3439	0.0206	0.0295	0.0256	22	3.6048	1.2688	3.8218	0.0136	0.0050	0.0117
2	10.1000	11.3888	13.2138	0.0381	0.0445	0.0405	23	3.6428	2.0440	3.9222	0.0137	0.0080	0.0120
3	9.3494	10.9932	12.7991	0.0353	0.0429	0.0392	24	3.0874	0.6564	3.2529	0.0117	0.0026	0.0100
4	8.5495	8.4208	10.5598	0.0323	0.0329	0.0324	25	13.6405	16.6242	18.2630	0.0515	0.0649	0.0560
5	3.9979	2.0588	4.3209	0.0151	0.0080	0.0132	26	2.4516	0.2550	2.4914	0.0093	0.0010	0.0076
6	5.3526	5.3877	6.5208	0.0202	0.0210	0.0200	27	2.8091	0.4941	2.8419	0.0106	0.0019	0.0087
7	7.0459	7.5101	8.4495	0.0266	0.0293	0.0259	28	4.6401	2.5450	5.2671	0.0175	0.0099	0.0162
8	5.6909	4.3000	6.4229	0.0215	0.0168	0.0197	29	1.8778	3.4293	4.0150	0.0071	0.0134	0.0123
9	3.9882	2.7881	4.3692	0.0151	0.0109	0.0134	30	7.7609	9.4228	10.9633	0.0293	0.0368	0.0336
10	7.4830	7.5789	8.8682	0.0282	0.0296	0.0272	31	2.8742	2.8422	4.0986	0.0108	0.0111	0.0126
11	13.4720	14.5435	16.7044	0.0508	0.0568	0.0512	32	2.1953	0.9477	2.4975	0.0083	0.0037	0.0077
12	21.7044	26.1434	27.0743	0.0819	0.1021	0.0830	33	4.8654	5.5728	6.9658	0.0184	0.0218	0.0214
13	8.5466	8.6838	10.3308	0.0323	0.0339	0.0317	34	0.8508	0.8224	1.3377	0.0032	0.0032	0.0041
14	22.8288	26.6925	28.0478	0.0862	0.1043	0.0860	35	4.4287	4.1164	5.7956	0.0167	0.0161	0.0178
15	10.7089	10.8416	13.0526	0.0404	0.0423	0.0400	36	2.0955	0.6347	2.2630	0.0079	0.0025	0.0069
16	11.4177	11.8828	13.9668	0.0431	0.0464	0.0428	37	1.9979	0.6230	2.2244	0.0075	0.0024	0.0068
17	8.2224	7.5471	9.8246	0.0310	0.0295	0.0301	38	2.0585	0.9434	2.4052	0.0078	0.0037	0.0074
18	6.6132	5.9613	7.4275	0.0250	0.0233	0.0228	39	0.9088	0.1175	0.9705	0.0034	0.0005	0.0030
19	10.3588	9.6737	12.2618	0.0391	0.0378	0.0376	40	1.9068	0.1868	1.9314	0.0072	0.0007	0.0059
20	9.2734	9.5748	10.5756	0.0350	0.0374	0.0324	41	1.3670	0.2399	1.4505	0.0052	0.0009	0.0044
21	4.5207	2.6203	4.9639	0.0171	0.0102	0.0152	42	1.2058	0.1010	1.2498	0.0046	0.0004	0.0038

附表3　山东省产业关联效应（L矩阵&非同需求）

序号	原始值			相对值			序号	原始值			相对值		
	BL	FL	TL	BL	FL	TL		BL	FL	TL	BL	FL	TL
1	8.2809	0.0266	17.0979	0.0564	15.8216	0.0413	6	23.3615	0.0751	14.3197	0.0472	24.1493	0.0630
2	4.1489	0.0133	8.7945	0.0290	6.8850	0.0180	7	10.6540	0.0343	10.6396	0.0351	12.4070	0.0324
3	2.2911	0.0074	12.7716	0.0421	6.7282	0.0176	8	8.1242	0.0261	4.9354	0.0163	8.7839	0.0229
4	2.2998	0.0074	6.9390	0.0229	4.3295	0.0113	9	5.2543	0.0169	4.7421	0.0156	6.1705	0.0161
5	1.3434	0.0043	2.3998	0.0079	1.9755	0.0052	10	8.0526	0.0259	8.5936	0.0283	9.7345	0.0254

续表

序号	原始值			相对值			序号	原始值			相对值		
	BL	FL	TL	BL	FL	TL		BL	FL	TL	BL	FL	TL
11	16.5719	0.0533	15.8189	0.0522	19.8928	0.0519	27	0.1683	0.0005	0.1389	0.0005	0.2030	0.0005
12	31.7537	0.1021	33.5070	0.1105	37.1544	0.0970	28	27.9132	0.0898	2.3721	0.0078	28.2086	0.0736
13	14.2765	0.0459	16.5430	0.0546	18.0266	0.0471	29	4.8617	0.0156	4.1234	0.0136	7.3962	0.0193
14	21.2704	0.0684	30.5541	0.1008	28.5464	0.0745	30	8.0352	0.0258	11.9681	0.0395	12.2217	0.0319
15	11.3238	0.0364	12.0434	0.0397	13.9824	0.0365	31	2.2543	0.0073	3.1363	0.0103	3.6167	0.0094
16	16.2772	0.0524	12.8350	0.0423	18.5802	0.0485	32	1.6416	0.0053	1.1598	0.0038	2.0446	0.0053
17	14.1154	0.0454	7.4947	0.0247	15.1997	0.0397	33	5.6816	0.0183	5.5225	0.0182	7.7226	0.0202
18	12.8953	0.0415	10.0409	0.0331	13.8411	0.0361	34	1.3783	0.0044	0.8596	0.0028	1.8551	0.0048
19	14.5686	0.0469	10.5625	0.0348	16.3968	0.0428	35	2.7341	0.0088	4.4784	0.0148	4.3010	0.0112
20	7.0266	0.0226	7.3124	0.0241	8.0420	0.0210	36	1.2478	0.0040	1.1293	0.0037	1.6334	0.0043
21	1.3805	0.0044	1.5592	0.0051	1.7429	0.0045	37	0.5832	0.0019	0.0785	0.0003	0.6096	0.0016
22	1.1411	0.0037	1.1273	0.0037	1.4141	0.0037	38	1.5586	0.0050	0.8906	0.0029	1.8927	0.0049
23	0.1467	0.0005	0.7689	0.0025	0.3965	0.0010	39	1.2361	0.0040	0.1919	0.0006	1.3373	0.0035
24	0.1878	0.0006	0.2968	0.0010	0.2693	0.0007	40	2.4253	0.0078	0.2767	0.0009	2.4709	0.0064
25	8.7014	0.0280	14.7791	0.0487	13.2320	0.0345	41	0.3224	0.0010	0.1999	0.0007	0.4070	0.0011
26	0.4032	0.0013	0.1261	0.0004	0.4357	0.0011	42	3.0283	0.0097	0.1230	0.0004	3.0781	0.0080

附表4 山东省产业关联效应（G矩阵＆同投入）

序号	原始值			相对值			序号	原始值			相对值		
	BL	FL	TL	BL	FL	TL		BL	FL	TL	BL	FL	TL
1	6.8681	7.8448	9.1491	0.0168	0.0184	0.0175	10	9.2157	8.4293	10.3604	0.0226	0.0198	0.0199
2	14.3175	19.9982	21.2851	0.0351	0.0469	0.0408	11	35.6309	29.7583	37.8577	0.0873	0.0697	0.0726
3	18.5759	32.0848	33.0740	0.0455	0.0752	0.0634	12	36.5969	29.7785	37.5263	0.0896	0.0698	0.0719
4	11.9776	21.7433	22.4166	0.0293	0.0510	0.0430	13	20.9514	16.8842	22.3107	0.0513	0.0396	0.0428
5	3.5244	6.7572	7.1821	0.0086	0.0158	0.0138	14	55.3947	48.0936	57.2798	0.1357	0.1127	0.1098
6	9.0874	5.4853	9.3900	0.0223	0.0129	0.0180	15	15.4439	13.7223	17.4333	0.0378	0.0322	0.0334
7	7.1895	6.2436	7.8600	0.0176	0.0146	0.0151	16	20.3913	16.2191	21.8984	0.0499	0.0380	0.0420
8	4.5433	3.7702	5.3407	0.0111	0.0088	0.0102	17	12.6326	9.1277	13.7090	0.0309	0.0214	0.0263
9	3.4634	3.0638	4.1177	0.0085	0.0072	0.0079	18	11.1237	8.1020	11.6090	0.0272	0.0190	0.0223

续表

序号	原始值			相对值			序号	原始值			相对值		
	BL	FL	TL	BL	FL	TL		BL	FL	TL	BL	FL	TL
19	15.6313	12.5165	17.1589	0.0383	0.0293	0.0329	31	1.9557	3.9135	4.4490	0.0048	0.0092	0.0085
20	9.4285	8.7932	10.2504	0.0231	0.0206	0.0197	32	1.2945	1.9686	2.4802	0.0032	0.0046	0.0048
21	2.8263	5.5261	5.8970	0.0069	0.0130	0.0113	33	7.0139	7.3686	9.2924	0.0172	0.0173	0.0178
22	1.5553	3.0452	3.4275	0.0038	0.0071	0.0066	34	0.8458	1.0223	1.4838	0.0021	0.0024	0.0028
23	7.0717	24.7869	24.8172	0.0173	0.0581	0.0476	35	4.5582	7.3741	8.2197	0.0112	0.0173	0.0158
24	1.5511	11.4560	11.5802	0.0038	0.0268	0.0222	36	1.2355	1.8930	2.3762	0.0030	0.0044	0.0046
25	22.1290	23.4798	26.4519	0.0542	0.0550	0.0507	37	0.2612	0.3330	0.5266	0.0006	0.0008	0.0010
26	0.3380	0.7126	0.8867	0.0008	0.0017	0.0017	38	1.1327	1.5060	2.0536	0.0028	0.0035	0.0039
27	0.5926	2.4225	2.5055	0.0015	0.0057	0.0048	39	0.5539	0.2186	0.6997	0.0014	0.0005	0.0013
28	12.5627	2.9755	12.7947	0.0308	0.0070	0.0245	40	0.6879	0.1807	0.7572	0.0017	0.0004	0.0015
29	3.6502	3.1191	4.7974	0.0089	0.0073	0.0092	41	0.2714	1.3733	1.4713	0.0007	0.0032	0.0028
30	13.1031	13.4243	16.1830	0.0321	0.0315	0.0310	42	1.1861	0.1505	1.2546	0.0029	0.0004	0.0024

附表5 山东省产业关联效应（G 矩阵 & 非同投入）

序号	原始值			相对值			序号	原始值			相对值		
	BL	FL	TL	BL	FL	TL		BL	FL	TL	BL	FL	TL
1	12.0217	20.1508	21.7883	0.0393	0.0636	0.0560	17	8.8576	7.3058	10.3691	0.0289	0.0231	0.0266
2	11.1101	14.7773	15.7948	0.0363	0.0466	0.0406	18	8.1379	6.3596	8.7128	0.0266	0.0201	0.0224
3	10.1682	17.5876	18.1289	0.0332	0.0555	0.0466	19	10.8518	9.0564	12.2341	0.0354	0.0286	0.0314
4	8.3004	10.5219	11.0666	0.0271	0.0332	0.0284	20	6.8412	6.2422	7.3579	0.0223	0.0197	0.0189
5	1.9934	2.1083	2.4328	0.0065	0.0067	0.0063	21	1.5932	1.7766	2.0640	0.0052	0.0056	0.0053
6	16.6293	10.5830	17.4231	0.0543	0.0334	0.0448	22	0.8648	0.8487	1.1054	0.0028	0.0027	0.0028
7	10.1041	8.6731	10.9885	0.0330	0.0274	0.0282	23	0.9833	1.2397	1.2748	0.0032	0.0039	0.0033
8	5.1583	3.6265	5.5757	0.0168	0.0114	0.0143	24	0.5146	0.7225	0.7682	0.0017	0.0023	0.0020
9	3.6595	2.7141	4.0052	0.0120	0.0086	0.0103	25	16.8806	21.2007	23.3019	0.0551	0.0669	0.0599
10	8.0500	7.3815	9.0632	0.0263	0.0233	0.0233	26	0.2113	0.1038	0.2338	0.0007	0.0003	0.0006
11	20.7389	17.0262	21.7695	0.0677	0.0537	0.0559	27	0.1626	0.1384	0.1874	0.0005	0.0004	0.0005
12	34.5969	31.7233	37.7017	0.1130	0.1001	0.0969	28	8.8599	2.6916	9.5413	0.0289	0.0085	0.0245
13	13.5832	12.2191	15.4769	0.0444	0.0386	0.0398	29	3.6095	9.4594	11.0746	0.0118	0.0298	0.0285
14	29.1339	27.3587	31.7601	0.0952	0.0863	0.0816	30	9.5643	15.5399	17.3598	0.0312	0.0490	0.0446
15	10.5091	10.2985	12.7219	0.0343	0.0325	0.0327	31	2.4901	4.4465	5.1317	0.0081	0.0140	0.0132
16	13.2698	12.2863	15.7202	0.0433	0.0388	0.0404	32	1.0264	1.2682	1.6859	0.0034	0.0040	0.0043

续表

序号	原始值			相对值			序号	原始值			相对值		
	BL	FL	TL	BL	FL	TL		BL	FL	TL	BL	FL	TL
33	6.3969	9.1240	10.8083	0.0209	0.0288	0.0278	38	0.8593	0.9922	1.4119	0.0028	0.0031	0.0036
34	0.8430	1.6849	2.1091	0.0028	0.0053	0.0054	39	0.4243	0.2132	0.5811	0.0014	0.0007	0.0015
35	4.2138	5.8381	6.6374	0.0138	0.0184	0.0171	40	0.7028	0.1493	0.7514	0.0023	0.0005	0.0019
36	0.7951	0.8873	1.2146	0.0026	0.0028	0.0031	41	0.2109	0.3196	0.4096	0.0007	0.0010	0.0011
37	0.2066	0.0999	0.2593	0.0007	0.0003	0.0007	42	1.0308	0.1876	1.1448	0.0034	0.0006	0.0029

附表6　山东同江苏的 BL 比较①

序号	原始值			相对值			序号	原始值			相对值		
	Su 同	Su 非	Lv 非	Su 同	Su 非	Lv 非		Su 同	Su 非	Lv 非	Su 同	Su 非	Lv 非
1	3.3002	5.2316	8.6620	0.0192	0.0170	0.0214	22	3.5131	0.6846	0.5826	0.0204	0.0022	0.0014
2	5.2268	0.3546	1.6502	0.0304	0.0012	0.0041	23	0.9986	0.7896	1.2920	0.0058	0.0026	0.0032
3	1.2006	0.0406	2.8723	0.0070	0.0001	0.0071	24	3.5392	0.0940	−0.6316	0.0206	0.0003	−0.0016
4	8.2279	0.1291	0.8194	0.0478	0.0004	0.0020	25	7.8270	7.7112	12.1742	0.0455	0.0250	0.0301
5	3.7629	0.3571	−3.7100	0.0219	0.0012	−80.0092	26	2.7752	0.2894	0.0931	0.0161	0.0009	0.0002
6	3.6947	6.9537	9.8370	0.0215	0.0226	0.0243	27	1.4419	0.1458	0.1297	0.0084	0.0005	0.0003
7	4.6012	10.3465	14.9088	0.0268	0.0336	0.0368	28	3.0822	32.0377	35.3149	0.0179	0.1040	0.0872
8	2.9506	9.3476	14.6942	0.0172	0.0303	0.0363	29	1.6601	3.3975	3.9570	0.0097	0.0110	0.0098
9	2.8872	3.0129	5.4837	0.0168	0.0098	0.0135	30	4.6845	5.6726	9.3344	0.0272	0.0184	0.0230
10	5.6167	4.5161	6.5000	0.0327	0.0147	0.0160	31	2.8201	3.5421	3.4141	0.0164	0.0115	0.0084
11	3.3156	2.7533	11.5143	0.0193	0.0089	0.0284	32	1.7114	2.4560	2.9480	0.0099	0.0080	0.0073
12	12.3178	25.2439	36.2552	0.0716	0.0819	0.0895	33	4.1524	6.1539	6.9384	0.0241	0.0200	0.0171
13	4.4149	6.2561	11.7524	0.0257	0.0203	0.0290	34	0.8784	2.3424	2.1698	0.0051	0.0076	0.0054
14	19.1111	23.2938	16.0601	0.1111	0.0756	0.0397	35	4.5513	5.2044	3.8215	0.0265	0.0169	0.0094
15	8.1290	11.6296	16.4557	0.0473	0.0377	0.0406	36	2.0936	2.5408	2.9075	0.0122	0.0082	0.0072
16	5.9551	15.3985	20.0839	0.0346	0.0500	0.0496	37	1.3688	0.7820	0.9200	0.0080	0.0025	0.0023
17	4.1433	9.9332	12.1423	0.0241	0.0322	0.0300	38	2.2277	1.9030	1.5114	0.0130	0.0062	0.0037
18	3.8799	22.4371	28.3387	0.0226	0.0728	0.0700	39	0.5569	0.8896	1.4640	0.0032	0.0029	0.0036
19	6.5568	33.6325	40.5078	0.0381	0.1091	0.1000	40	1.8151	2.5671	2.7404	0.0106	0.0083	0.0068
20	5.0946	27.9930	39.3102	0.0296	0.0908	0.0971	41	1.6864	0.9091	0.6951	0.0098	0.0030	0.0017
21	3.3698	7.0608	7.5157	0.0196	0.0229	0.0186	42	0.8632	2.0985	2.9223	0.0050	0.0068	0.0072

---

①　表中 Lv 代表山东，Su 代表江苏，Gu 代表广东，下同。

附表 7　山东同江苏的 FL 比较

序号	原始值			相对值			序号	原始值			相对值		
	Su 同	Su 非	Lv 非	Su 同	Su 非	Lv 非		Su 同	Su 非	Lv 非	Su 同	Su 非	Lv 非
1	3.3002	10.4898	17.9248	0.0064	0.0373	0.0406	22	3.5131	0.8934	0.9643	0.0041	0.0032	0.0022
2	5.2268	13.2530	14.3601	0.0489	0.0472	0.0325	23	0.9986	5.9081	34.7958	0.0060	0.0210	0.0787
3	1.2006	8.5997	14.9685	0.0641	0.0306	0.0339	24	3.5392	1.6565	1.7183	0.0421	0.0059	0.0039
4	8.2279	9.0425	10.1505	0.2006	0.0322	0.0230	25	7.8270	14.8632	22.8357	0.0348	0.0529	0.0517
5	3.7629	5.6691	2.1735	0.0331	0.0202	0.0049	26	2.7752	0.5581	0.1205	0.0043	0.0020	0.0003
6	3.6947	7.4076	9.4273	0.0055	0.0264	0.0213	27	1.4419	0.3017	0.2645	0.0023	0.0011	0.0006
7	4.6012	6.3653	9.0713	0.0088	0.0226	0.0205	28	3.0822	0.9504	3.5073	0.0027	0.0034	0.0079
8	2.9506	1.4234	4.5314	0.0021	0.0051	0.0103	29	1.6601	11.6662	9.0203	0.0049	0.0415	0.0204
9	2.8872	1.6306	2.7359	0.0032	0.0058	0.0062	30	4.6845	11.9773	16.1624	0.0205	0.0426	0.0366
10	5.6167	6.2581	9.1336	0.0110	0.0223	0.0207	31	2.8201	3.9918	4.4649	0.0038	0.0142	0.0101
11	3.3156	8.2582	16.8623	0.0465	0.0294	0.0382	32	1.7114	1.7378	2.6653	0.0019	0.0062	0.0060
12	12.3178	29.3816	40.4640	0.0446	0.1045	0.0916	33	4.1524	11.1891	13.8207	0.0082	0.0398	0.0313
13	4.4149	7.7213	15.5600	0.0196	0.0275	0.0352	34	0.8784	1.9901	2.5399	0.0011	0.0071	0.0057
14	19.1111	37.2429	51.9635	0.2223	0.1325	0.1176	35	4.5513	11.8392	10.7786	0.0097	0.0421	0.0244
15	8.1290	11.7354	14.7607	0.0405	0.0418	0.0334	36	2.0936	0.7458	1.4888	0.0015	0.0027	0.0034
16	5.9551	7.3336	18.8791	0.0233	0.0261	0.0427	37	1.3688	0.1584	0.1410	0.0003	0.0006	0.0003
17	4.1433	2.5399	9.7643	0.0083	0.0090	0.0221	38	2.2277	1.9836	1.2240	0.0034	0.0071	0.0028
18	3.8799	2.4892	9.7131	0.0079	0.0089	0.0220	39	0.5569	0.4583	0.2935	0.0004	0.0016	0.0007
19	6.5568	8.1129	17.9267	0.0259	0.0289	0.0406	40	1.8151	0.2761	0.1704	0.0004	0.0010	0.0004
20	5.0946	10.7645	18.8403	0.0193	0.0383	0.0426	41	1.6864	0.4311	0.4936	0.0010	0.0015	0.0011
21	3.3698	1.6569	4.9779	0.0048	0.0059	0.0113	42	0.8632	0.1275	0.2153	0.0001	0.0005	0.0005

附表 8　山东同广东的 BL 比较

序号	原始值			相对值			序号	原始值			相对值		
	Gu 同	Gu 非	Lv 非	Gu 同	Gu 非	Lv 非		Gu 同	Gu 非	Lv 非	Gu 同	Gu 非	Lv 非
1	1.6041	4.1401	8.8315	0.0160	0.0164	0.0261	7	1.9775	3.5091	10.1991	0.0198	0.0139	0.0301
2	0.0000	0.0000	2.9906	0.0000	0.0000	0.0088	8	1.7515	10.0496	15.0248	0.0175	0.0398	0.0444
3	0.9302	0.3169	3.5115	0.0093	0.0013	0.0104	9	1.5906	4.0038	6.4928	0.0159	0.0159	0.0192
4	1.7099	0.3589	4.1485	0.0171	0.0014	0.0123	10	3.4947	16.0898	18.5348	0.0349	0.0638	0.0548
5	1.2828	0.6412	1.4966	0.0128	0.0025	0.0044	11	3.1035	4.4741	11.0983	0.0310	0.0177	0.0328
6	2.5696	7.8114	9.5158	0.0257	0.0310	0.0281	12	7.4198	15.0053	24.8715	0.0742	0.0595	0.0735

续表

序号	原始值			相对值			序号	原始值			相对值		
	Gu同	Gu非	Lv非	Gu同	Gu非	Lv非		Gu同	Gu非	Lv非	Gu同	Gu非	Lv非
13	2.0794	6.3139	13.0131	0.0208	0.0250	0.0385	28	1.8684	21.2745	24.1888	0.0187	0.0843	0.0715
14	7.5224	7.9840	16.1333	0.0752	0.0316	0.0477	29	2.0104	7.6898	3.7669	0.0201	0.0305	0.0111
15	3.3854	12.2406	16.6112	0.0339	0.0485	0.0491	30	3.8526	9.0548	10.1831	0.0385	0.0359	0.0301
16	2.9854	8.7769	14.3481	0.0299	0.0348	0.0424	31	1.9905	4.8414	3.9181	0.0199	0.0192	0.0116
17	2.4414	4.6279	6.5801	0.0244	0.0183	0.0194	32	1.1198	3.5289	4.0813	0.0112	0.0140	0.0121
18	2.2920	8.8031	14.0410	0.0229	0.0349	0.0415	33	2.1382	5.6123	6.7954	0.0214	0.0222	0.0201
19	4.4525	25.5555	31.5950	0.0445	0.1013	0.0934	34	0.6790	3.0036	2.3647	0.0068	0.0119	0.0070
20	7.9895	26.6013	19.0253	0.0799	0.1054	0.0562	35	3.2705	6.9279	4.9158	0.0327	0.0275	0.0145
21	1.9871	2.0468	2.2084	0.0199	0.0081	0.0065	36	1.1313	2.1777	2.4402	0.0113	0.0086	0.0072
22	1.8113	0.8772	1.5365	0.0181	0.0035	0.0045	37	0.6372	0.4591	0.7151	0.0064	0.0018	0.0021
23	4.2630	1.4693	-1.3485	0.0426	0.0058	-0.0040	38	1.0726	1.8600	1.7600	0.0107	0.0074	0.0052
24	1.8660	0.3448	0.2494	0.0187	0.0014	0.0007	39	0.4982	1.5217	1.6588	0.0050	0.0060	0.0049
25	3.5110	5.5390	10.7581	0.0351	0.0220	0.0318	40	0.9274	2.5780	3.1549	0.0093	0.0102	0.0093
26	1.9515	0.6981	0.4662	0.0195	0.0028	0.0014	41	0.8847	0.8289	0.6949	0.0088	0.0033	0.0021
27	1.4161	0.5843	0.2341	0.0142	0.0023	0.0007	42	0.5312	2.1148	2.8308	0.0053	0.0084	0.0084

附表 9　山东同广东的 FL 比较

序号	原始值			相对值			序号	原始值			相对值		
	Gu同	Gu非	Lv非	Gu同	Gu非	Lv非		Gu同	Gu非	Lv非	Gu同	Gu非	Lv非
1	3.0834	6.6459	15.2857	0.0128	0.0288	0.0401	13	5.3005	5.2477	13.5074	0.0221	0.0227	0.0355
2	0.0000	0.0000	12.8361	0.0000	0.0000	0.0337	14	34.6180	19.5010	30.4970	0.1441	0.0844	0.0800
3	14.8587	9.0957	20.5399	0.0618	0.0394	0.0539	15	6.6516	5.2811	11.6528	0.0277	0.0229	0.0306
4	16.4721	3.0114	10.0441	0.0686	0.0130	0.0264	16	4.5398	4.2659	12.4011	0.0189	0.0185	0.0325
5	3.4132	1.0013	2.5898	0.0142	0.0043	0.0068	17	4.4115	3.5338	6.9909	0.0184	0.0153	0.0183
6	4.1854	6.7089	8.5738	0.0174	0.0290	0.0225	18	3.0908	3.4716	7.4459	0.0129	0.0150	0.0195
7	3.5814	3.3002	7.1385	0.0149	0.0143	0.0187	19	8.3410	9.0104	14.1865	0.0347	0.0390	0.0372
8	2.2572	2.8469	5.0517	0.0094	0.0123	0.0133	20	14.4797	28.5945	23.0480	0.0603	0.1238	0.0605
9	1.5078	1.2671	2.7650	0.0063	0.0055	0.0073	21	2.0733	1.0668	3.1055	0.0086	0.0046	0.0082
10	6.3029	5.8999	9.5408	0.0262	0.0255	0.0250	22	0.9258	0.2363	0.7774	0.0039	0.0010	0.0020
11	14.6619	10.5691	20.9271	0.0610	0.0458	0.0549	23	16.7699	6.7424	5.3190	0.0698	0.0292	0.0140
12	15.6237	20.6213	33.9638	0.0650	0.0893	0.0891	24	4.3175	0.4642	0.9257	0.0180	0.0020	0.0024

续表

序号	原始值			相对值			序号	原始值			相对值		
	Gu 同	Gu 非	Lv 非	Gu 同	Gu 非	Lv 非		Gu 同	Gu 非	Lv 非	Gu 同	Gu 非	Lv 非
25	7.2736	13.7070	29.9710	0.0303	0.0593	0.0787	34	1.3058	3.5170	3.0473	0.0054	0.0152	0.0080
26	2.8892	0.5834	0.1515	0.0120	0.0025	0.0004	35	6.7476	9.8392	13.4597	0.0281	0.0426	0.0353
27	3.2338	0.8034	0.3794	0.0135	0.0035	0.0010	36	0.9417	0.7811	1.4839	0.0039	0.0034	0.0039
28	1.1880	1.2280	2.7480	0.0049	0.0053	0.0072	37	0.2239	0.0859	0.1279	0.0009	0.0004	0.0003
29	4.7663	11.5742	8.1355	0.0198	0.0501	0.0214	38	1.8986	1.9120	1.4700	0.0079	0.0083	0.0039
30	7.9107	11.7216	16.5280	0.0329	0.0507	0.0434	39	0.2409	0.3076	0.2895	0.0010	0.0013	0.0008
31	3.3153	4.4746	5.0747	0.0138	0.0194	0.0133	40	0.0019	0.0020	0.1712	0.0000	0.0000	0.0004
32	1.2432	1.9563	3.3610	0.0052	0.0085	0.0088	41	0.9194	0.4599	0.5684	0.0038	0.0020	0.0015
33	4.5762	9.5392	14.7199	0.0190	0.0413	0.0386	42	0.0958	0.1349	0.2175	0.0004	0.0006	0.0006